CELSO WOLTZENLOGEL

MÉTODO ILUSTRADO DE
FLAUTA

VOLUME 1

MÉTODO ILUSTRADO DE FLAUTA
MÉTHODE ILLUSTRÉE DE FLÛTE
ILLUSTRATED METHOD FOR FLUTE

COLABORAÇÃO ESPECIAL
COLABORACIÓN ESPECIAL
COLLABORATION SPÉCIALE
SPECIAL CONTRIBUTION

CÉSAR GUERRA-PEIXE

Em um único volume:
1ª Edição - 1983
2ª Edição revista e ampliada - 1988
3ª Edição revista e ampliada - 1995
4ª Edição - 2000

Em dois volumes:
Edição revista e ampliada - 2008
2ª Edição revista e ampliada - 2022

Nº Cat.: 403-M

Irmãos Vitale Editores Ltda.
vitale.com.br
Rua Raposo Tavares, 85 São Paulo SP
CEP: 04704-110 editora@vitale.com.br Tel.: 11 5081-9499

© Copyright 2008 by Irmãos Vitale Editores Ltda. - São Paulo - Rio de Janeiro - Brasil.
Todos os direitos autorais reservados para todos os países. *All rights reserved*.

CIP-BRASIL CATALOGAÇÃO-NA-FONTE
SINDICATO NACIONAL DOS EDITORES DE LIVROS, RJ

W849m
6.ed.
v.1

Woltzenlogel, Celso, 1940-
　Método ilustrado de flauta, volume 1 / Celso Woltzenlogel ; colaboração especial César Guerra-Peixe. - 6.ed. rev. e ampl. - São Paulo : Irmãos Vitale, 2008.
　167p. : il.

　ISBN 978-85-7407-239-5

　1. Flauta doce - Instrução e estudo. I. Título.

08-4590.　　　　　　　　CDD: 788.35
　　　　　　　　　　　　　CDU: 780.641

16.10.08　21.10.08　　　　　　　　　　　　009349

CRÉDITOS:

Capa / Cubierta / Couverture / Cover
Rui de Oliveira / Marcia Fialho

Fotos / Fotos / Photos / Photos
Décio Daniel da Rocha Teixeira / Constanza Woltzenlogel

Ilustrações / Ilustraciones / Illustrations / Illustrations
José Ferreira Leça / Marcia Fialho

Textos Espanhol e Francês / Textos Español y Francés / Textes Espagnol et Français / Spanish and French Texts:
Alicia Graciela Cassarini de Woltzenlogel

Textos em Inglês/ Textos en Inglés/ Textes en Anglais/ English Texts:
David Evans / Laura Rónai

Edição eletrônica de partituras / Edición electrónica de partituras / Edition életronique de partitions / Eletronic edition of scores:
Danilo David (6ª edição / 6ª edición / 6ème. édition / 6th edition)

Edição eletrônica de textos/ Edición electrónica de textos/Edition életronique de textes/ Eletronic edition of texts
Danilo David (6ª edição / 6ª edición / 6ème. édition / 6th edition)

ÍNDICE - VOLUME 1

Dedicatória	5
Agradecimentos especiais	7
Prefácio dos Editores	8
Prefácio da 6ª edição	9
Prefácio	10
Apreciações	12
Biografia	18
Cap. I: A Evolução da Flauta	23
Cap. II: A Flauta - Montagem	30
Cap. III: Cuidados e Manutenção	33
Cap. IV: Diapasão	34
Cap. V: Respiração - Exercícios respiratórios	36
Cap. VI: Embocadura	41
Cap. VII: Como segurar a flauta	45
Cap. VIII: Dedilhado geral da flauta	51
Cap. IX: Afinação	54
Cap. X: Programação de estudos (como estudar)	55
Cap. XI: Primeiras lições; Exercícios respiratórios com o instrumento; 31 pequenos estudos; Sons sustentados	57
Cap. XII: Legato	68
Cap. XIII: Mecanismo	69
Cap. XIV: 10 exercícios melódicos com articulações diversas	71
Cap. XV: Terceira oitava - Sons sustentados	75
Cap. XVI: Vibrato	78
Cap. XVII: Exercícios preparatórios para emissão das oitavas ligadas	80
Cap. XVIII: 22 exercícios melódicos sobre os intervalos de segundas, terças, quartas, quintas, sextas, sétimas e oitavas	83
Cap. XIX: A articulação e os diferentes golpes de língua	94
Cap. XX: Exercícios sobre o duplo e triplo golpes de língua	96
Cap. XXI: Trinados - Dedilhados - Exercícios preparatórios - 6 pequenos estudos	110
Cap. XXII: Exercícios diários de mecanismo: escalas maiores e arpejos com intervalos diversos	117
Cap. XXIII: Endereços das editoras	168
Cap. XXIV: Reparadores de flauta no Brasil	169

ÍNDICE - VOLUME 2

Dedicatória	5
Agradecimentos especiais	7
Prefácio dos Editores	8
Prefácio da 6ª edição	9
Prefácio	10
Apreciações	12
Biografia	18
Cap. I: Exercícios diários de mecanismo: escalas menores com intervalos diversos	23
Cap. II: Escalas cromáticas com intervalos diversos	65
Cap. III: Passagens difíceis em legato - Exercícios para o dedo mínimo da mão direita	86
Cap. IV: Duos, Trios e Quartetos	90
Cap. V: Estudos sobre a síncopa	125
Cap. VI: Sons harmônicos	152
Cap. VII: Exercícios para emissão das notas pianíssimo	155
Cap. VIII: Trêmulos com intervalos diversos - Dedilhados	159
Cap. IX: Dedilhados especiais	166
Cap. X: Efeitos especiais	167
Cap. XI: Sons múltiplos	169
Cap. XII: Microtons	171
Cap. XIII: Flauta amplificada	172
Cap. XIV: Dedilhados alterados	173
Cap. XV: Respiração contínua ou circular	174
Cap. XVI: Noções gerais de reparos	181
Cap. XVII: Organização do repertório	188
Cap. XVIII: Música Brasileira para flauta	199
Cap. XIX: Literatura sobre a flauta	203
Cap. XX: Endereços das editoras	204
Cap. XXI: Reparadores de flauta no Brasil	205

ÍNDICE - VOLUMEN 1

Dedicatoria	*5*
Agradecimientos especiales	*7*
Prefacio de los Editores	*8*
Prefacio de la 6ª edición	*9*
Prefacio	*10*
Apreciaciones	*12*
Biografia	*18*
Cap. I: Evolución de la Flauta	*23*
Cap. II: La Flauta - Montaje	*30*
Cap. III: Cuidados y Conservación	*33*
Cap. IV: Diapasón	*34*
Cap. V: Respiración - Ejercicios respiratorios	*36*
Cap. VI: Embocadura	*41*
Cap. VII: Posición del Flautista	*45*
Cap. VIII: Tabla general de la flauta	*51*
Cap. IX: Afinación	*54*
Cap. X: Organización de los Estudios (Como estudiar)	*55*
Cap. XI: Primeras lecciones; Ejercicios respiratorios con el instrumento; 31 pequeños estudios; Notas tenidas	*57*
Cap. XII: Legato	*68*
Cap. XIII: Mecanismo	*69*
Cap. XIV: 10 ejercicios melódicos con articulaciones diversas	*71*
Cap. XV: Tercera octava - Notas tenidas	*75*
Cap. XVI: Vibrato	*78*
Cap. XVII: Exercicios preparatorios para la emisión de las octavas ligadas	*80*
Cap. XVIII: 22 ejercicios melódicos sobre los intervalos de segundas, terceras, cuartas, quintas, sextas, séptimas y octavas	*83*
Cap. XIX: La articulación y los diferentes golpes de lengua	*94*
Cap. XX: Ejercicios sobre el doble y triple golpes de lengua	*96*
Cap. XXI: Trinos - Dedeos - Ejercicios preparatorios - 6 pequeños estudios	*110*
Cap. XXII: Ejercicios diarios de mecanismo: escalas mayores y arpegios con intervalos diversos	*118*
Cap. XXIII: Direcciones de las editoras	*168*
Cap. XXIV: Reparadores de flauta en Brasil	*169*

ÍNDICE - VOLUMEN 2

Dedicatoria	*5*
Agradecimientos especiales	*7*
Prefacio de los Editores	*8*
Prefacio de la 6ª edición	*9*
Prefacio	*10*
Apreciaciones	*12*
Biografia	*18*
Cap. I: Ejercicios diarios de mecanismo - Escalas menores con intervalos diversos	*23*
Cap. II: Escalas cromáticas con intervalos diversos	*65*
Cap. III: Pasajens difíciles en legato - Ejercicios para el dedo meñique de la mano derecha	*86*
Cap. IV: Dúos, Tríos y Quartetos	*90*
Cap. V: Estudios sobre la síncopa	*125*
Cap. VI: Sonidos armónicos	*152*
Cap. VII: Ejercicios para la emisión de las notas pianíssimo	*155*
Cap. VIII: Trêmolos con intervalos diversos - Dedeos	*159*
Cap. IX: Dedeos especiales	*166*
Cap. X: Efectos especiales	*167*
Cap. XI: Sonidos múltiples	*169*
Cap. XII: Microtonos	*171*
Cap. XIII: Flauta amplificada	*172*
Cap. XIV: Dedeos alterados	*173*
Cap. XV: Respiración contínua o circular	*175*
Cap. XVI: Nociones generales de reparos	*181*
Cap. XVII: Organización del repertorio	*188*
Cap. XVIII: Música Brasileña para flauta	*199*
Cap. XIX: Literatura sobre la flauta	*203*
Cap. XX: Dirección de las editoras	*204*
Cap. XXI: Reparadores de flauta en Brasil	*205*

TABLE DE MATIÈRES - VOLUME 1

Dédicace	5
Remerciements spéciaux	7
Préface des Éditeurs	8
Préface de la 6ème édition	9
Préface	10
Apréciations	12
Biographie	18
Chap. I: Evolution de la flûte	26
Chap. II: La flûte - Montage	30
Chap. III: Entretien de l'instrument	33
Chap. IV: Diapason	35
Chap. V: De la respiration - Exercices respiratoires	38
Chap. VI: De l'embouchure	41
Chap. VII: De-la tenue	45
Chap. VIII: Tablature générale de la flûte	51
Chap. IX: De-la justesse	54
Chap. X: Organisation du travail	56
Chap. XI: Premières leçons - exercices respiratoires avec l'instrument - 31 petites études - sons filés	58
Chap. XII: Du Legato	68
Chap. XIII: Du Mécanisme	69
Chap. XIV: 10 exercices mélodiques avec des articulations différentes	71
Chap. XV: Troisième octave - Sons filés	75
Chap. XVI: Du Vibrato	78
Chap. XVII: Exercices préparatoires pour l'émission des octaves liées	80
Chap. XVIII: 22 exercices mélodiques sur les intervalles de secondes, tierces, quartes, quintes, sixtes, septièmes et octaves	83
Chap. XIX: De l'articulation et des coups de langue	95
Chap. XX: Exercices sur le double et le triple coups de langue	96
Chap. XXI: Du Trille - Tablature des trilles - Exercices préparatoires - 6 petites études	110
Chap. XXII - Exercices journaliers de mécanisme: gammes majeurs, et arpèges avec des intervalles divers	118
Cap. XXIII: Adresses des Editeurs	168
Cap. XXIV: Réparateurs de Flûte au Brésil	169

INDEX - VOLUME 1

Dedication	5
Special thanks to	7
Editor's preface	8
Preface to the 6th edition	9
Preface	10
Apreciations	12
Biography	18
Chap. I: The evolution of the flute	27
Chap. II: Assembling the flute	30
Chap. III: Care and maintenance	33
Chap. IV: Pitch	35
Chap. V: Breathing - Breathing exercises	36
Chap. VI: The embouchure	41
Chap. VII: How to hold the flute	45
Chap. VII: Fingering chart	51
Chap. IX: Tuning	54
Chap. X: Study plan (How to study)	56
Chap. XI: First lessons - Breathing exercises with the instrument - 31 short studies - Long notes	58
Chap. XII: Legato	68
Chap. XIII: Mechanism	69
Chap. XIV: 10 Melodic exercises with different articulations	71
Chap. XV: Third octave - Long notes	75
Chap. XVI: Vibrato	79
Cap. XVII: Preparatory exercises for slurred octaves	80
Cap. XVIII: 22 Melodic exercises for seconds, thirds, fourths, fifths, sixths, sevenths and octaves	83
Chap. XIX: Articulation and different forms of tonguing	94
Chap. XX: Exercises for double and triple tonguing	96
Chap. XXI: Trills - Fingering - Preparatory exercises 6 short studies	110
Chap. XXII - Daily technique exercises - major scales and arpeggios in various intervals	118
Cap. XXIII: Publisher's Addresses	168
Cap. XXIV: Flute Repairmen in Brazil	169

TABLE DE MATIÈRES - VOLUME 2

Dédicace	5
Remerciements spéciaux	7
Préface des Éditeurs	8
Préface de la 6ème édition	9
Préface	10
Apréciations	12
Biographie	18
Chap. I: Exercices journaliers de mécanisme: gammes mineures avec des intervalles divers	23
Chap. II: Gammes chromatiques avec des intervalles divers	65
Chap. III: Sur quelques traits difficiles en legato - Exercices pour le petit doigt de la main droite	86
Chap. IV: Duos, trios et quatuors	90
Chap. V: De la syncope	125
Chap. VI: Sons harmoniques	152
Chap. VII: Exercices pour l'émission des notes pianissimo	157
Chap. VIII: Trémolos avec des intervalles divers - Doigtés	159
Chap. IX: Doigtés de facilité	166
Chap. X: Effets spéciaux	168
Chap. XI: Sons multiples	169
Chap. XII: Microtons	171
Chap. XIII: Flûte amplifiée	172
Chap. XIV: Doigtés altérés	173
Chap. XV: Respiration circulaire o continuelle	177
Chap. XVI: Entretien (Notions générales)	181
Chap XVII: Organisation du répertoire	188
Chap XVIII: Musique Brésilienne pour flûte	199
Cap. XIX: Littérature sûr la flûte	203
Cap. XX: Adresses des éditeurs	204
Cap. XXI: Réparateurs de flûte au Brésil	205

INDEX - VOLUME 2

Dedication	5
Special thanks to	7
Editor's preface	8
Preface to the 6th edition	9
Preface	10
Apreciations	12
Biography	18
Chap. I: Daily technique exercises: minor scales with different intervals	23
Chap. II: Chromatic scales with different intervals	65
Chap. III: Difficult legato passages - Exercices for the little finger of the right hand	86
Chap. IV: Duos, trios and quartets	90
Chap. V: Syncopation studies	125
Chap. VI: Harmonics	152
Chap. VII: Preparatory exercises for producing pianissimo notes	157
Chap. VIII: Tremolos with different intervals - Fingering	159
Chap. IX: Special fingerings	166
Chap. X: Special effects	168
Chap. XI: Multiple sounds	169
Chap. XII: Microtones	171
Chap. XIII: Amplified flute	172
Chap. XIV: Altered fingerings	173
Chap. XV: Circular breathing	178
Chap. XVI: General repair information	181
Chap XVII: Building a repertoire	188
Chap XVIII: Brazilian flute music	199
Cap. XIX: Literature Dealing with the Flute	203
Cap. XX: Editor's Addresses	204
Cap. XXI: Flute Repairmen in Brazil	205

DEDICATORIA

À memória de meus mestres Moacyr Liserra e Jayme Rocha de Almeida;
Aos meus pais Luiz e Sterina Woltzenlogel;
Aos meus alunos, sem os quais jamais teria tido a experiência necessária para chegar
às conclusões aqui contidas;
Às minhas filhas Karina e Constanza.

DEDICATORIA

A la memoria de mis maestros Moacyr Liserra y Jayme Rocha de Almeida;
A mis padres Luiz y Sterina Woltzenlogel
A mis alumnos, sin lo cuales jamás habría tenido la experiencia necesaria para llegar
a las conclusiones acá transcritas.
A mis hijas Karina y Constanza

DÉDICACE

A la mémoire de mes professeurs Moacyr Liserra et Jayme Rocha de Almeida;
A mes parents Luiz et Sterina Woltzenlogel;
A mes élèves, sans lesquels je n' aurais jamais eu l' expérience nécessaire pour arriver
aux conclusions ici comprises;
A mes filles Karina et Constanza;

DEDICATION

To the memory of my teachers Moacyr Liserra and Jayme Rocha de Almeida;
To my parents Luiz and Sterina Woltzenlogel;
To my students without whom I would never have had the necessary experience to arrive
at the conclusions contained in this method;
To my daughters Karina and Constanza

À minha esposa Alicia pelo seu incentivo e a sua colaboração
A mi esposa Alicia por su incentivo y su colaboración
A ma femme Alicia pour son encouragement et sa collaboration
To my wife, Alicia, for her encouragement and collaboration

AGRADECIMENTOS ESPECIAIS

A esses grandes músicos que escreveram, especialmente, as preciosas peças musicais aqui contidas.
A Fernando Vitale, Diretor da Editora Irmãos Vitale.

AGRADECIMIENTOS ESPECIALES

A los grandes músicos que escribieran, especialmente, las preciosas piezas musicales incluidas en este método.
A Fernando Vitale, Director de la Editora Irmãos Vitale.

REMERCIEMENTS SPÉCIAUX

A ces grands musiciens qui ont écrit spécialement, les précieuses pièces musicales ici transcrites.
A Fernando Vitale, Directeur de Irmãos Vitale Editeurs.

SPECIAL THANKS TO

The great musicians who worked with me on this project; contributing their precious compositions found throughout this method.
To Fernando Vitale, Director of Irmãos Vitale Editors.

Agradeço também/Agradezco también/Je remercie aussi/Thanks also to:

Centro de Documentação da Funarte, Constanza Woltzenlogel, Gladys Robles, Hilton Nobre, Julie Koidin, Karina Woltzenlogel, Kátia Pierre da Costa, Laura Rónai, Militza Putziger, Murilo Barquette, Patrícia Vega, Solange Vieira Gomes.

PREFÁCIO DOS EDITORES

A flauta conquistou nos últimos tempos uma grande popularidade em nosso país. A editora Irmãos Vitale não poderia ignorar este fato. É por esta razão que decidimos editar, pela primeira vez, um método de flauta de um autor brasileiro.

Convidamos, para escrevê-lo, um dos músicos mais ativos e experimentados: Celso Woltzenlogel.

Sua longa experiência como professor e como flautista das principais orquestras sinfônicas do Rio de Janeiro, a sua experiência na música de câmara e, especialmente, nos estúdios de gravação, deram-lhe o material necessário para produzir esta obra tão didática e tão atualizada. Basta ver as músicas para ele escritas pelos compositores mais renomados do Brasil, as ilustrações e as fotografias, para perceber o entusiasmo e dedicação desse grande músico que Irmãos Vitale tem a honra de apresentar.

Esperamos que nossos leitores possam aproveitar seus ensinamentos.

PREFACIO DE LOS EDITORES

En estos últimos años, la flauta adquirió una gran popularidad en nuestro país. La editora Irmãos Vitale no podría estar ajena a este hecho. Por eso, resolvió editar, por primera vez, un método de flauta de un autor brasileño.

Invitó, para ello, a uno de los músicos más activos y con mayor experiencia: Celso Woltzenlogel.

Su larga carrera como profesor y como flautista de las principales orquestas sinfónicas de Río de Janeiro, su vivencia como músico de cámara y especialmente en estudios de grabación, le dieron el material necesario para escribir esta obra tan didáctica y tan actualizada. Baste ver las piezas musicales especialmente escritas por los más renombrados músicos de Brasil, las ilustraciones y las fotografías que contiene, para percibir el entusiasmo y la dedicación de este gran músico que la editora Irmãos Vitale tiene el honor de presentar.

Esperamos que nuestros lectores puedan aprovechar sus enseñanzas.

PRÉFACE DES ÉDITEURS

La flûte a atteint, dernièrement, une grande popularité dans notre pays. Irmãos Vitale éditeurs ne pouvaient pas rester indifférents. C'est pour cela que nous avons décidé d'éditer, pour la première fois, une méthode de flûte d'un auteur brésilien.

Nous avons, pour ce faire, invité un des musiciens les plus actifs et les plus expérimentés: Celso Woltzenlogel.

Sa longue carrière comme professeur et comme flûtiste des principaux orchestres symphoniques de Rio de Janeiro, son expérience dans la musique de chambre, et, spécialement, dans les studios d'enregistrement lui ont donné le matériel nécessaire pour produire cet ouvrage à la fois didactique et actuel. Il suffit de voir les morceaux de musique écrits pour lui par les compositeurs les plus renommés du Brésil, les illustrations et les photographies, pour sentir l'enthousiasme et le dévouement de ce remarquable musicien que Irmãos Vitale a l'honneur de présenter.

Nous espérons que nos lecteurs pourront profiter de ses enseignements.

EDITOR'S PREFACE

Over the years the flute has gained great popularity in our country. Irmãos Vitale editors could not ignore this fact. For this reason we have decided, for the first time, to publish a flute method written by a Brazilian. To write it, we invited one of our most experienced professional musician: Celso Woltzenlogel.

His long experience as teacher and flautist in the symphony orchestras of Rio de Janeiro, chamber music groups and, above all, the recording studio, have furnished him with the material necessary to produce this authoritative and up-to-date work. One only has to glance the illustrations, photographs, and music written especially for him by Brazil's most renowned composers to realize the enthusiasm and dedication of this remarkable musician who Irmãos Vitale has the honor to bring to you.

We hope that our readers will find these concepts useful.

PREFÁCIO da 6ª. EDIÇÃO

Há trinta e dois anos, no dia 28 de março de 1983, foi publicada a primeira edição do *Método Ilustrado de Flauta*. Desde então, a cada nova edição, procuramos revisar e acrescentar novos textos e exercícios.

Nesta sexta edição as novidades estão no capítulo V, *Exercícios Preparatórios para o Aprendizado da Síncopa* e nos capítulos XVII e XVIII, *Organização do Repertório* e *Música Brasileira para Flauta*, que aumentaram consideravelmente.

Gostaria de ressaltar a importante contribuição dos autores dos estudos sobre a síncopa, que foi a grande novidade e que contribuiu enormemente para o sucesso internacional deste método. Refiro-me a Alberto Arantes, Cipó, Edson Frederico, Francis Hime, Geraldo Vespar, Hermeto Pascoal, Ivan Paulo, José Eduardo Moraes, Luiz Roberto, Márcio Pereira, Nelsinho do Trombone, Sergio Saraceni, Severino Araújo, Ted Moreno e Waltel Branco, notáveis arranjadores com quem convivi nos áureos tempos de gravações nos estúdios da TV Globo nos anos 70 e 80. Foram meus grandes Mestres na área da música popular.

PREFACIO DE LA 6ª. EDICIÓN

Hace treinta y dos años, en el día 28 de marzo de 1983, fue publicada la primera edición del "Método Ilustrado de Flauta". Desde entonces, a cada nueva edición, tratamos revisar y agregar nuevos textos y ejercicios.

En esta sexta edición, las novedades están en el capítulo V, Ejercicios preparatorios para los Estudios de la Sincopa y en los capítulos XVII, XVIII y XXI, Organización del Repertorio, Música Brasileña para Flauta y Reparadores de Flauta en Brasil que aumentaron considerablemente. Quisiera resaltar la importante contribución de los autores de los estudios sobre la síncopa, que fue la gran novedad y que contribuyó enormemente para el éxito internacional de este método. Me refiero a Alberto Arantes, Cipó, Edson Frederico, Francis Hime, Geraldo Vespar, Hermeto Pascoal, Ivan Paulo, José Eduardo Moraes, Luiz Roberto, Márcio Pereira, Nelsinho do Trombone, Sergio Saraceni, Severino Araújo, Ted Moreno e Waltel Branco, notables músicos que escribieron los magníficos estudios sobre la sincopa con quienes conviví en los áureos tiempos de grabaciones en los estudios de la TV Globo entre los años 70 y 90. Ellos fueron mis grandes Maestros en el área de la música popular.

PRÉFACE DE LA 6ème. ÉDITION

Il y a trente ans, le 28 Mars 1983 a été publiée la première édition du "Método Ilustrado de Flauta" A chaque nouvelle édition nous essayons de faire une révision et ajouter des nouveaux textes et exercices.

Dans cette seizième édition les nouvelles sont dans le chapitre V, Exercices Préparatoires pour l'Apprentissage de la Sincope e dans les chapitres XVII et XVIII, Organisation du Répertoire et Musique Brésilienne pour la Flûte qui ont été augmentés considérablement.

J'aimerais détacher l'importante contribution des auteurs des études sur la sincope qui ont été la grande nouvelle et qui ont contribué énormément pour le succès international de cette méthode. Je me réfère à Alberto Arantes, Cipó, Edson Frederico, Francis Hime, Gerldo Vespar, Hermeto Pascoal, Ivan Paulo, José Eduardo Moraes, Luiz Roberto, Marcio Pereira, Nelsinho do Trombone, Sergio Saraceni, Severino Araújo, Ted Moreno et Waltel Branco, remarquables musiciens avec qui j'ai eu la chance de travailler a l'époque d'or des enregistrements dans les studios de la TV Globo dans les années 70 e 80. Ils ont été mes grands Maîtres dans le champ de la musique populaire.

PREFACE TO THE 6th. EDITION

The first edition of the "Método Ilustrado de Flauta" was published 32 years ago, on March 28, 1983. Since then, every new edition is revised and new texts and exercises are added.

In this sixth edition, a new Chapter (Preparatory Exercices for the Syncopation Studies) was inserted and the Chapters XVII and XVIII, "Building a Repertoire" and "Brazilian Music for Flute" were considerably extended.

I would like to call your attention most especially the authors of the syncopation studies, which were the main novelty that highly contributed for the international success of this method. I am referring to Alberto Arantes, Cipó, Edson Frederico, Francis Hime, Geraldo Vespar, Hermeto Pascoal, Ivan Paulo, José Eduardo Moraes, Luiz Roberto, Márcio Pereira, Nelsinho do Trombone, Sergio Saraceni, Severino Araújo, Ted Moreno and Waltel Branco, remarkable arrangers, with whom I learned immensely during the golden years of recording at Globo TV in the 70s and 80s. These were my great Masters in the popular music area.

PREFÁCIO

Este trabalho nasceu graças ao incentivo do grande compositor brasileiro César GUERRA-PEIXE. Visa especialmente resolver a dificuldade que muitos estudantes de flauta têm em cursar os Conservatórios, principalmente nas cidades do interior, e os problemas de aquisição e compreensão dos métodos estrangeiros. Por essa razão procuramos, através de uma linguagem acessível e de ilustrações, motivar o aluno na prática desse milenar instrumento.

A seqüência deste método visa, portanto, às aulas básicas de iniciação. Por isto começamos com os cuidados e manutenção do instrumento. Logo a seguir, o aluno encontrará uma série de exercícios respiratórios tão fundamentais para o aprendizado de qualquer instrumento de sopro. Para os estudantes mais avançados reservamos alguns capítulos com estudos de virtuosidade e efeitos especiais empregados na música contemporânea.

Através deste método pretendemos preencher uma grande lacuna no que se refere ao estudo das síncopas, à maneira como são empregadas na música popular brasileira. Daí, a razão de termos incluído um capítulo inteiramente dedicado ao assunto, com estudos especialmente escritos pelos mais renomados compositores brasileiros. Finalmente, um capítulo sobre noções de reparos e ensapatilhamento da flauta dará ao aluno os conhecimentos necessários para resolver quase todos os problemas que o instrumento possa apresentar. As informações aqui contidas não são novas; representam, entretanto, o resultado de anos de pesquisa, na experiência obtida como instrumentista de orquestra e na prática do magistério.

Um método, por mais completo que seja, jamais poderá substituir o calor humano de um bom professor; contudo, esperamos que nosso modesto trabalho contribua para o aprendizado e a arte da execução da flauta em nosso país.

O autor

PREFACIO

Este trabajo nació gracias al incentivo del gran compositor brasileño César GUERRA-PEIXE. Su objetivo principal es solucionar las dificultades que muchos estudiantes de flauta tienen para acceder a los Conservatorios, especialmente en las ciudades del interior, y de adquirir y comprender métodos extranjeros. Por esta razón buscamos, a través de un lenguaje accesible y de ilustraciones, motivar al alumno para la práctica de este milenario instrumento.

La secuencia de este método tiene por objetivo, por tanto, las clases básicas de iniciación. Por eso comenzamos con los cuidados y conservación del instrumento. En seguida, el alumno encontrará una serie de ejercicios respiratorios tan fundamentales para el aprendizaje de cualquier instrumento de viento. Para los estudiantes más adelantados reservamos algunos capítulos que contienen estudios de virtuosismo y recursos especiales empleados en la música contemporánea.

A través de este método pretendemos llenar el gran vacío existente sobre el estudio de las síncopas a la manera como son empleadas en la música popular brasileña. Por esta razón incluimos un capítulo enteramente dedicado al asunto, que contiene estudios especialmente escritos por los más reconocidos compositores brasileños. Finalmente, un capítulo sobre nociones de reparos de la flauta dará al alumno los conocimientos necesarios para resolver casi todos los problemas que el instrumento pueda presentar y los medios para repararlo. Las informaciones acá contenidas no son nuevas, consisten, no obstante, en el resultado de años de investigación, en la experiencia obtenida como instrumentista de orquesta y en la práctica del magisterio.

Un método, por más completo que sea, jamás podrá sustituir el calor humano de un buen profesor; a pesar de eso, esperamos que nuestro modesto trabajo contribuya para el aprendizaje y el arte de la ejecución de la flauta en nuestro país.

El autor

PRÉFACE

Cette méthode est née grâce à l'encouragement du grand compositeur brésilien César GUERRA-PEIXE. Son objectif principal est de résoudre la difficulté que beaucoup d'étudiants de flûte ont de fréquenter les Conservatoires, spécialement dans les villes de l'intérieur du pays, et les problèmes d'acquisition et de compréhension des méthodes étrangères. C'est pour cette raison que nous avons cherché, à travers un langage accessible et des illustrations, à stimuler l'élève dans la pratique de cet instrument millénaire.

La progression de cette méthode a comme objectif les classes de base pour les débutants. Nous commençons, alors, par des notions d'entretien et de conservation de l'instrument. Ensuite, l'élève trouvera une série d'exercices respiratoires, si fondamentaux pour l'apprentissage de n'importe quel instrument à vent. Pour les étudiants plus avancés, nous avons consacré quelques chapitres aux études de virtuosité et aux effets spéciaux employés dans la musique contemporaine.

A travers cette méthode, nous voulons combler une grande lacune en ce qui concerne l'étude des syncopes comme elles sont utilisées dans la musique populaire brésilienne. Pour cette raison, nous leur avons consacré un chapitre tout entier contenant des études spécialement écrites par les plus fameux compositeurs brésiliens. Finalement, un chapitre sur les réparations et le tamponnement de la flûte donnera à l'étudiant les connaissances nécessaires pour résoudre presque tous les problèmes que l'instrument pourra présenter. Les informations trouvées dans ces pages ne sont pas nouvelles; elles représentent, pourtant, le résultat d'années de recherche, de l'expérience comme musicien d'orchestre et de la pratique de l'enseignement.

Une méthode, même la plus complète, ne pourra jamais remplacer la chaleur humaine d'un bon professeur; nous espérons, pourtant, que notre travail, si modeste qu'il soit, contribuera à l'apprentissage et à l'art de l'exécution de la flûte dans notre pays.

L'auteur

PREFACE

This method has been written due to the encouragement of the great Brazilian composer César GUERRA-PEIXE. It aims to overcome the problem that many flute students have in following a regular course in a Conservatory - especially the ones living away from the big centers - and the difficulty of acquiring and understanding foreign methods. We are therefore trying, by expressing ourselves in clear terms and using illustrations, to motivate the student in the practice of the most ancient of all instruments.

This method starts the process of learning from the very beginning, showing first the routine of care and maintenance of the flute. Next, we present a series of breathing exercices which apply to the command of any wind instrument equally. For the more advanced students there are chapters with studies in virtuosity and special effects used in contemporary music.

It is our intention in this method to fill a void in the study of syncopation as used in Brazilian popular music. For this purpose we have included a chapter entirely dedicated to this subject containig studies specially written by our most well-known composers. Finally, we bring you a chapter about the principles of repairing and repadding the flute which will enable the student to sort out most problems that the instrument may present. The information in this book is not new but it represents many years of study and a lot of experience on performing in orchestras and teaching.

Even the most complete method can not by all means be a substitute to the presence of a teacher. Nevertheless we hope our efforts will contribute to the learning and the art of performing the flute in our country.

The author

APRECIAÇÕES/APRECIACIONES/APPRECIATIONS/APPRECIATIONS

[Handwritten letter in French, signed Rampal, Rio de Janeiro, 28 juin 1982]

Conheço Celso Woltzenlogel há muito tempo, inicialmente como meu aluno em Paris e em Nice e a seguir por ocasião de minhas visitas ao Brasil. Ele não é somente um flautista completo, mas também um artista de primeira ordem. A seriedade que dedicava aos seus estudos quando ainda era estudante, ele a transportou com sua experiência à sua atividade de professor, o que se comprova neste método. É um trabalho concebido com muito critério, adaptado perfeitamente a todos aqueles que desejam iniciar-se corretamente na prática da flauta. É um grande prazer para mim, recomendar calorosamente este livro.

Jean-Pierre Rampal

Conozco Celso Woltzenlogel hace mucho tiempo, inicialmente como mi alumno en París y Niza, y después cuando de mis giras por Brasil. No es solamente un flautista completo, sino también un artista de primera línea. La seriedad con que dedicaba a los estudios, mientras todavía estudiaba, él la transportó con su experiencia a su actividad de profesor, lo que se puede comprobar en este método. Es un trabajo concebido con mucho criterio, adaptado perfectamente a todos los que quieran empezar correctamente en la práctica de la flauta. Es un gran placer para mi, recomendar vivamente este método.

Jean-Pierre Rampal

I have known Celso Woltzenlogel for a long time, initially as my student in Paris and later through my many visits to Brazil. Not only is he a complete flautist but also a first class artist. The seriousness with which he dedicated his studies as a student transfers to his dedication as a teacher. This method proves it. Judiciously conceived, it is perfectly suited for those who want to begin playing the flute correctly. It is a pleasure for me to highly recommend this book.

Jean-Pierre Rampal

Considero o trabalho do Prof. Celso Woltzenlogel magnífico pela forma como desenvolveu o método, possibilitando não só ao iniciante do estudo da flauta, como aos alunos que já se encontram em estágio adiantado, assimilarem técnicas e conhecimentos necessários ao desenvolvimento e aprimoramento. O Corpo Deliberativo do Departamento de Instrumentos de Sopro da Escola de Música da Universidade Federal do Rio de Janeiro concluiu que o trabalho do Prof. Celso Woltzenlogel virá mostrar mais clareza no apuro técnico dos estudantes da difícil arte de tocar flauta, podendo ser utilizado com proveito no Programa da Escola de Música da UFRJ.

LENIR SIQUEIRA
Rio de Janeiro, setembro de 1982

Trata-se de um trabalho perfeito, honesto e inteligente, o qual vai - entre outras novidades - orientar o aluno na formação da embocadura correta, sem as exaustivas intervenções do professor. Pelos melhoramentos que contém, este método vem preencher uma enorme lacuna deixada pelos outros.

ALTAMIRO CARRILHO
Rio de Janeiro, abril de 1983

Seu trabalho vibrante e expressivo vem ao encontro de uma necessidade cada vez maior: fornecer aos flautistas brasileiros, cada vez mais numerosos, os meios de estudar dentro da realidade brasileira, tanto artística quanto material. Você aborda, praticamente, todos os aspectos do estudo e os problemas do instrumento aqui no Brasil. Permita-me dizer que vejo no seu método os reflexos e a continuação da escola de flauta brasileira, "escola sem escola" de Callado e Hermeto Pascoal, flauta brasileira cheia de expressividade e emoção, flexível, sutil e brejeira, brincalhona e improvisadora, flauta não reprimida que toca tão bem Bach quanto Pixinguinha. Comparável a esse seu método, produto da realidade brasileira, somente o de Taffanel & Gaubert, originalíssimo, também, porque reflete o impressionismo e espírito franceses. É um método da atualidade, liberdade e vida!

ODETTE ERNEST DIAS
Universidade de Brasília, fevereiro de 1983

Utilizo el Método Ilustrado de Flauta desde el año 1987 en la Cátedra de Flauta en la Universidad Católica de Chile, con excelentes resultados.

HERNAN JARA SALAS
Santiago, Chile, marzo 1983

Meu caro colega Celso Woltzenlogel,
Li com crescente interesse seu Método Ilustrado de Flauta. Cheguei à conclusão que se trata de uma obra definitiva e completa. Seu método é perfeito nas conclusões e explanações e vem de encontro aos que se dedicam ao instrumento que celebrizou o nosso saudoso Pattapio Silva.

FRANCISCO MIGNONE
Rio de Janeiro, 22 de Fevereiro de 1984

Meu caro Celso,
Acabo de ler o seu novo Método Ilustrado de Flauta, na bela edição da Vitale, e sinto-me feliz e orgulhoso como músico brasileiro de ver um trabalho de tal nível – didático, artístico e editorial – realizado no Brasil. Meus parabéns mais entusiásticos a você que decidiu passar sua valiosa experiência de artista, músico e professor, às gerações atuais e futuras de nosso país e também no campo internacional, onde tenho certeza, seu novo método será sucesso certo.

Meu abraço amigo,
MARLOS NOBRE
Rio, 22 de fevereiro de 1984.

É a obra mais importante já escrita no Brasil. Quero, nesta oportunidade, congratular-me pelo benefício que você trouxe à literatura da flauta. Neste país, onde, geralmente, as pessoas, quando escrevem para um instrumento, desconhecem a técnica e às vezes nem sabem música, fazem compilação de outras obras. Justamente, por isso, seu Método possui grande importância.

MOZART CAMARGO GUARNIERI
São Paulo, março de 1985

There is nothing else like that I have ever seen. It is very thorough with all aspects of playing addressed in tried-and-true fashion, including harmonics, special fingerings, special effects, tremolos, double and triple tonguing, suggested repertoire, flute literature, and even a chapter on repadding and maintenance.

FLUTE TALK MAGAZINE
Illinois, USA, September 1985

Li com o mais vivo interesse o método do Prof. Celso Woltzenlogel. Considero tal obra de fundamental importância para os estudantes de flauta, bem como para regentes, compositores e musicistas em geral. Felicito-me, pois, pela realização de uma obra que vem colimar uma lacuna na literatura nacional do gênero.

CLÁUDIO SANTORO
Brasília, 30 de abril de 1986

Prezado Celso,
Acompanho, de longos anos, a sua intensa e brilhante atividade profissional, que se desdobra em tantos e tão importantes caminhos da música com a mesma intensidade, a mesma dedicação e a mesma eficiência. Instrumentista de excepcionais dotes técnicos e musicais, seja como solista ou como camerista emérito, professor de uma plêiade significativa de brilhantes flautistas da nova geração, batalhador incansável do desenvolvimento das nossas bandas de música e do nível qualitativo da nossa indústria de instrumentos de sopro, vejo com grande alegria sua multiplicidade de talentos configurada e refletida em seu "Método Ilustrado de Flauta".
A par de seu grande interesse didático, pela gama extremamente ampla de informações indispensáveis à sólida formação do jovem flautista, seu trabalho acrescenta, com rara oportunidade e capacidade de síntese, a contribuição da própria cultura musical brasileira para o perfil expressivo da flauta.
Essa dupla dimensão brasileira e universal, encontra-se por inteiro nos musicalíssimos estudos e exercícios, seus e de outros autores brasileiros, que enriquecem o seu excelente trabalho.

EDINO KRIEGER
Rio de Janeiro, 21 de maio de 1986

Your Illustrated Flute Method is an outstanding contribution to the flute pedagogy of our time, and is all the more valuable for presenting varied material by contemporary Brazilian composers.

FELIX SKOWRONEK
Washington University
Seatle, USA, May 1986

Tu método es muy interesante. Sobre todo tiene cosas originales que hacen falta a los músicos, a los profesionales que siempre están con los métodos tradicionales.

RUBÉN ISLAS
Universidad Nacional de México, agosto 1986

Além da maneira inteligente e tão didática como você abordou os diferentes aspectos da técnica da flauta, tornando-a tão interessante, não só para os principiantes como para os mais adiantados, o que mais me chamou a atenção foi a maneira como foram introduzidos os ritmos sincopados em quase todos os estudos melódicos.

ANTONIO CARLOS JOBIM
Rio de Janeiro, maio de 1986

A aprovação de Rampal, o mestre francês, e a de outros insignes artistas brasileiros dispensam novos comentários sobre essa bela obra, digna de figurar na biblioteca dos grandes mestres da flauta. Permita-me dizer que se trata de um bem elaborado compêndio, o qual enriquecerá, sem dúvida, o acervo de obras deixadas; de Quantz até Boehm; de Dorus a Taffanel, sem contar com as obras dos grandes mestres italianos e outros. Tenho recomendado esse método aos nossos alunos e aficionados, em geral, com muita alegria e entusiasmo.

JOÃO DIAS CARRASQUEIRA
São Paulo, maio de 1986

C'est avec fierté et une grande satisfaction que j'aime à dire à mon ami Celso, bravo pour ce monument qui est ta méthode. Elle est l'exemple du relais nécessaire entre la grande tradition Française du 18ème et 19ème siècle avec notre époque; elle possède tous les éléments nécessaires au développement des futurs flûtistes en devenir, amateurs ou professionnels; elle retient l'attention surtout pour la facilité de son approche pour les étudiants, la justesse de ses propos; et le rationnel de ses textes musicaux. Je pense pouvoir dire qu'elle est une digne fille de la grande tradition Française de la flûte.

ALAIN MARION
Professeur au Conservatoire National Supérieur de Musique de Paris
Paris, le 20 octobre 1987

I am very impressed with the new Flute Method of Celso Wotzenlogel and find it not only well presented but thorough. It serves all, beginners through advanced players and certainly fills a void that has existed for some time now. I recommend the method highly for all serious students of the instrument.

CHARLES DELANEY
Florida University
Tallahassee, USA, June 1987

Prezado Celso,
Por estar vivendo e atuado nos Estados Unidos já por muitos anos, e conhecendo quase todos os métodos com os quais nossos colegas professores estabelecem carreiras para o virtuosismo da flauta, sinto-me bastante orgulhoso por ver surgir no meu Brasil um método de tão alto gabarito.

MAESTRO MOACYR SANTOS
Los Angeles (1987)

Hay dos cosas que me parecen claras, 1º el hecho de que todas las lecciones tienen "swing". Claro, es un "swing" muy brasileño, pero al fin es nuestro y esto me parece lo más importante de todo. No son ni polkas, ni gigas, ni gavotas, son choriños, valsas, etc. Formas musicales que nos pertenecen. Y otra cosa que me encanta es el uso de las alteraciones y en consecuencia de la armonía la cual es bastante libre desde un comienzo. En fin, el método es el que estoy usando porque hasta ahora es el único que suena a América!

JULIO TORO
Caracas, Venezuela, mayo 1988

This method book, vastly illustrated, adds another dimension to an already complete presentation. The inclusion of rhythmic studies, using extracts from popular Brazilian music affords the student of all levels an opportunity of becoming acquainted with varied styles. Prof. Woltzenlogel's total dedication is reflected throughout the book, and the fact that this is a third edition adds to the importance of this work.

JAMES PELLERITE
Indiana University
Bloomington, USA, January 1988

The most valuable aspect of this method are the many exercises and studies by Brazilian composers, which introduces the student to Brazilian rhythms. The method is very clearly set out and presented. I suggest that all teachers and players obtain a copy and examine the book, for there is much to commend in the presentation and content of the method.

ROBERT BROWN
Australian Flute Association
Norwood, February 1988

Pour nous européens qui profitons d'un nombre d'écoles de musique énorme et d'une saturation de méthodes diverses, il semble cependant intéressant de connaître cet ouvrage, dont les études sont extrêmement différentes de celles qui nous sont habituellement proposées.

TRAVERSIERES JOURNAL
Lion, France, octobre 1988

I think this must be the most complete book ever written. It has everything from the easy pieces to the very difficult pieces and syncopations which is very important for the students. I recommend that for everybody.

TORKYL BYE
Oslo Philarmonic, Norway, June 1989

Para la enseñanza de la Flauta en Alemania veo su especial significancia en el hecho de que está ofreciendo una introducción muy buena en las dificultades técnicas y musicales de la música latinoamericana.

HARTMUTH STEEMAN
Bonn, Alemania, julio 1989

Pienso que tus innovaciones pedagógicas en el estudio de la flauta, incorporando sabiamente elementos rítmicos (síncopas, etc.) tan propios de la música brasileña, se corresponde y contemporaniza con la visión y el empleo actual de nuestro instrumento, abriendo puertas antaño inimaginables en la concepción técnica de la enseñanza. Método completo en suma, que aborda con mucha claridad todos los problemas técnicos de la flauta, invitando a resolverlos mediante la consecución de didactísimos ejercicios que incentivan la imaginación del alumno.

RAFAEL CASASSEMPERE
Conservatorio de Música
Barcelona, España, julio 1989

In this book what is a nice thing is that it starts quite early with more complicated rhythms, and sharps and flats. There is also much music to play.

MICKAEL HELASVUO
Sibelius Academy
Helsink, Finland, June 1989

Creo que lo más importante que he encontrado en este libro ha sido la posibilidad de poder trabajar primeramente los ritmos más cercanos a nuestra música latinoamericana.

CESAR VIVANCO
Conservatorio Nacional de Música
Lima, Peru, junio 1990

El método me parece muy completo, o sea, que incluye todos los aspectos importantes de la flauta y además con música buena. Es un método muy importante, especialmente si uno también piensa en la música contemporánea, donde un re no es mas ni menos importante que un re bemol o un re sostenido. Al lado de otros métodos que hay acá, este método cubre un agujero que había en la fila.

FELIX RENGGLI
Schaffasen Konservatorium
Basel, Suisse, septiembre 1991

Your method is a real treasure. The studies are elegantly crafted and clearly presented; they are a joy to practice. I enjoy the syncopation studies because they help me to sense the shadings and colorations in the music of your beautiful country. All my students will play them! Bravo.

PAULA ROBISON
New England Conservatory, Boston.
New York, USA, April 1992

Verifico com admiração que você não teve a preocupação de publicar mais um método de flauta, igual a tantos outros, mas um método com conteúdo diferente, o qual irá ajudar a professores e alunos ao apresentar novas técnicas e segredos do instrumento tão úteis aos modernos flautistas e necessários ao vasto repertório contemporâneo de orquestra.

CARLOS CORDEIRO
Conservatório Nacional de Música
Lisboa, Portugal, abril de 1993

Utilizo el Método Ilustrado de Flauta desde el año que tuve la oportunidad de conocerlo. Desde entonces lo he usado en forma permanente, tanto en mis clases privadas como en los cursos de verano que dicto en el interior de Argentina.

Los resultados que he obtenido son óptimos, ya que abarcando todos los aspectos técnicos, brinda a los jóvenes un acercamiento de calidad a la música de Sudamérica.

PATRICIA DA DALT
Orquesta Sinfónica Nacional
Buenos Aires, Argentina, febrero 1993

Pocos métodos tienen una visión tan amplia de la enseñanza de la flauta tranversa, que permite al alumno conocer el lado clásico y contemporáneo de la música y mucho mejor totovía, el mundo latinoamericano.

JOSE MENANDRO BASTIDAS
Universidad de Mariño, Colombia 1993

Querido Celso,

Para mim é uma alegria e uma honra escrever sobre o Método Ilustrado de Flauta.

Desde o momento em que folheei o meu primeiro exemplar (número 64), tive a certeza de estar diante da obra que vinha justamente preencher uma grande lacuna na pedagogia do instrumento: um moderno método para flauta, inteiramente brasileiro.

Logo que começamos a aplicá-lo na Escola de Música de Brasília, houve alguma reação à instigante proposta musical contida nos estudos escritos por Guerra-Peixe. Suas belas melodias causavam estranheza para os ouvidos acostumados à tirania dos Modos Maior e Menor!

Hoje, 25 anos após o lançamento da primeira edição, o "CELSO," como nós o chamamos carinhosamente, ocupa lugar de destaque na grade curricular do Centro de Ensino Profissionalizante/Escola de Música de Brasília, tendo seu conteúdo distribuído em todos os níveis dos Cursos Básico e Técnico de Flauta Transversal.

MARIA ELISABETH ERNEST DIAS
Professora do Centro de Ensino Profissionalizante/Escola de Música de Brasília
Flautista da Orquestra Sinfônica do Teatro Nacional Cláudio Santoro
Brasília, junho de 2007.

La se vão 21 anos de minha formatura.

Há algumas semanas comecei a revisitar os estudos melódicos do Método Ilustrado de Flauta do professor Celso Woltzenlogel, Editora Vitale.

Na década de 1990, um adolescente encantado com as possibilidades da flauta, eu sempre gostei da diversidade do programa da Escola de Música de Brasília, que mesclava os estudos tradicionais de Taffanel & Gaubert, Reichert, Gariboldi aos de Guerra-Peixe, Nazareth, Pattapio, Hermeto Pascoal e tantos outros mestres da nossa riquíssima música brasileira.

Apesar de não ter maturidade para enxergar a grandiosidade do método me sentia bem com esses estudos. Hoje, com a maturidade de 27 anos de flauta e uns 20 me dedicando à música brasileira, posso sorver cada nota com mais entendimento de que tem ali, além das figuras musicais estampadas no papel. Está uma delícia! Recomendo.

SÉRGIO MORAIS
Professor de Flauta da Escola Brasileira de Choro Raphael Rabello
Brasília, 26 de maio de 2019

BIOGRAFIA

Celso Woltzenlogel é um dos mais importantes flautistas e professor de flauta no Brasil. De 1969 a 1991, atuou como primeiro flautista da Orquestra Sinfônica Nacional. De 1971 a 1996, foi professor de flauta da Escola de Música da Universidade Federal do Rio de Janeiro, onde recebeu seu título de Doutor em Educação em 1993. No Brasil, Celso Woltzenlogel estudou com os flautistas Jayme Rocha de Almeida e Moacyr Liserra. Aperfeiçoou-se em Paris com Alain Marion e Jean-Pierre Rampal.[1] Atuou nas mais importantes salas de concertos do país como solista e integrante de vários conjuntos de câmera, incluindo aqueles que fundou: Quinteto de Sopros Villa-Lobos, Ars Barroca, Sexteto do Rio, Duo Instrumentalis, Jazz Clássico do Rio de Janeiro e Flautistas do Rio. Além de suas atividades no campo da música clássica, participou intensamente na gravação de trilhas sonoras para o cinema e a televisão e nos discos dos maiores nomes da música popular brasileira, como Tom Jobim, Egberto Gismonti, Chico Buarque, Francis Hime e Edu Lobo. Atuou e deu aulas em vários festivais internacionais no Brasil e no exterior, incluindo a "National Flute Association Convention" (USA). Coordenou o Projeto Bandas da Funarte desde sua criação em 1976 até 1990 e, em agosto de 1994, criou a Associação Brasileira de Flautistas, da qual foi o presidente até 2007. De 1997 a 2003, foi coordenador mundial de marketing das flautas SANKYO. Em 2014 foi eleito para a Academia Brasileira de Música na vaga de Alceo Bocchino.

BIOGRAFIA

Celso Woltzenlogel es uno de los más importantes flautistas y profesores de flauta en Brasil. De 1969 a 1991 actuó como primera flauta solista de la Orquesta Sinfónica Nacional y de 1971 a 1996 fue profesor de flauta de la Escuela de Música de la Universidad Federal de Río de Janeiro, donde recibió su título de Doctor en Educación. En Brasil, Celso Woltzenlogel estudió con los flautistas Jayme Rocha de Almeida y Moacyr Liserra. En París, siguió sus estudios de flauta con Alain Marion y Jean-Pierre Rampal.[2] Actuó en las más importantes salas de conciertos de Brasil como solista y miembro de importantes grupos de camera como el "Quinteto de Sopros Villa-Lobos", "Ars Barroca", "Sexteto do Rio", "Duo Instrumentalis", "Jazz Clássico do Rio de Janeiro" y "Flautistas do Rio" (fue fundador de todos eses conjuntos). Además de sus actividades en el campo de la música clásica participó intensamente en la grabación de bandas sonoras para el cine y la televisión y en los discos de los más importantes nombres de la música popular brasileña, como Tom Jobim, Egberto Gismonti, Chico Buarque, Francis Hime, Edu Lobo, entre otros. Actuó y dictó clases en varios festivales internacionales en Brasil y en el exterior, incluyendo la "National Flute Association Convention" (USA). Fue el coordinador del "Projeto Bandas de Música" del Ministerio de Cultura desde su creación en 1976 hasta 1990. En 1994 creó la Asociación Brasileña de Flautistas de la cual fue presidente hasta 2007. De 1997 hasta el año 2003 fue coordinador mundial de marketing de las flautas SANKYO. En 2014 fue elegido miembro de la Academia Brasileña de Música.

---

[1] N. E: e Nadia Boulanger.
[2] **N. E: y Nadia Boulanger.**

BIOGRAPHIE

Celso Woltzenlogel est un des plus importants flûtistes et professeur de flûte au Brésil. De 1969 à 1991 il a joué comme flûte solo dans l'Orchestre Symphonique National et de 1971 à 1996 il a été professeur de flûte à l'Ecole de Musique de l'Université Fédérale de Rio de Janeiro où il a obtenu son diplôme de Docteur en Education. Au Brésil, Celso Woltzenlogel a étudié avec les flûtistes Jayme Rocha de Almeida et Moacyr Liserra. A Paris, il a suivi ces études de flûte avec Alain Marion et Jean-Pierre Rampal.[1] Il s'est présenté dans les plus importantes salles de concerts du Brésil comme soliste et comme membre de plusieurs ensembles de musique de chambre tels que: "Quinteto de Sopros Villa-Lobos", "Ars Barroca", "Sexteto do Rio", "Duo Instrumentalis", "Jazz Clássico do Rio de Janeiro" et "Flautistas do Rio" (il a été le fondateur de tous ces ensembles). A part ces activités dans le champ de la musique classique, il a participé activement dans des enregistrements pour le cinéma et pour la télévision et dans des disques des plus fameux interprètes de la musique populaire brésilienne comme Tom Jobim, Egberto Gismonti, Chico Buarque, Francis Hime, Edu Lobo. Il a joué et il a donné des master class dans des festivals de flûtistes les plus importants au Brésil et dans l'extérieur comme, "National Flute Association Convention" (USA). Il a été le coordinateur du "Projeto Bandas de Música" du Ministère de la Culture depuis sa création en 1976 jusqu'à 1990. En 1994 il a crée l'Association Brésilienne de Flûtistes et il est resté comme président jusqu'à 2007. De 1997 à 2003 il a travaillé comme coordinateur mondial de marketing des flûtes SANKYO. Dans l'année 2014 il a été élu membre de l'Académie Brésilienne de Musique.

BIOGRAPHY

Celso Woltzenlogel is one of the foremost flutists and flute pedagogues in Brazil. From 1969 to 1991 he served as principal flute of the Orquestra Sinfônica Nacional and from 1971 to 1996 was Professor of Flute at the Escola de Música (School of Music) at the Universidade Federal do Rio de Janeiro, where he received his Doctorate in Music Education in 1993. In Brazil, Woltzenlogel studied with flutists Jayme Rocha de Almeida and Moacyr Liserra. He continued his studies in Paris with Alain Marion and Jean-Pierre Rampal.[2] He frequently performs as soloist as well as in chamber groups including those he founded: the "Quinteto de Sopros Villa-Lobos", "Ars Barroca", "Sexteto do Rio", "Duo Instrumentalis", "Jazz Clássico do Rio de Janeiro" and "Flautistas do Rio". He has also played on numerous recordings including soundtracks for movies and television, and participated on albums of the most important names in Brazilian popular music such as Tom Jobim, Egberto Gismonti, Chico Buarque, Francis Hime, Edu Lobo. He has performed and taught masterclasses in various music festivals worldwide including the National Flute Association (U.S.). Woltzenlogel was the coordinator of the Bands Project for the Brazilian Ministery of Culture from its creation in 1976 until 1990 and in August 1994, he created the Associação Brasileira de Flautistas (The Brazilian Flutist Association) and acted as president until 2007. From 1997 until 2003 he was the world coordinator of marketing for Sankyo Flutes. In 2004 he was elected member of the Brazilian Music Academy.

---

[1] N. E: et Nadia Boulanger.
[2] N. E: and Nadia Boulanger.

CESAR GUERRA-PEIXE

Ano passado comemoramos o centenário de nascimento de Cesar Guerra-Peixe, autor dos maravilhosos estudos melódicos que enriqueceram sobremaneira este método.
Cesar Guerra-Peixe nasceu em Petrópolis em 1914 e faleceu no Rio de Janeiro aos 79 anos, em 1983.
Aos nove anos já tocava violão, bandolim, violino e piano.
Muito jovem transferiu-se para o Rio de Janeiro após prestar concurso para ingressar na Escola Nacional de Música, obtendo o primeiro lugar.
Teve como professores Paulina d'Ambrósio e Gao Omacht, violino; Arnaud Gouveia, harmonia elementar e Orlando Frederico, música de câmara.
Em 1943 ingressou no Conservatório Brasileiro de Música para se aperfeiçoar em contraponto, fuga e composição, concluindo o curso com brilhantismo.
Em 1944 começou a compor música dodecafônica sob a orientação de Koellreutter, músico alemão que chegou ao Brasil nos anos 30.
Sua paixão pela flauta começou já na primeira fase da sua incursão na música dodecafônica com a Sonatina para flauta e clarineta.
Nos anos 40 participou ativamente do grupo Música Viva, com Claudio Santoro, Edino Krieger e Eunice Katunda.
Depois de cinco anos escrevendo música dodecafônica encerrou essa fase com a Suíte para flauta e clarineta.
O período que trabalhou em Recife, a partir de 1948, foi muito importante, pois teve a oportunidade de conhecer o folclore brasileiro, cujas melodias seriam muito utilizadas em suas obras.
De sua fase nacionalista, a Sinfonia Brasília, composta em 1960 é considerada a sua obra mais conhecida.
Guerra-Peixe teve também uma fase muito importante como compositor para trilhas para o cinema e como arranjador no campo da música popular brasileira. Fez importantes trabalhos para Tom Jobim, Chico Buarque e Luiz Gonzaga.
Integrou a Orquestra Sinfônica Nacional como violinista e iniciou sua carreira como professor dando aulas de composição na Escola de Música Villa-Lobos (RJ) e orquestração e composição na Universidade Federal de Minas Gerais, tendo formado alunos brilhantes.
Escreveu varias obras importantes para a flauta e piano como: A Inúbia do Cabocolinho; Quatro coisas; Música para flauta e piano; Allegretto con moto; Sonatina para flauta e clarineta; Trio nº 2 para flauta, clarineta e fagote; Galope para duas flautas, violino, viola e violão; Roda de amigos, para flauta, oboé, clarineta, fagote e cordas; Noneto para flauta, clarineta, trompete, trombone, piano, violino, viola e violoncelo; Quarteto misto, para flauta, clarineta, violino e violoncelo; Dez variações para flauta, clarineta, violino e violoncelo; Dança alegre para três flautas; Melopéias nºs 1, 2 e 3 e Em duas flautas, Em três flautas e Em quatro flautas, estas últimas escritas especialmente para o Método Ilustrado de Flauta.

CESAR GUERRA-PEIXE

El año pasado conmemoramos el centenario de nacimiento de Cesar Guerra-Peixe, autor de los maravillosos estudios melódicos que enriquecieron sobremanera este método.
Cesar Guerra-Peixe nació en Petropolis en 1914 y falleció en Río de Janeiro en 1993.
A la edad de nueve años ya tocaba bandolin, violín y piano.
Muy joven se mudó para Río de Janeiro después de prestar concurso para ingresar en la Escuela Nacional de Música obteniendo el primer lugar.
Tuvo como maestros Paulina d'Ambrósio y Gao Omacht, violín, Arnaud Gouveia, armonía elemental y Orlando Frederico, música de cámara.
En 1943 ingresó en el Conservatorio Brasileño de Música para perfeccionar se en contrapunto, fuga y composición, concluyendo el curso con distinción.
En 1944 comenzó a componer música dodecafónica bajo la orientación de Koellreutter, músico alemán que llegó a Brasil en los años 30.
Su pasión por por la flauta empezó ya en la primera fase de su incursión en la música dodecafónica, con la Sonatina para flauta y clarinete.

En los años 40 participó activamente del grupo Música Viva, junto a Claudio Santoro, Edino Krieger y Eunice Katunda.
Después de cinco años escribiendo música dodecafónica cerró esa fase con la Suite para flauta y clarinete.
El periodo que trabajó en Recife, a partir del año 1938 fue muy importante, pues tuvo la oportunidad de conocer el folclor brasileño, cuyas melodías serian muy utilizadas en sus obras.
Del periodo nacionalista, la Sinfonía Basilia, compuesta en 1960 es considerada su obra mas conocida.
Guerra-Peixe tuvo también una fase muy importante como compositor para bandas de sonido para el cine y como autor de arreglos en el campo de la música popular brasileña. Hizo importantes trabajos para Tom Jobim, Chico Buarque y Luiz Gonzaga.
Integró la Orquesta Sinfónica Nacional como violinista y empezó sus actividades como profesor ofreciendo clases de composición en la Escuela de Música Villa-Lobos (RJ) y orquestación y composición en la Universidad Federal de Minas Gerais, habiendo formado alumnos notables.
Escribió varias obras importantes para flauta y piano como "A inúbia do Cabocolinho", " Quatro Coisas", "Música para flauta y piano", "Allegretto con moto; "Sonatina para flauta y clarinete", "Trio nº 2 para flauta, clarineta e fagote", "Galope, para duas flautas, violino, viola e violão", "Roda de amigos, para flauta, oboé, clarineta, fagote e cordas", "Noneto, para flauta, clarineta, trompete, trombone, piano, violino, viola e violoncelo", Quarteto misto, para flauta, clarineta, violino e violoncelo"; "Dez variacões para flauta, clarineta, violino e violoncelo", "Dança alegre, para três flautas", "Melopéias 1, 2 y 3" (flauta solo); y "Em duas flautas", "Em três flautas", "Em quatro flautas", siendo estas escritas especialmente para el Método Ilustrado de Flauta.

CESAR GUERRA-PEIXE

L'année dernière ont a fêté le centenaire de naissance de Cesar Guerra-Peixe, auteur des merveilleuses études mélodiques que ont enrichi énormément cette méthode.
Cesar Guerra-Peixe est né à Petropolis en 1914 et il est décédé en 1983 à Rio de Janeiro.
A l'âge de neuf ans il jouait déjà la mandoline, le violon et le piano.
Très jeune il a déménagé à Rio de Janeiro après être admis avec distinction à l'Ècole Nationale de Musique. Il a étudié avec Paulina d'Ambrosio et Gao Omacht, violon, Arnaud Gouveia, harmonie élémentaire et Orlando Frederico, musique de chambre.
En 1943 il a été admis au Conservatoire Brésilien de Musique pour se perfectionner en Contrepoint, Fugue et Composition. Il a fini ses études avec distinction.
En 1944 il a commencé à composer de la musique dodécaphonique sur l'orientation de Koellreutter, musicien allemand qui est arrivé au Brésil dans les années 30. Sa passion pour la flûte a débuté déjà dans la première phase de son incursion dans la musique dodécaphonique avec la Sonatine pour flûte et clarinette.
Dans les années 40 il a participé activement dans le groupe "Música Viva" avec Claudio Santoro, Edino Krieger et Eunice Katunda.
Après cinq ans il a fini sa phase dodécaphonique avec la Suite pour flûte et clarinette.
La période qu'il a travaillé à Recife à partir de 1948 a été très importante parce qui il a eu la chance de connaître le folklore brésilien. Il a utilisé beaucoup de ces mélodies dans ses compositions
De sa phase nationaliste, la "Sinfonia Brasília" composé en 1960 est considérée son oeuvre la plus connue.
Guerra-Peixe a eu aussi une phase très importante comme compositeur de bandes sonores pour le cinéma et comme auteur d'arrangements dans le champ de la musique populaire brésilienne surtout pour Tom Jobim, Chico Buarque et Luiz Gonzaga.
Comme violoniste il a travaillé dans l'Orchestre Symphonique Nationale et il a débuté comme professeur de composition à l'Ècole de Musique Villa-Lobos (RJ) et orchestration et composition dans l'Université Fédérale de Minas Gerais, où il a eu des notables étudiants. Guerra-Peixe a écrit des oeuvres très importantes pour la flûte comme : "A Inúbia do Cabocolinho", "Quatro Coisas", "Música para flauta e piano", "Allegretto con moto", "Sonatina para flauta e clarineta", "Trio nº 2 para flauta, clarineta e fagote", "Galope, para duas flautas, violino, viola e violão", "Roda de amigos, para flauta, oboé, clarineta, fagote e cordas", "Noneto, para flauta, clarineta, trompete, trombone, piano, violino, viola e violoncelo", "Quarteto misto, para flauta, clarineta, violino e violoncelo", "Dez variações para flauta, clarineta, violino e violoncelo", "Dança alegre, para três flautas", "Melopéias 1, 2 e 3" (flauta solo), et "Em Duas flautas", "Em Três flautas", Em Quatro flautas", composées spécialement pour la Méthode Illustrée de Flûte ("Método Ilustrado de Flauta").

CESAR GUERRA-PEIXE

Last year we celebrated the centenary of Cesar Guerra-Peixe, author of the marvelous melodic studies that highly enriched this method.

Cesar Guerra - Peixe was born in Petrópolis, in 1914, and died in Rio de Janeiro, when he was 79.

When he was 9 years old, Guerra-Peixe already played the guitar, mandolin, violin, and the piano. While still very young, he moved to Rio de Janeiro, after being admitted at the National School of Music, where he succeeded in obtaining the first place.

Guerra-Peixe took violin classes with Paulina d'Ambrosio and Gao Omacht; elementary harmony with Arnaud Gouveia, and chamber music with Orlando Frederico.

Teve como professores Paulina d'Ambrósio e Gao Omacht, violino; Arnaud Gouveia, harmonia elementar e Orlando Frederico, música de câmara.

In 1943, Guerra-Peixe entered at the Brazilian Conservatory of Music to improve his knowledge of Counterpoint, Fugue and Composition. He graduated with honors.

In 1944, Guerra-Peixe started composing dodecaphonic music under the orientation of H.J. Koellreuter, a German musician who came to Brazil in the 30s.

His passion for the flute was already apparent at the first phase of his incursion in dodecaphonic music, with the "Sonatina" for flute and clarinet.

During the 40s, Guerra-Peixe participated actively on the group "Musica Viva", with Claudio Santoro, Edino Krieger and Eunice Katunda.

After 5 years composing dodecaphonic music, Guerra-Peixe concluded this phase with the "Suite for flute and clarinet".

The period when Guerra-Peixe worked in Recife, from 1948 on, was very important; he had the opportunity to know the Brazilian folklore, which would provide many of the melodies used in his works.

From his nationalist phase, the Sinfonia Brasília which was composed in 1960, is the most famous work.

Guerra-Peixe also had a very important phase as composer of soundtracks for movies and as arranger in the field of Brazilian popular music. Guerra-Peixe collaborated in important works with Tom Jobim, Chico Buarque and Luiz Gonzaga.

Guerra-Peixe took part of the National Symphonic Orchestra as violinist, and initiated his career as professor giving composition classes at the Villa-Lobos Music School and orchestration and composition classes at the Federal University of Minas Gerais having some brilliant names among his students.

Guerra-Peixe wrote many pieces that have become a standard part of the Brazilian musician's repertoire, such as: "A Inúbia do Cabocolinho", Quatro coisas", "Música para flauta e piano", "Allegretto con moto", "Sonatina para flauta e clarineta", "Trio nº 2 para flauta, clarineta e fagote", "Galope para duas flautas, violino, viola e violão", "Roda de amigos, para flauta, oboé, clarineta, fagote e cordas", "Noneto para flauta, clarineta, trompete, trombone, piano, violino, viola e violoncelo", "Quarteto misto, para flauta, clarineta, violino e violoncelo", "Dez variações para flauta, clarineta, violino e violoncelo", "Dança alegre para três flautas", "Melopéias nºs 1, 2 e 3 (flauta solo) and "Em duas flautas", "Em três flautas", "Em quatro flautas", which were specially written for the "Metodo Ilustrado de Flauta".

Capítulo I

A EVOLUÇÃO DA FLAUTA

A flauta é um dos instrumentos de sopro mais antigos e um dos primeiros instrumentos musicais inventado pelo homem.

Os historiadores da antiguidade atribuíam suas origens à obra do acaso ou a personagens da mitologia. A ciência, porém, calcula que tenha surgido há mais de 20.000 anos, a julgar pela análise de alguns exemplares encontrados, feitos de osso.

Provavelmente, a flauta foi inventada, paralelamente, por povos distantes, sem nenhum contato entre si, podendo ser comprovado através das flautas de bambu ou de argila achadas no Peru, de formas e de sonoridades semelhantes às utilizadas pelos gregos e egípcios.

Uma das versões mais aceitas sobre a sua origem é a de que o homem primitivo, quando vagava pelos bosques na ânsia de imitar os sons dos pássaros, teria aprendido a assobiar. Posteriormente, ouvindo o som produzido pelo vento nos canaviais, tomou um pedaço de cana e levando-o aos lábios conseguiu emitir sons semelhantes ao assobio, porém mais fortes.

A partir dessa descoberta, o homem aperfeiçoou a flauta de bambu, modificando não só as suas formas, mas também a qualidade dos materiais empregados na sua construção. Até a primeira metade do século XVII, as flautas não possuíam nenhum mecanismo. Eram providas apenas de orifícios, e supõe-se que a primeira chave (Ré#) tenha surgido por volta de 1660.

Hoje é difícil acreditar que as grandes obras da literatura clássica do instrumento, como as sonatas de Bach, de Haendel e os concertos de Vivaldi, entre outros, pudessem ter sido executadas com flautas tão simples.

Até princípios do século XIX, verificaram-se poucos progressos. As flautas continuavam com pouca sonoridade e com muitos problemas de afinação, apesar de novas chaves terem sido acrescentadas ao seu mecanismo. Somente por volta de 1840, ela tornou-se, realmente, um instrumento quase perfeito, semelhante ao utilizado hoje em dia, graças a um mecanismo revolucionário inventado por Theobald Boehm, flautista, compositor e fabricante de flautas.

Esse novo mecanismo, conhecido como "sistema Boehm", aumentou a extensão da flauta, facilitou o dedilhado, permitindo a execução de obras de virtuosidade até então impraticáveis com as flautas antigas.

Foi Louis Lot, célebre fabricante de flautas, da "Maison Lot" de Paris, quem a tornou o instrumento definitivo. Construiu-as com uma liga especial de prata, enriquecendo sobremaneira a qualidade sonora do instrumento. Foram as mais perfeitas fabricadas na Europa, servindo, posteriormente, de modelo para as flautas americanas e japonesas, tão requisitadas atualmente.

Entusiasmados com os novos progressos alcançados e com o crescente interesse pelo instrumento, os compositores começaram a escrever, explorando o novo caráter virtuosístico da flauta. Foi o período áureo dos grandes solos de concerto, das árias de bravura e dos temas com variações, quando se destacaram os grandes flautistas e compositores Toulou, Demerssemann, Briccialdi, Doppler, e o próprio Boehm.

A partir de 1950, começa uma grande disputa entre os fabricantes, principalmente nos Estados Unidos. Procurando aperfeiçoar ainda mais o instrumento, descobrem-se novas ligas metálicas e são produzidas as primeiras flautas de ouro e de platina. Atualmente, as flautas mais procuradas são: Haynes, Powell, Brannen (americanas) e Muramatsu, Sankyo, Yamaha e Miyazawa (japonesas), fabricadas em prata e em ouro, cujos preços podem variar de 4 a 48 mil dólares!

Procurando aumentar o volume do som da flauta - cada vez mais presente nas grandes salas de concerto - os pesquisadores descobriram que, se modificassem o bocal, elas seriam mais sonoras. Os bocais fabricados pelo flautista e "luthier" Albert Cooper foram os primeiros a atingir esse objetivo.

Hoje em dia, existe uma infinidade de artesãos espalhados pelo mundo, dedicando-se, exclusivamente, a fabricar bocais, os quais podem ser adaptados em qualquer flauta. O brasileiro Luis Carlos Tudrey é um desses especialistas, cujo trabalho vem sendo reconhecido internacionalmente.

Graças aos progressos mecânicos e sobretudo a uma vasta discografia produzida por grandes intérpretes da música clássica e popular, a flauta conquistou uma grande popularidade no mundo inteiro.

Para complementar ainda mais os progressos do instrumento, os fabricantes dedicam-se, agora, em aumentar a extensão dos sons graves, tendo surgido as flautas baixo e contrabaixo em várias tonalidades.

No Brasil, há mais de um século, a flauta vem sendo difundida através de notáveis mestres, como o célebre flautista belga André Reichert, o qual chegou no Rio de Janeiro em 1859, trazido pelo Imperador D. Pedro II. Nessa época, destacou-se outro exímio flautista, o brasileiro Joaquim Antonio da Silva Callado, o primeiro professor do Imperial Conservatório de Música, hoje Escola de Música da Universidade Federal do Rio de Janeiro.

Ainda nessa cidade, no princípio do século, o legendário Patápio Silva, falecido, prematuramente, em 1907, aos 27 anos, alcançou grande notoriedade. Brilhante flautista e inspirado compositor, foi o primeiro a gravar discos. Suas obras, editadas e gravadas, foram, sem dúvida, um grande incentivo para seus sucessores.

Por outro lado, o Choro, composição musical de caráter virtuosístico, muito difundido na época, contribuiu igualmente para o aparecimento de outros notáveis flautistas.

Na década de 60, A Bossa-Nova, a qual utilizava também a flauta como instrumento solista, o ressurgimento do Choro, os recitais e concertos dos grandes flautistas internacionais foram, seguramente, os responsáveis pelo elevado número de adeptos que elegeram a flauta como um dos instrumentos de sopro mais procurados, principalmente pelos jovens de nosso país.

Capítulo I
EVOLUCIÓN DE LA FLAUTA

La flauta es uno de los instrumentos de viento más antiguos que se conoce y uno de los primeros instrumentos musicales inventado por el hombre.

Los historiadores de la antigüedad atribuían sus orígenes a la obra de la casualidad o a personajes de la mitología. La ciencia, sin embargo, calcula que haya surgido hace más de 20.000 años, a juzgar por el análisis de algunos ejemplares encontrados, hechos de hueso.

Probablemente, la flauta fue inventada paralelamente por pueblos distantes, sin ningún contacto entre si, lo que puede ser comprobado a través de las flautas de bambú o de argila encontradas en el Perú, de formas y sonoridades semejantes a las utilizadas por los griegos y egipcios.

Una de las versiones más aceptadas sobre su origen es la de que el hombre primitivo al vagar por los bosques, en el ansia de imitar los sonidos de los pájaros, aprendió a silbar. Posteriormente, oyendo el sonido producido por el viento en los cañaverales, tomó un pedazo de caña y llevándolo a los labios consiguió emitir sonidos semejantes al silbido, pero más fuertes.

A partir de ese descubrimiento, el hombre perfeccionó la flauta de bambú, modificando no solamente sus formas más también la calidad de los materiales empleados en su construcción. Hasta la primera mitad del siglo XVII, las flautas no tenían ningún mecanismo. Tenían apenas orificios, se supone que la primera llave (Ré#) haya surgido alrededor de 1660.

Hoy es difícil creer que las grandes obras de la literatura clásica del instrumento, como las sonatas de Bach y de Haendel y los conciertos de Vivaldi, entre otros, pudiesen haber sido ejecutadas con flautas tan simples.

Hasta principios del siglo XIX, pocos progresos se verificaron. Las flautas continuaban con poca sonoridad y con muchos problemas de afinación, a pesar de que nuevas llaves hayan sido acrecentadas a su mecanismo. Fue solamente alrededor de 1840 que ella se tornó, realmente, un instrumento casi perfecto, semejante al utilizado hoy en día, gracias a un mecanismo revolucionario inventado por Theobald Boehm, flautista, compositor y fabricante de flautas.

Este nuevo sistema conocido ahora como "sistema Boehm", aumentó la extensión de la flauta, facilitando el dedillado, permitiendo la ejecución de obras de virtuosismo hasta entonces impracticables con las flautas antiguas.

Fue Louis Lot, célebre fabricante de flautas, de la "Maison Lot" de París, quien la tornó el instrumento definitivo. Las construyó con una aleación especial de plata, enriqueciendo sobremanera la calidad sonora del instrumento. Fueron las más perfectas fabricadas en Europa, sirviendo posteriormente de modelo para las flautas americanas y japonesas, tan solicitadas actualmente.

Entusiasmados con los nuevos progresos alcanzados y con el creciente interés por el instrumento, los compositores comenzaron a escribir, explorando el nuevo carácter virtuosístico de la flauta. Fue el período áureo de los grandes solos de concierto, de las arias de bravura y de los temas con variaciones, donde se destacaron los grandes flautistas y compositores como Toulou, Demerssemann, Briccialdi, Doppler y el propio Boehm. A partir de 1950, comienza una gran disputa entre los fabricantes, principalmente en los Estados Unidos. Buscando perfeccionar aún más el instrumento se descubren nuevas aleaciones metálicas y son producidas las primeras flautas de oro y de platino. Actualmente las flautas más requeridas son: Haynes, Powell, Brannen (americanas) y Muramatsu, Sankyo, Yamaha y Miyazawa (japonesas), fabricadas en plata y oro, cuyos precios varían de 4.000 a 48.000 dólares!

Buscando aumentar el volumen del sonido de la flauta - cada vez más presente en las grandes salas de concierto - los pesquizadores descubrieron que, si modificasen la cabeza de la flauta ellas serían más sonoras. Los cabezales fabricados por el flautista y luthier Albert Cooper fueron los primeros en alcanzar ese objetivo.

Hoy en día existe una infinidad de artesanos dispersos por el mundo que se dedican exclusivamente a fabricar cabezales ya que ellos pueden ser adaptados a cualquier flauta. El brasileño Luis Carlos Tudrey es uno de esos especialistas cuyo trabajo está siendo reconocido internacionalmente.

Gracias a los progresos mecánicos y sobre todo a una vasta discografía producida por los grandes intérpretes de la música clásica y popular la flauta conquistó una gran popularidad en todo el mundo.

Con la finalidad de complementar aún más el perfeccionamiento del instrumento, los fabricantes se dedican ahora en aumentar la extensión de los sonidos graves, surgiendo las flautas bajo y contrabajo en varias tonalidades.

En Brasil hace más de un siglo, la flauta viene siendo difundida a través de notables maestros como el célebre flautista belga, André Reichert, que llegó a Rio de Janeiro en 1859, traído por el Emperador Don Pedro Segundo. En esa época se destacó otro eximio flautista, el brasileño Joaquim Antonio da Silva Callado, el primer profesor del Imperial Conservatorio de Música, hoy "Escuela de Música de la Universidad Federal de Rio de Janeiro".

También en esta ciudad, a principios del siglo, el legendario Patápio Silva, fallecido prematuramente en 1907, a los 27 años, alcanzó gran notoriedad. Brillante flautista e inspirado compositor fue el primero en grabar discos. Sus obras editadas y grabadas, fueron sin duda un gran incentivo para otros flautistas que lo sucedieron.

Por otro lado, el "Choro", composición musical de carácter virtuosístico, muy difundido en la época, contribuyó igualmente a la aparición de otros notables flautistas.

En la década del sesenta, la "Bossa-Nova", que también utilizaba la flauta como instrumento solista, el resurgimiento del "Choro" y los recitales y conciertos de los grandes flautistas internacionales fueron, sin duda, los responsables del elevado número de adeptos que eligieron la flauta como uno de los instrumentos de viento más solicitados, sobre todo por los jóvenes de nuestro país.

Chapitre I
ÉVOLUTION DE LA FLÛTE

La flûte est un des instruments à vent le plus ancien qu'on connaisse et un des premiers instruments musicaux inventé par l'homme.

Les historiens de l'antiquité attribuaient ses origines au hasard ou à des personnages de la mythologie. Les savants estiment, cependant, qu'elle soit apparue il y a plus de 20.000 ans en tenant compte des analyses de quelques exemplaires trouvés faits en os.

Probablement, la flûte a été inventée parallèlement par des peuples éloignés, sans aucun contact entre eux, ce qui peut être prouvé par des flûtes de bambou ou d'argile trouvées au Pérou, de forme et sonorité semblables à celles utilisées par les Grecs et par les Egyptiens.

La version la plus acceptée sur son origine, est celle où l'homme primitif, errant dans le bois, essayant d'imiter les sons des oiseaux, a appris à siffler. Postérieurement, en entendant le son produit par le vent dans les roseaux, il a pu émettre des sons semblables aux sifflements, mais plus forts.

A partir de cette découverte, l'homme a perfectionné la flûte de bambou, en modifiant non seulement ses formes mais aussi la qualité des matériaux employés dans sa construction. Jusqu'à la première moitié du XVII ème siècle, les flûtes ne possédaient aucun mécanisme. Elles avaient à peine des orifices et on suppose que la première clé (Ré#) ait surgi vers 1660.

Aujourd'hui, il est difficile de croire que les grandes oeuvres de la littérature classique de l'instrument, comme les sonates de Bach et de Haendel et les concertos de Vivaldi aient pu être exécutés avec des flûtes si rudimentaires.

Jusqu'au début du XIXème siècle, on a vérifié peu de progrès. Les flûtes continuaient à avoir peu de sonorité et beaucoup de problèmes d'accord, même avec les nouvelles clés, qu'on avait ajoutées à son mécanisme.

Ce n'est que vers 1840 qu'elle est devenue, vraiment, un instrument presque parfait, semblable à celui utilisé aujourd'hui, grâce à un mécanisme révolutionnaire inventé par Theobald Boehm, flûtiste, compositeur et fabricant de flûtes.

Ce nouveau mécanisme connu comme "système Boehm" a augmenté l'extension de la flûte et a facilité le doigté, permettant l'éxécution des oeuvres de virtuosité jusqu'alors impraticables avec les flûtes anciennes.

C'est Louis Lot, célèbre fabricant des flûtes de la Maison Lot, qui a fait l'instrument définitif. Il les a construites avec un alliage spécial d'argent, enrichissant énormément la qualité sonore de l'instrument. Elles ont été les plus parfaites fabriquées en Europe, servant plus tard de modèle aux flûtes américaines et japonaises, si recherchées actuellement.

Enthousiasmés avec les nouveaux progrès obtenus et avec le grand intérêt par l'instrument, les compositeurs ont commencé à écrire, exploitant le nouveau caractère de virtuosité de la flûte. C'était l'apogée des grands solos de concert, des morceaux de bravoure et des thèmes avec variations, où se sont fait remarquer les grands flûtistes et compositeurs comme Toulou, Demerssemann, Briccialdi, Doppler et Boehm lui-même.

A partir de 1950, commence une grande compétition parmi les fabricants, surtout aux États Unis. Essayant de perfectionner encore plus l'instrument, on a découvert des nouvelles combinaisons métalliques et on commence à fabriquer les premières flûtes en or et en platine. Actuellement, les flûtes les plus demandées sont: Haynes, Powell, Brannen (américaines) et Muramatsu, Sankyo, Yamaha et Miyazawa (japonaises) fabriquées en argent et en or, et dont les prix peuvent varier de 4.000 à 48.000 dollars!

Essayant d'augmenter le volume sonore de la flûte - chaque fois plus fréquente dans les grandes salles de concert - les chercheurs ont découvert qu'on pouvait avoir des flûtes beaucoup plus sonores en modifiant leur tête. Albert Cooper, flûtiste et luthier, a été le premier à obtenir du succès avec ces nouvelles têtes. Actuellement, il existe une grande quantité d'artisans dans le monde entier qui se consacrent, exclusivement, à la fabrication des têtes de flûtes, car celles-ci peuvent être adaptées à toutes les flûtes. Le brésilien Luis Carlos Tudrey est un de ces spécialistes dont le travail est déjà reconnu internationalement.

Grâce aux progrès mécaniques et surtout à une vaste discographie produite par de grands interprètes de la musique classique et populaire, la flûte a atteint une grande popularité dans le monde entier. Cherchant toujours le perfectionnement de l'instrument, les spécialistes se consacrent maintenant à augmenter l'extension des sons graves. En conséquence, ont voit apparaître des flûtes basses et contrebasses en plusieurs tonalités.

Au Brésil, depuis plus d'un siècle, la flûte est devenue connue grâce à des grands artistes, comme le célèbre flûtiste belge André Reichert, qui est arrivé à Rio de Janeiro en 1859, invité par l'Empéreur Don Pedro II. A cette époque-là, un autre flûtiste, le brésilien Joaquim Antonio da Silva Callado, devient le premier professeur du Conservatoire Imperial de Musique, actuellement École de Musique de l'Université Fédérale de Rio de Janeiro.

Dans cette même ville, au début du siècle, le fameux Patápio Silva, mort précocement en 1907, à l'âge de 27 ans, a obtenu une grande notoriété. Flûtiste virtuose et compositeur inspiré, il a été le premier à enregistrer des disques. Ces oeuvres éditées et enrégistrées ont stimulé, sans doute, les flûtistes qui lui ont succédé.

D'autre part, le "Choro", composition musicale caractérisée par sa virtuosité, très diffusé à l'époque, a également contribué à l'apparition d'un grand nombre d'excellents flûtistes.

Dans les années 60, la "Bossa-Nova" qui employait aussi la flûte comme instrument soliste, la réapparition du "Choro" et les récitals et concerts des grands flûtistes internationaux ont été, sans doute, les responsables du grand nombre d'adeptes qui ont élu la flûte comme un des instruments à vent le plus recherché, surtout parmi les jeunes de notre pays.

Chapter I
THE EVOLUTION OF THE FLUTE

The flute is one of the oldest wind instruments known, and one of the first instruments invented by man. Its origins are attributed by the historians either to chance or to mythological characters. Science, however, has figured out that the flute appeared more than 20.000 years ago, judging from the analysis of some bone samples found.

The flute was probably invented simultaneously by distant civilizations which had no contact between them, as can be proved by the bamboo and clay instruments found in Peru, which have shapes and sonorities quite similar to those used by Greeks and Egyptians.

One of the most accepted versions about its origins is that primitive man, roaming through the woods, in the desire to imitate the sounds of birds, would have learned how to whistle. Later, hearing the sound of the wind blowing over cane fields, he took a piece of cane and bringing it to his lips, he finally managed to produce sounds similar to a whistle, but stronger.

From this discovery on, man perfected the bamboo flute, changing not only its shape, but also the quality of the materials employed in its construction. Until the first half of the 17th century, the flutes had no mechanism. They were provided only with holes, and it is supposed that the first key (D#) appeared around 1660.

Today one can hardly believe that the great works from the classical literature for this instrument, among the Bach and Haendel Sonatas and the Concertos by Vivaldi, could have been played with so such a simple instrument.

Up to the beginning of the 19th century, few progresses had been made in this field. The flute still had a small sound and many intonation problems, although new keys had been added to its mechanism. It was only around 1840 that it became, in fact, an almost perfect instrument, similar to the one used today, thanks to a revolutionary mechanism invented by the flutist, composer and flute-maker Theobald Boehm.

This new mechanism, known as "Boehm system", increased the flute's range and made the fingerings much easier, thus permitting the execution of works that have a degree of virtuosity simply impossible for the old flutes.
It was Louis Lot, a famous flute-maker, from the Parisian "Maison Lot", who gave the flute its definitive form. He utilized a special silver alloy, which greatly improved the quality of the flute's sonority. The flutes that he manufactured were the most perfect ever made in Europe, and they later served as models for the American and Japanese instruments, so prized nowadays.

Encouraged by the progresses attained and the growing interest in the instrument, the composers began to write, exploring the new virtuoso character of the flute. It was the golden period of the great Concert Solos, the "Bravura "Arias and the Themes and Variations, when the great flutists and composers Toulou, Demerssemann, Briccialdi, Doppler and the aforementioned Boehm distinguished themselves.

From 1950 on begins a great dispute among the flute manufacturers, mainly in the United States of America. With the search for even further improvements, new metal alloys are discovered, and the first gold and platinum flutes are produced. Nowadays the most valued flutes are made by Haynes, Powell, Brannen (American), and Muramatsu, Sankyo, Yamaha and Miyasawa (Japanese), usually in silver or gold, with prices ranging from 4 to 48 thousand dollars!

Trying to increase the sonority of the flute - ever more present in the great Concert Halls - the researchers reached the conclusion that, by modifying the mouthpiece, a larger sound would result. The mouthpieces manufactured by the flutist and "luthier" Albert Cooper were the first to attain this goal.

Today there are hundreds of artisans in every latitude who dedicate themselves solely to the manufacture of mouthpieces, since they can be adapted to any flute. One of these specialists is the Brazilian Luis Carlos Tudrey, whose work has been internationally recognized.

Concurrently with these mechanical improvements, the flute has reached great popularity all over the world, due in great part to the release of a fabulous discography by the great interpreters of classical and popular music. To complement the welcome changes in sound and mechanism, the flute-makers are now directing their attention to the lower extension of the instrument. As a result, bass and great-bass flutes in various tonalities have appeared lately.

In Brazil, the flute has been widespread for more than a century, thanks to the efforts of great masters such as the famous Belgian flutist André Reichert, who arrived in Rio de Janeiro in 1859, brought by Brazilian emperor D. Pedro II. Another excellent flutist, Joaquim Antonio da Silva Callado, the first pro-

fessor at the Imperial Music Conservatory (nowadays, the Federal University of Rio de Janeiro School of Music), was another distinguished player of that period.

Still in the City of Rio de Janeiro, at the beginning of the century, the legendary flutist Patápio Silva, who died prematurely in 1907 (when he was 27 years old), attained great notoriety. A brilliant interpreter and an inspired composer, he was the first in our country to have his playing perpetuated in recordings. His works, both edited and recorded, were undoubtedly a huge incentive to those who followed him. On the other hand the "Choro", a musical composition of intense virtuosity, very popular at the time, also contributed greatly to the birth of a new generation of important flutists.

In the Sixties, the "Bossa-Nova", which also employed the flute as a solo instrument, the renaissance of the "Choro", recitals and concerts by famous international flutists were surely responsible by the great number of enthusiasts who have elected the flute as one of the wind instruments in largest demand by our country's youth.

Capítulo II
A FLAUTA — MONTAGEM

Capítulo II	Chapitre II	Chapter II
LA FLAUTA — MONTAJE	*LA FLÛTE — MONTAGE*	*ASSEMBLING THE FLUTE*

A flauta é dividida em três partes: a cabeça (foto 1), onde se localiza a embocadura; o corpo (foto 2), onde se concentra a maior parte das chaves do mecanismo, e o pé (foto 3), com o restante das chaves. Esta divisão em três partes facilita sua colocação num estojo pequeno e prático de carregar (foto 4).

La flauta es dividida en tres partes: la cabeza (foto 1), donde se encuentra la embocadura; el cuerpo (foto 2), donde se encuentra la mayor parte de las llaves de su mecanismo y el pie (foto 3), con las llaves restantes. Esta división en tres partes facilita su colocación en un estuche pequeño y práctico de llevar (foto 4).

La flûte est divisée en trois parties: la tête (photo 1), où se trouve l'embouchure; le corps (photo 2), où se trouve la plupart des clefs du mécanisme et la patte d'ut (photo 3), avec le restant des clefs. Cette division en trois parties permet de la ranger dans un petit étui, facile à transporter (photo 4).

The flute is divided in three sections: the head-joint (photo 1) where the mouth-hole is to be found; the body (photo 2) where most of the keys are, and the foot-joint (photo 3) with the remaining keys. This division in three parts enables the flute to be placed in a small case which is very portable (photo 4).

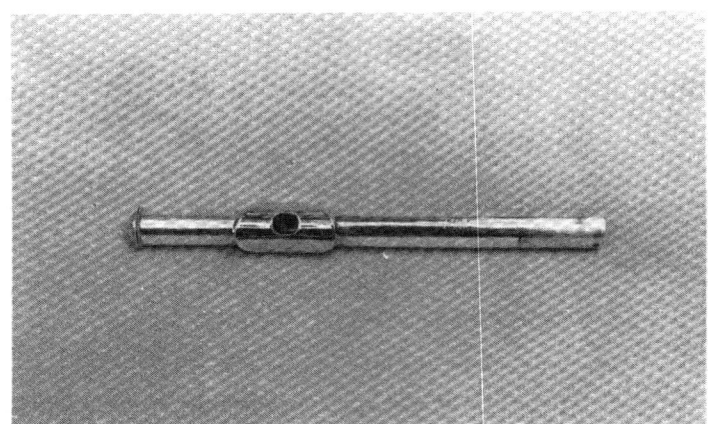

a cabeça — la cabeza — Foto 1
l'embouchure — the head-joint

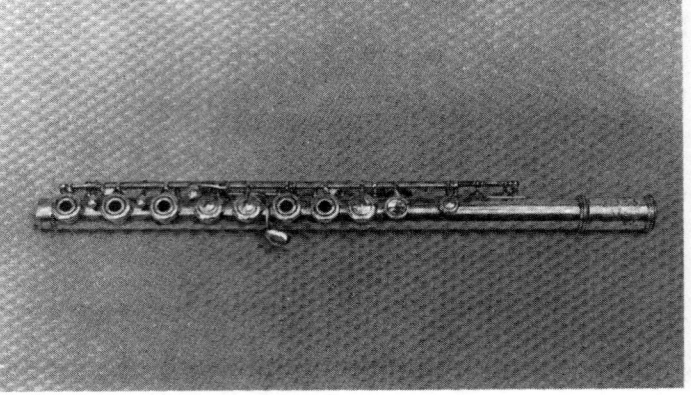

o corpo — el cuerpo — Foto 2
le corps — the body

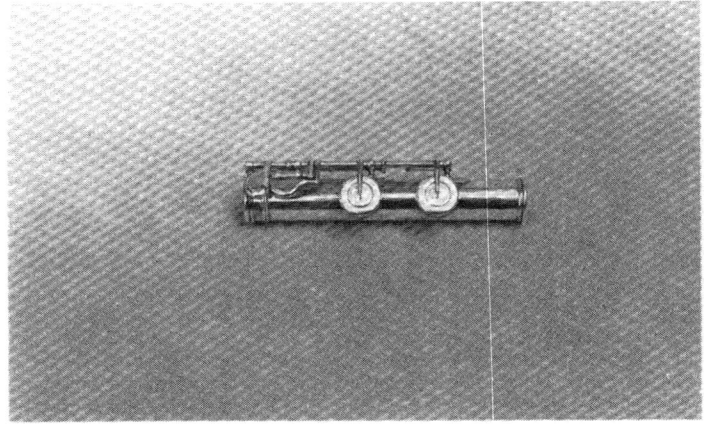

o pé — el pie — Foto 3
la patte d'ut — the foot joint

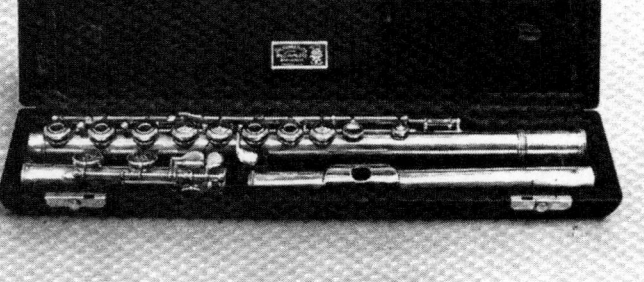

o estojo — el estuche — Foto 4
l'étui — the case

Ao montá-la é necessário o maior cuidado para não se tocar no seu mecanismo. Para tal, com a mão direita, deve-se segurar o corpo em sua parte superior onde se encontra gravada a marca da flauta (foto 5).

Com a mão esquerda segura-se o bocal (cabeça), introduzindo-o no corpo, em sentido giratório. Em seguida, coloca-se o pé, segurando-o pela extremidade posterior, tendo-se igualmente o cuidado de não tocar no mecanismo (foto 6). A haste que sustenta as chaves do pé deverá estar no prolongamento exato das chaves do corpo, posição esta variável segundo o tamanho dos dedos de cada um.

Al montarla es preciso el mayor cuidado para no tocar su mecanismo. Para esto, con la mano derecha, debe sostenerse el cuerpo por su parte superior donde se encuentra grabada la marca de la flauta (foto 5).

Con la mano izquierda se sostiene la embocadura (cabeza), introduciéndola en el cuerpo, en el sentido giratorio. Enseguida se coloca el pie, sosteniéndolo por la extremidad posterior, teniendo igualmente cuidado para no tocar su mecanismo (foto 6). El eje que sustenta las llaves del pie, deberá estar en la prolongación exacta de las llaves del cuerpo; esta posición varía según el tamaño de los dedos de cada uno.

Au moment de la monter, il faut faire attention à ne pas toucher son mécanisme. Soutenir de la main droite la partie supérieure du corps, où se trouve la marque de l'instrument (photo 5).

Avec la main gauche, introduire l'embouchure dans le corps en la tournant. (photo 6).

Ensuite, mettre la patte d'ut en la tenant par la partie postérieure, ayant de nouveau soin de ne pas toucher son mécanisme. (photo 6).

La tringle qui supporte les clefs de la patte d'ut doit être dans le prolongement exact de l'axe des plateaux. Cette position peut varier selon l'anatomie des doigts.

One must take the greatest care, while assembling the flute, not to touch the key-mechanism. To avoid doing so, hold the body of the flute with the right hand at the top where the maker's name is engraved (photo 5).

Hold the head-joint in the left hand and insert it into the body with a turning motion. Then put the foot-joint on, holding it by its lower end, still making sure not to touch the key-mechanism. (photo 6). The rod which holds the keys on the foot-joint should be exactly in line with the keys on the body, though a slight variation is permissible depending on the length of the individual's fingers.

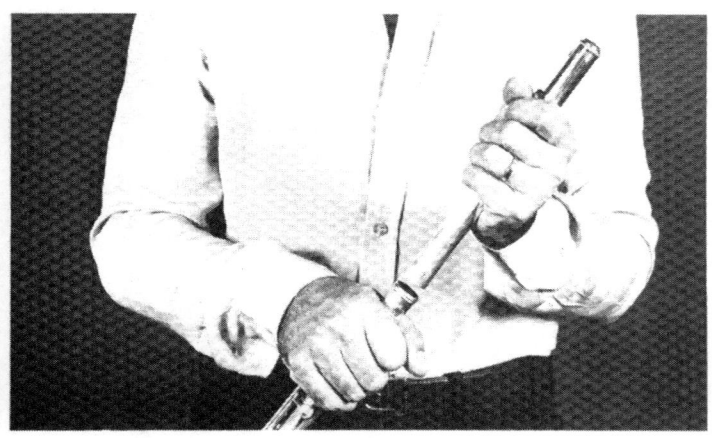

Foto 5

Foto 6

Finalmente, é importante observar o alinhamento do mecanismo em relação ao orifício do bocal, que deverá estar ligeiramente voltado para dentro (fotos 7 e 8).

Embora este alinhamento sofra variações segundo a embocadura de cada flautista, é de fundamental importância que, no momento da execução, as chaves estejam rigorosamente horizontais, para propiciar uma posição descontraída dos dedos.

Finalmente, es importante observar la alineación del mecanismo en relación al orificio de la embocadura, que deberá estar levemente girado para adentro (fotos 7 y 8).

Aunque esta alineación sufra variaciones según la embocadura de cada flautista, es fundamental que en el momento de la ejecución las llaves estén rigurosamente horizontales, para permitir una posición descontraída de los dedos.

Finalement, il est important de remarquer l'alignement du mécanisme par rapport au trou de l'embouchure qui devra être légèrement tourné en dedans. (photos 7 et 8).

Malgré les variations que cet alignement peut avoir selon l'embouchure de chaque flûtiste, il est fondamental qu'au moment de l'exécution les clefs soient rigoureusement horizontales pour permettre une position décontractée des doigts.

Lastly, one must pay attention to the alignment of the mechanism in relation to the mouth-hole which should be turned inwards slightly (photos 7 & 8).

Although this alignment varies slightly according to each flautist's embouchure, it is of the greatest importance, when playing, that the keys are perfectly horizontal to enable the hands to be in a relaxed position.

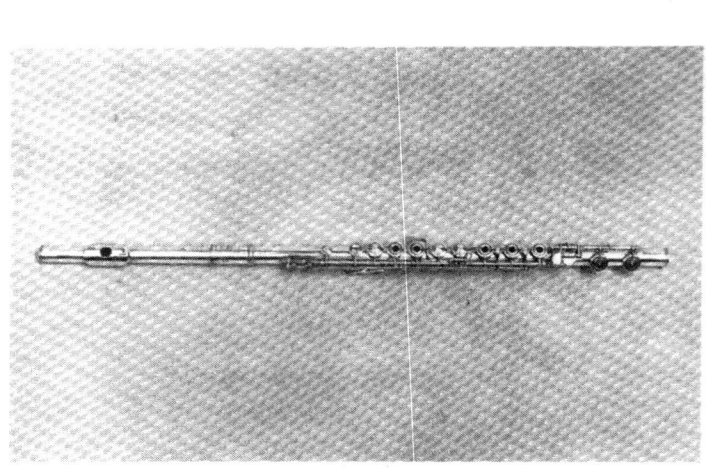

Foto 7

Foto 8

Capítulo III
CUIDADOS E MANUTENÇÃO

Manter a flauta sempre limpa após cada uso. Antes de guardá-la no estojo, enxugar o seu interior, utilizando a vareta apropriada em cuja extremidade deverá ser colocado um pano absorvente (um lenço é o ideal). Cada parte deverá ser limpa separadamente.

Ao limpar seu exterior deverá ter-se o maior cuidado de não se tocar nas sapatilhas para não danificá-las. Estas são feitas de uma rodela de feltro especial revestido por uma fina pelicula denominada "baudruche". Por essa razão jamais se deverão utilizar produtos químicos para polir. Deixar esse serviço para um profissional.

Manter sempre limpo o orifício do bocal utilizando um cotonete embebido em álcool.

Ao lubrificar as juntas e parafusos usar somente óleos adequados para instrumentos musicais ou similar (óleo de relojoeiro ou óleo de automóvel sintético nº 20 ou 30 dissolvido em querosene refinado na proporção de 50%).

Ocasionalmente, devido às condições atmosféricas, as sapatilhas podem aderir aos anéis causando um ruído desagradável. Para eliminá-lo deve-se utilizar uma pequena quantidade de talco, colocado sobre a superfície de uma tira de papel, e passá-lo sobre a face da sapatilha.

Se, apesar de todas essas precauções, as chaves continuarem a fazer muito barulho e as notas graves, principalmente, apresentarem dificuldades de emissão, é sinal de que as sapatilhas não estão mais vedando a contento. É chegado então o momento de enviar a flauta a um técnico.

Capítulo III
CUIDADOS Y CONSERVACIÓN

Mantener la flauta siempre limpia después de cada uso. Antes de guardarla en su estuche, secar su interior, utilizando la varilla apropiada en cuya extremidad deberá ser colocado un paño absorbente y limpio (un pañuelo es lo ideal). Cada parte deberá limpiarse separadamente.

Al limpiar su exterior se deberá tener cuidado de no tocar las zapatillas para no dañarlas.. Estas están hechas de un disco de fieltro especial revestido por una fina película denominada "baudruche". Por esta razón, jamás se deberán utilizar productos químicos para pulir. Dejar ese servicio para un profesional.

Mantener siempre limpio el orificio del bocal utilizando un algodón embebido en alcohol.

Al lubricar las juntas y los tornillos, utilice solo aceites adecuados para instrumentos musicales o similares (aceite de relojería o aceite sintético de automóvil nº 20 o 30 disuelto en queroseno refinado en la proporción del 50%).

Ocasionalmente, debido a las condiciones atmosféricas, las zapatillas puden adherirse a los anillos, causando un ruido desagradable. Para eliminarlo, debe usarse una pequeña cantidad de talco, colocado sobre la superficie de una tira de papel y pasarlo levemente sobre la zapatilla.

Si, a pesar de todas estas precauciones, las llaves continuaran haciendo ruido y las notas graves, principalmente, presentaran dificultad de emisión, es señal que las zapatillas no están cerrando satisfactoriamente. Ha llegado entonces el momento de enviar la flauta a un técnico.

Chapitre III
ENTRETIEN DE L'INSTRUMENT

Maintenir la flûte toujours propre après l'usage. Avant de la ranger dans l'étui, essuyer l'intérieur, en se servant de la tige appropriée munie d'un trou où s'enfilera un chiffon absorbant et propre (un mouchoir serait l'idéal). Chaque partie devra être nettoyée séparément.

En nettoyant l'extérieur, on devra faire attention à ne pas toucher les tampons pour ne pas les abîmer. Ceux-ci sont faits d'une rondelle de feutre spécial, revêtue d'une pellicule très mince appelée baudruche. C'est pour cela qu'on ne doit jamais employer de produit chimique à polir: laisser cette tâche à un professionnel.

Maintenir toujours propre l'orifice de l'embouchure en se servant d'un coton imbibé d'alcool.

Lors de la lubrification des joints et des vis, n'utilisez que des huiles adaptées aux instruments de musique ou similaires (huile d'horlogerie ou huile synthétique d'automobile nº 20 ou 30 dissoute dans du kérosène raffiné dans une proportion de 50%).

Occasionnellment, en raison des conditions atmosphériques, les tampons peuvent adhérer aux anneaux provoquant un bruit désagréable. Pour l'élminer on doit employer un peu de talc mis sur une feuille de papier et le passer légèrement sur la surface du tampon. Si, malgré toutes ces précautions, les clefs continuent à faire du bruit et les notes graves principalement présentent des difficultés d'émission, cela veut dire que les tampons ne bouchent plus correctement. C'est le moment, alors, d'envoyer la flûte a un professionnel spécialisé.

Chapter III
CARE AND MAINTENANCE

Make sure the flute is clean after use. Before putting it in the case dry it inside using the cleaning rod provided, through the end of which a piece of absorbent cloth (a handkerchief is ideal) is threaded. Each section should be cleaned separately.

Be very careful when cleaning the outside not to touch the pads or they will be damaged. *They are made of a thin circle of special felt covered by a thin film of "fish-skin". Never use chemical products to polish it but leave that job to a professional repairer.*

Keep the mouth-hole clean with a cotton-wool stick soaked in alcohol.

When lubricating the joints and screws use only oils suitable for musical instruments or similar (watchmaker oil or synthetic automobile oil nº 20 or 30 dissolved in refined kerosene in the proportion of 50%).

Because of atmospheric conditions, the pads occasionally stick to the "cups" causing an irritating sound. To eliminate this, cover a strip of paper with a little talcum powder and draw it over the surface of the pad. If this fails to stop the excessive key noise and the lower notes are difficult to produce, it's a sign that the pads are no longer covering properly and the time has come to take the flute for an overhaul.

Capítulo IV

DIAPASÃO

As flautas são geralmente construídas com o diapasão Lá: 440 ou 442. Para abaixar a sua altura deve-se afastar o bocal do corpo, tornando o tubo ligeiramente mais comprido. Para subir o diapasão faça o contrário, empurre o bocal para dentro, diminuindo o comprimento do tubo.

A extremidade próxima ao orifício do bocal está vedada por um mecanismo composto de uma rolha situada entre dois discos de metal. A rolha está fixada sobre um parafuso, em cuja extremidade existe uma coroa que serve para ajustar a posição da rolha. Esse mecanismo já vem regulado de fábrica e não necessita de nenhum ajuste, a não ser em casos especiais (Foto 9).

A distância entre a extremidade da rolha e o centro do orifício do bocal deve ser de 17mm para a flauta em Dó, 7mm para o flautim, 25 mm para a flauta em Sol, 30mm para a flauta baixo, 21mm para a flauta d'amore em Lá e 14mm para a flauta em Mi bemol.

Para verificar a correta posição da rolha, use a marca existente na extremidade da vareta, que serve para limpar o interior da flauta, introduzindo-a no bocal até tocar o disco de metal que cobre a rolha. Essa marca deverá aparecer exatamente no meio do orifício do bocal (Fig. A). Se a rolha estiver mais para cima, desrrosqueie ligeiramente a coroa empurrando-a para dentro até a marca aparecer novamente no centro do orifício. Caso contrário, se a rolha estiver mais baixa, use a vareta ou um material resistente para empurrar suavemente o mecanismo da rolha para fora. Finalmente, rosqueie a coroa até esta voltar à posição original.

Confira essa posição de tempos em tempos. Se a rolha estiver muito frouxa ou não se mover com facilidade consulte seu professor ou um reparador de flautas.

Capitulo IV
DIAPASÓN
Las flautas están generalmente construidas con el diapasón La : 440 o 442. Para bajar su altura, se debe alejar levemente la cabeza del cuerpo haciendo el tubo ligeramente mas largo. Para subir el diapasón haga el movimiento inverso, empuje la cabeza para dentro disminuyendo el tamaño del tubo.
La extremidad próxima al orificio de la embocadura está cerrada por un mecanismo constituido de dos discos de metal y un corcho embutido en un tornillo. En su extremidad hay una corona que sirve para ajustar la posición del corcho. Este mecanismo ya viene regulado de fábrica y no necesita de ningún ajuste, excepto en casos especiales (foto 9).
La distancia entre el extremo del corcho y el centro del orificio de la embocadura debe ser de 17mm para la flauta en Do, 7mm para el flautín, 25mm para la flauta en Sol, 30mm para la flauta bajo, 21mm para la flauta d'amore en La y 14mm para la flauta en Mi bemol.
Para verificar la posición correcta del corcho, use la marca existente en la extremidad de la varilla, que sirve para limpiar el interior de la flauta, introduciéndola en la cabeza hasta tocar el disco de metal que cubre el corcho. Esta marca deberá aparecer exactamente en el medio del orificio de la embocadura (Fig. A). En el caso que el corcho esté más arriba, desenrosque ligeramente la corona empujándola para dentro hasta que la marca aparezca nuevamente en el centro del orificio. En el caso contrario, o sea, si el corcho está más bajo, use la varilla o un material resistente para empujar el mecanismo del corcho hacia afuera. Finalmente, enroscar la corona hasta que ella vuelva a la posición original.
Es recomendable que se verifique de vez en cuando. Si el corcho está muy flojo y no se mueva con facilidad consulte su profesor o un reparador de flautas.

foto 9

Chapitre IV

DIAPASON

Les flûtes sont généralement fabriquées avec le diapason La: 440 ou 442. Pour abaisser sa hauteur on doit écarter légèrement l'embouchure du corps ce que devient le tube plus long. Pour monter le diapason, on doit faire le mouvement inverse, en diminuant la longueur du tube.

L'extrémité proche du trou de l'embouchure est fermée par un mécanisme constitué par un bouchon situé entre deux disques de métal. Le bouchon est fixé sur un vis et dans son extrémité il y a une couronne qui sert pour ajuster la position du bouchon. Ce mécanisme est déjà réglé par le fabricant et ne nécessite pas être ajusté sauf en cas spéciaux (Photo 9).

La distance entre l'extrémité du bouchon et le centre du trou de l'embouchure devra être de 17mm pour la flûte en Do, 7mm pour la petite flûte, 25 mm pour la flûte en Sol, 30mm pour la flûte basse, 21mm pour la flûte d'amour en La et 14mm pour la flûte en Mi bémol.

Pour vérifier la position correcte du bouchon, utiliser la marque existante dans l'extrémité de la tige, qui sert pour nettoyer l'intérieur de la flûte, en l'introduisant jusqu'à toucher le disque qui couvre le bouchon. Cette marque devra paraître exactement dans le centre du trou de l'embouchure (Fig. A). Dans le cas le bouchon se trouve plus haut, il faut dévisser légèrement la couronne en la poussant vers l'intérieur jusque la marque revienne de nouveau au centre du trou. Dans le cas contraire, c'est-a-dire, si le bouchon se trouve plus bas, il faut utiliser la tige ou bien un matériel résistant pour pousser le mécanisme du bouchon en dehors. Finalement, vissez la couronne pour la remettre dans sa position originale.

Il est convenable de vérifier de temps en temps. Si le mécanisme est trop lâche ou trop serré consultez votre professeur ou un réparateur de flûtes.

Chapter IV

PITCH

Most flutes are manufactured to the tuning calibration of A440 or A442. In order to lower the pitch, pull out the head joint from the body, making the tube longer. To raise the pitch, do the contrary, pushing in the head joint, thus shortening the length of the entire tube.

The top end of the head joint is sealed by a mechanism comprised of a cork situated between two metal discs. The cork is attached via a screw to the crown, located at the closed end of the head joint. With the crown you can adjust the position of the cork. The factory positions the cork so it should not needs no further adjustment except in special instances (Photo 9).

The distance between the bottom of the cork and the center of the embouchure hole of the head joint should be 17 mm for the C flute; 7 mm for the piccolo; 25 mm for the alto flute in G; 30 mm for the bass flute; 21 mm for the flute in A (Flauto d'Amore) and 14 mm for the Eb flute.

To verify the precision of the cork's position use the line indicator at the closed end of the cleaning rod. Simply insert it into the headjoint until it touches the metal disc which covers the cork. The line indicator should appear in the exact middle of the embouchure hole (Fig. A). If the cork is too high, unscrew the crown slightly and push it in, until the mark appears again in the center of the embouchure hole. On the contrary, if the cork is positioned too low, use the cleaning rod or a resistant material to gently push the cork mechanism outward. Finally, screw in the crown until it returns to the original position.

Check the position from time to time. If the cork is very loose or it does not move easily, consult your teacher or a repair specialist.

DESROSQUEAR - *DESENROSCAR* - *DEVISSER* - UNSCREW

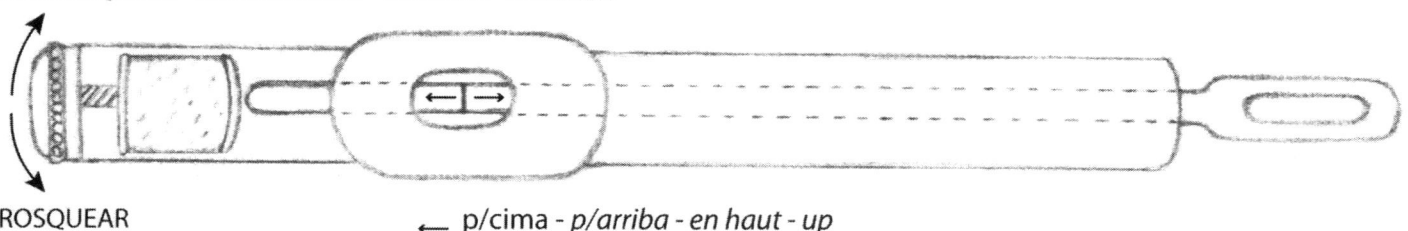

ROSQUEAR
ENROSCAR
VISSER
SCREW

← p/cima - p/arriba - *en haut* - up
→ p/baixo - p/abajo - *en bas* - down

figura A

Capítulo V
RESPIRAÇÃO — EXERCÍCIOS RESPIRATÓRIOS

O simples fato de soprar não significa produzir som. Para que a emissão seja correta, com a fluidez e perfeição necessárias à boa execução de uma obra, é indispensável, além do domínio da técnica da embocadura, um perfeito conhecimento da respiração, base substancial para os nossos propósitos artísticos.

A respiração mais recomendada para os instrumentistas de sopro é a diafragmática. Ela permite a execução de longas frases, o aumento da amplitude do som e a emissão afinada das notas em pianíssimo na região aguda, porque graças a ela os pulmões podem desenvolver toda a sua capacidade e o diafragma pode impulsionar de maneira mais controlada a coluna de ar.

Se observarmos alguém deitado em decúbito dorsal, notaremos que a sua respiração é naturalmente diafragmática. É por esta razão que aconselhamos nossos alunos a se exercitarem primeiramente nessa posição. Em seguida, poderão começar os exercícios de pé ou sentados.

INSPIRAÇÃO

A) INSPIRAÇÃO EM TRÊS FASES

De pé ou sentado, com o busto e a cabeça erguidos, exalar todo o ar que puder, contraindo o diafragma, como se este fosse um fole.

Imaginar que os pulmões estão divididos em três partes: base, parte média e parte superior.

Inspirar lentamente pelo nariz sem levantar os ombros, enchendo primeiramente a base.

Deter a inspiração por alguns segundos e continuar enchendo a parte média. Deter novamente a inspiração e encher finalmente a parte superior até esgotar a capacidade pulmonar.

Repetir este exercício várias vezes, até conscientizar o seu mecanismo.

B) INSPIRAÇÃO NUMA SÓ FASE

Inspirar lentamente pelo nariz, enchendo primeiramente a base, em seguida a parte média e finalmente a parte superior, até esgotar a capacidade pulmonar.

EXPIRAÇÃO

Exalar lentamente pela boca, contraindo o diafragma e os músculos intercostais. À medida que o ar vai sendo expulso, estes voltam à posição de repouso, empurrando a coluna de ar.

Para melhor compreensão desse mecanismo comparar o tórax a um cilindro aberto. O diafragma seria representado por um pistão que se desloca de baixo para cima dentro desse cilindro. (fig. 1). Outro exemplo seria comparar o trabalho do diafragma com os movimentos de um fole. (figs 2 e 3).

Aconselhamos aos nossos alunos, antes de pegarem o instrumento, praticarem estes exercícios durante alguns minutos num local bem arejado.

Como eles servem também para relaxar-se, são muito úteis antes das apresentações públicas.

EXERCÍCIOS RESPIRATÓRIOS SEM O INSTRUMENTO

Estes exercícios têm como objetivo aumentar a capacidade pulmonar. Por essa razão, é indispensável praticá-los regularmente.

EXERCÍCIO I

Este exercício deve ser feito inicialmente deitado em decúbito dorsal. A fim de melhor sentir e controlar os movimentos do diafragma, é conveniente colocar um livro pesado sobre o ventre.

Uma vez compreendido o mecanismo do exercício, prossegui-lo de pé, da seguinte maneira:

a) Colocar a palma da mão sobre o abdome, bem abaixo das costelas.

b) Inspirar lentamente pelo nariz. Dever-se-á se sentir que o diafragma empurra a mão.

c) Continuar inalando lentamente, expandindo o tórax, de maneira a inspirar uma boa quantidade de ar.

d) Sustentar a respiração por alguns segundos.

e) Exalar lentamente pela boca.

EXERCÍCIO II

a) Proceder como nos três primeiros itens do exercício I.

b) Exalar lentamente, interrompendo a expiração com freqüentes pausas, a fim de fortalecer os músculos empregados no controle da coluna de ar.

EXERCÍCIO III

a) Sentado ou em pé, inalar lentamente, ora pelo nariz, ora pela boca.

b) Esgotada a capacidade pulmonar, reter o ar durante alguns segundos.

EXERCÍCIO IV

a) Inalar rapidamente pela boca.

b) Exalar lenta e constantemente pela boca, produzindo o som correspondente a um "S" prolongado (sssss...). Desta forma será mais fácil verificar a regularidade da expiração.

Os flautistas respiram a maior parte do tempo pela boca; se insistimos em respirar pelo nariz é porque desta maneira se inspira uma maior quantidade de ar. Posteriormente, o aluno se esforçará em respirar rapidamente e pela boca.

Estas duas maneiras de respirar, pelo nariz ou pela boca, dependerão do tempo que o instrumentista terá durante a execução da obra.

Capítulo V
RESPIRACIÓN — EJERCICIOS RESPIRATORIOS

El simple hecho de soplar no significa producir sonido.

Para que la emisión sea correcta con la fluencia y perfección necesarias para la correcta ejecución de una obra, es indispensable, además del dominio de la técnica de la embocadura, un perfecto conocimiento de la respiración, base substancial para nuestros propósitos artísticos.

La respiración más recomendada para los instrumentistas de viento es la diafragmática.

Ella permite la ejecución de largas frases, el aumento de la amplitud del sonido y la emisión afinada de las notas en "pianissimo" en la región aguda, porque gracias a ella, los pulmones pueden desarrollar toda su capacidad y el diafragma puede empujar de una manera más controlada la columna de aire.

Si observarmos a alguien acostado notaremos que su respiración es naturalmente diafragmática. Es por esta razón que aconsejamos a nuestros alumnos a ejercitarse primeramente en esta posición. Enseguida podrán comenzar los ejercicios de pie o sentados.

INSPIRACIÓN

A) INSPIRACIÓN EN TRES FASES

De pie o sentado, con el busto y la cabeza erguidos, exhalar todo el aire contrayendo el diafragma como si fuese un fuelle.

Imaginar los pulmones divididos en tres partes: base, parte media y parte superior.

Inspirar lentamente por la nariz sin levantar los hombros, llenando primero la base.

Detener la inspiración por algunos segundos y continuar llenando la parte media. Detener nuevamente la inspiración y llenar finalmente la parte superior hasta agotar la capacidad pulmonar.

Repetir este ejercicio varias veces con el fin de mecanizarlo.

B) INSPIRACIÓN EN UNA SOLA FASE

Inspirar lentamente por la nariz, llenando primero la base, enseguida la parte media y finalmente la parte superior hasta agotar la capacidad pulmonar.

EXPIRACIÓN

Exhalar lentamente por la boca contrayendo el diafragma y los músculos intercostelares. A medida que el aire va siendo expulsado, éstos vuelven a su posición de reposo, empujando la columna de aire.

Para comprender mejor este mecanismo, comparar el tórax a un cilindro abierto. El diafragma sería representado por un pistón que se disloca de abajo para arriba dentro de ese cilindro (fis. 1). Otro ejemplo sería comparar el trabajo del diafragma con los movimientos de un fuelle (figs. 2 y 3).

Aconsejamos a nuestros alumnos, antes de tomar el instrumento, de praticar estos ejercicios durante algunos minutos en un lugar bien ventilado.

Como ellos sirven también para relajarse, son muy útiles antes de las presentaciones públicas.

EJERCICIOS RESPIRATORIOS SIN EL INSTRUMENTO

Este ejercicio deberá ser realizado primeramente acostado. Para mejor sentir y controlar los movimientos del diafragma es conveniente colocar un libro pesado sobre el vientre.

Después de comprendido su mecanismo, proseguirlo de pie de la siguiente forma:

a) Colocar la mano sobre el abdomen, abajo de las costillas.

b) Inspirar lentamente por la nariz. Deberá sentirse que el diafragma empuja la mano.

c) Continuar inhalando lentamente, dilatando el tórax, de manera a inspirar una buena cantidad de aire.

d) Retener la inspiración por algunos segundos.

e) Exhalar lentamente por la boca.

EJERCICIO II

a) Proceder como en los tres primeros ítems del ejercicio I.

b) Exhalar lentamente, interrumpiendo la expiración con frecuentes pausas, con el fin de fortalecer los músculos empleados en el control de la columna de aire.

EJERCICIO III

a) Sentado o de pie, inhalar lentamente, sea por la nariz o por la boca.

b) Agotada la capacidad pulmonar, retener el aire durante algunos segundos.

c) Exhalar rapidamente por la boca.

EJERCICIO IV

a) Inhalar rápidamente por la boca.

b) Retener la respiración por algunos segundos.

c) Exhalar lenta y constantemente por la boca produciendo el sonido correspondiente a un "S" prolongado (sss...) De esta forma será más fácil verificar la regularidad de la expiración.

Los flautistas respiran la mayor parte del tiempo por la boca; si insistimos en respirar por la nariz es porque de esta manera se inspira una mayor cantidad de aire. Posteriormente, el alumno se esforzará en respirar rápidamente y por la boca.

Estas dos maneras de respirar, por la nariz o por la boca, dependerán del tiempo que el instrumentista tenga durante la ejecución de una obra.

Chapitre V
DE LA RESPIRATION — EXERCICES RESPIRATOIRES

Le fait de souffler ne signifie pas produire du son. Pour que l'émission soit correcte, avec la fluidité et la perfection nécessaires à la parfaite exécution d'une œuvre, il est indispensable, en plus de l'art de l'embouchure, de connaître les techniques de respiration, base fondamentale de nos propos artistiques.

La respiration la plus recommandée pour les instrumentistes à vent c'est la diaphragmatique. Elle permet l'exécution de longues phrases, l'augmentation de l'amplitude du son et l'émission juste des notes "pianissimo" dans la région aigüe, parce que grâce à elle, les poumons peuvent développer toute leur capacité, et le diaphragme peut pousser d'une manière contrôlée la colonne d'air.

Si nous observons quelqu'un couché sur le dos, nous noterons que sa respiration est naturellement diaphragmatique. C'est pour cette raison que nous conseillons à nos élèves de s'exercer premièrement dans cette position. Ensuite, ils pourront commencer les exercices debout ou assis.

INSPIRATION

A) INSPIRATION EN TROIS PHASES

Debout ou assis, la poitrine et la tête droites, exhaler tout l'air possible en contractant le diaphragme comme si celui-ci était un soufflet.

Imaginer que les poumons sont divisés en trois parties: la base, la partie moyenne et la partie supérieure.

Inspirer lentement par le nez sans élever les épaules et remplir complètement les poumons en commençant par leur base.

Arrêter l'inspiration pendant quelques secondes, et continuer à inspirer afin de remplir la partie moyenne des poumons. Arrêter de nouveau l'inspiration et remplir finalement la partie supérieure jusqu'à épuiser la capacité pulmonaire.

Répéter cet exercice plusieurs fois jusqu'à sentir son mécanisme.

B) INSPIRATION EN UNE SEULE PHASE

Inspirer lentement par le nez, en remplissant premièrement la base, ensuite la partie moyenne et finalement la partie supérieure jusqu'à épuiser la capacité pulmonaire.

EXPIRATION

Éxhaler lentement par la bouche en contractant le diaphragme et' les muscles intercostaux. A mesure que l'air sort, ceux-là retournent à leur position de repos, poussant la colonne d'air.

Pour mieux comprendre ce mécanisme, comparer le thorax à un cylindre ouvert, le diaphragme serait un piston qui se déplace de bas en haut dans ce cylindre (fig. 1).

Un autre exemple serait de comparer le travail du diaphragme aux mouvements d'un soufflet (figs. 2 et 3).

Nous conseillons à nos élèves, avant de prendre l'instrument, de pratiquer toujours ces exercices pendant quelques minutes dans un endroit bien aéré.

Comme ils servent aussi à se détendre, ils sont très utiles avant les présentations publiques.

EXERCICES RESPIRATOIRES SANS L'INSTRUMENT

Ces exercices ont pour but d'augmenter la capacité pulmonaire et pour cela il est indispensable de les pratiquer régulièrement.

EXERCICE I

Il devra être pratiqué premièrement couché sur le dos; afin de mieux sentir et contrôler les mouvements du diaphragme, il est convenable de mettre un livre lourd sur le ventre.

Après avoir compris le mécanisme de l'exercice, le reprendre debout, de la manière suivante:

a) Mettre la main sur l'abdomen tout au-dessous des côtes.

b) Inspirer lentement par le nez: on devra sentir que le diaphragme repousse la main.

c) Continuer à inhaler lentement en dilatant le thorax pour inspirer une grande quantité d'air.

d) Retenir le souffle pendant quelques secondes.

e) Exhaler lentement par la bouche.

EXERCICE II

a) Procéder de la même manière que dans les trois premières phases de l'exercice I.

b) Exhaler lentement en arrêtant l'expiration avec des pauses fréquentes, afin de fortifier les muscles employés pour le contrôle de la colonne d'air.

EXERCICE III

a) Assis ou debout, inhaler lentement soit par le nez, soit par la bouche.

b) Epuisée la capacité pulmonaire, retenir l'air pendant quelques secondes.

c) Exhaler rapidement par la bouche.

EXERCICE IV

a) Inhaler rapidement par la bouche.

b) Retenir le souffle pendant quelques secondes.

c) Exhaler lentement et constamment par la bouche en émettant le son correspondant à un "S" prolongé (sss...) De cette façon, il sera plus facile de vérifier la régularité de l'expiration.

Les flûtistes respirent la plupart du temps par la bouche; si nous insistons sur la respiration par le nez, c'est parce que de cette manière on inspire une plus grande quantité d'air. Postérieurement, l'élève s'efforcera à respirer rapidement et par la bouche.

Ces deux façons de respirer, par le nez ou par la bouche, dépendront du temps que l'instrumentiste aura pendant l'exécution de l'oeuvre.

Chapter V
BREATHING — BREATHING EXERCISES

Just blowing will not produce a sound. For correct tone-production with the fluidity and control necessary for a polished interpretation, besides mastering embouchure-technique, one needs a thorough understanding of the mechanism of breathing if we are to achieve our artistic aims.

The best breathing for wind instruments comes from the use of the diaphragm. This permits the execution of lengthy phrases, increase in volume and the production of well-tuned pianissimos in the upper register. Using the diaphragm properly the lungs attain their full capacity and the diaphragm is best able to give controlled support to the air column.

Observing someone lying on his back, one notices that his breathing is naturally diaphragmatic. We therefore recommend that our students practise the exercises in this position at first. Afterwards they can practise them standing or sitting.

BREATHING IN

A) BREATHING IN IN THREE STAGES

Standing or sitting with the chest and head held high exhale completely, contracting the diaphragm as though it were a pair of bellows.

Imagine the lungs to be divided in three parts: lowest, middle and highest.

Breathe slowly in through the nose without raising the shoulders, filling the lowest section.

Hold the breath for a few seconds and go on to fill the middle section. Hold the breath again, then finally fill the highest part until the lungs are completely full.

Repeat this exercise until you can really feel this way of breathing.

B) BREATHING IN AS A CONTINUOUS ACTION

Breathe in slowly through the nose, filling first the lowest, then the middle and finally the highest part of the lungs until their maximum capacity is reached.

BREATHING OUT

This is done slowly, through the mouth, with a contraction of the diaphragm and the intercostal muscles. As the air is expelled they return to their rest position pushing on the air column.

To understand this process better, think of the thorax as being an open-ended cylinder. The diaphragm would be a piston that moves upwards inside it, (fig. 1). You can also think of it as a pair of bellows, (figs 2, 3).

We advise our students to practise these exercises in a well-aired room for a few minutes before picking up the instrument.

As they are also good for relaxing, they are very useful before going on stage.

BREATHING EXERCISES WITHOUT THE INSTRUMENT

These exercises are to increase lung capacity and must therefore be practised daily.

EXERCISE I

This exercise should first be done lying down. To feel and control the movements of the diaphragm better, place a heavy book on your stomach.

Once you have understood the working of this exercise, it can be done standing, in the following way:

a) Place the palm of the hand on the abdomen, just below the ribs.

b) Breathe slowly in through the nose. You should feel the diaphragm push against your hand.

c) Continue breathing in slowly, expanding the thorax to take a good breath.

d) Hold it a few seconds.

e) Breathe slowly out through the mouth.

EXERCISE II

a) Repeat Exercise I a) b) and c)

b) Exhale slowly but stop often and make a slight pause, to strengthen the muscles that are used to control the air-column.

EXERCISE III

a) Sitting or standing, breathe in slowly sometimes using the nose, sometimes using the mouth.

b) Hold your breath for a few seconds when the lungs are full.

c) Breathe out quickly through the mouth.

EXERCISE IV

a) Breath in quickly through the mouth.

b) Hold your breath for a few seconds.

c) Breathe out slowly through the mouth making a continuous S sound (SSSSSS......). This way you can check the eveness of the exhalation.

Most of the time flautists breath through the mouth. We are asking you to breathe through the nose for the moment because you can take in more air that way. Later on the student will make himself breathe in quickly and through the mouth.

Whether one breathes in through the nose or through the mouth depends on the time available when playing a determined passage.

RESPIRAÇÃO DIAFRAGMÁTICA ESQUEMATIZADA
ESQUEMA DE LA RESPIRACIÓN DIAFRAGMÁTICA
SCHÉMA DE LA RESPIRATION DIAPHRAGMATIQUE
DIAFRAGMATIC BREATHING SCHEME

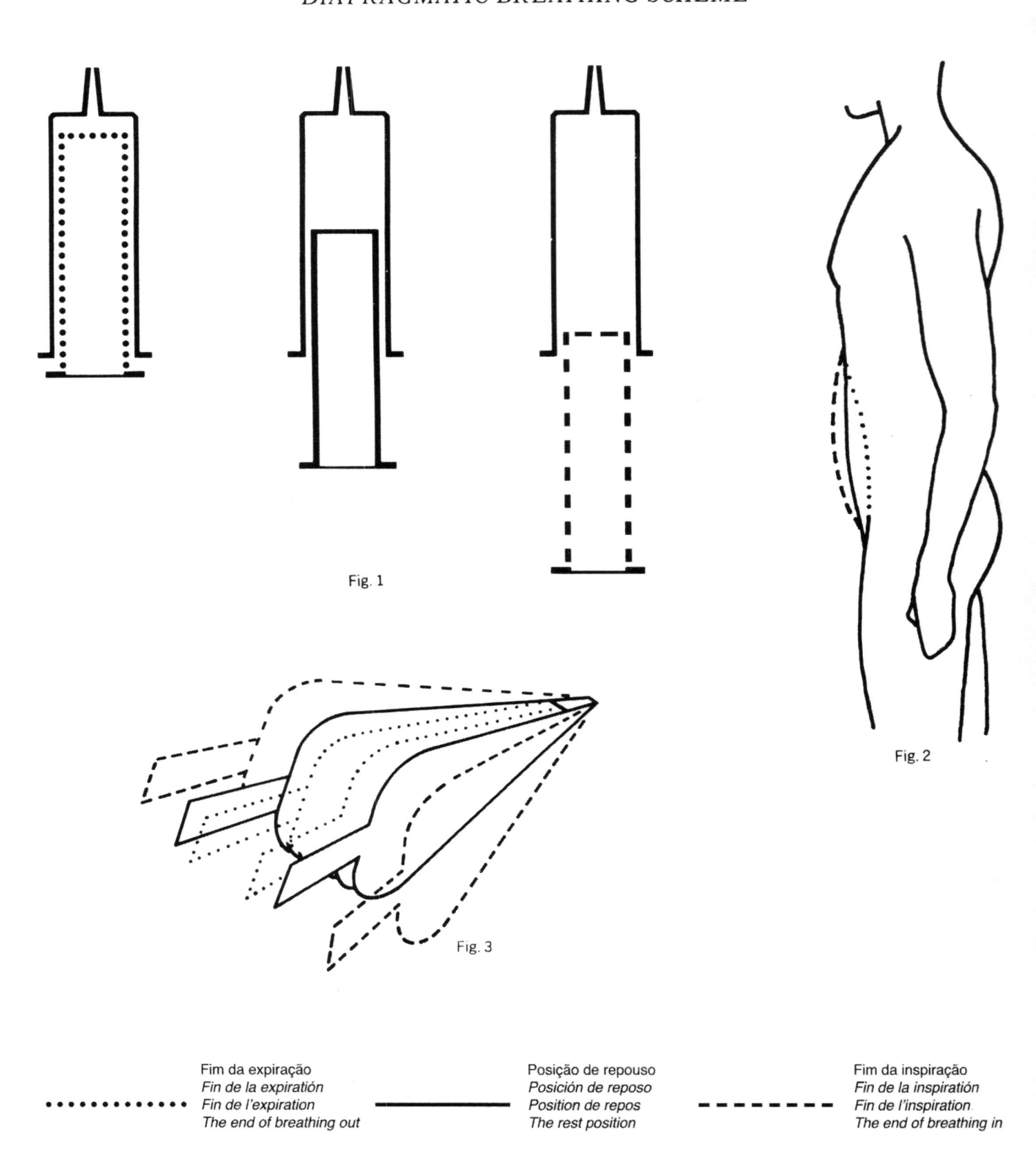

Fig. 1

Fig. 2

Fig. 3

Fim da expiração Fin de la expiratión Fin de l'expiration The end of breathing out	Posição de repouso Posición de reposo Position de repos The rest position	Fim da inspiração Fin de la inspiratión Fin de l'inspiration The end of breathing in

Capítulo VI
EMBOCADURA

A maneira de posicionar os lábios para produzir o som é conhecida como "Embocadura". Essa posição pode ser descrita como "sorriso forçado" (foto 10). Ao fazê-la, tratar de morder o interior das bochechas. Em seguida, inspirar lentamente pelo nariz.

Ao iniciar a expiração, produzir um ligeiro ataque com a ponta da língua, como se fora cuspir um pedacinho de papel.

EMISSÃO DO SOM NO BOCAL

Segurar o bocal com as duas mãos e levá-lo aos lábios conforme o ilustra a foto (foto 11).

O porta-lábio deverá ser colocado sob o lábio inferior, apoiado na parte côncava do queixo, procurando sentir-se a borda inferior do orifício no início da parte vermelha do lábio. É importante que não se pressione muito o bocal de encontro ao lábio, pois há sempre o risco de "estrangular" o som.

Capítulo VI
EMBOCADURA

La manera de colocar los labios para producir el sonido es conocida como "embocadura". Esta posición puede ser descripta como "sonrisa forzada" (foto 10). Al hacerla, tratar de morder el interior de las mejillas.

Enseguida, inspirar lentamente por la nariz. Al iniciar la expiración, producir un leve "ataque" con la punta de la lengua, como si se fuese a escupir un pedacito de papel.

EMISIÓN DEL SONIDO EN LA EMBOCADURA

Sostener la embocadura con las dos manos y llevarla a los labios como lo ilustra la foto (foto 11).

La placa de la embocadura deberá ser colocada bajo el labio inferior, apoyada en el hoyo de la barbilla tratando de sentir el borde inferior del orificio en el inicio de la parte roja del labio. Es importante que no se apriete mucho la embocadura contra el labio porque se corre el riesgo de "estrangular" el sonido.

Chapitre VI
DE l'EMBOUCHURE

La manière de poser les lèvres pour produire du son est appelée "embouchure". Cette position peut être décrite comme un "sourire forcé" (photo 10). Au moment de la faire, essayer de mordre l'interieur des joues. Ensuite inspirer lentement par le nez.

Au début de l'expiration, produire une légère attaque avec le bout de la langue comme si on allait cracher un petit morceau de papier.

ÉMISSION DU SON DANS L'EMBOUCHURE

Prende la tête de la flûte avec les deux mains et la porter aux lèvres (photo 11).

La plaque de l'embouchure devra être posée sous la lèvre inférieure, appuyée contre le creux du menton, en essayant de sentir le bord inférieur de l'orifice au commencement de la partie rouge de la lèvre. Il ne faut pas trop pressionner l'embouchure contre la lèvre car on court toujours le risque "d'étrangler" le son.

Chapter VI
THE EMBOUCHURE

The position of the lips necessary to produce the sound is known as the "embouchure". One may describe this position as a "forced smile" (photo 10). To make it, try to bite the inside of your cheeks. Then breathe slowly in throught the nose. When you begin to exhale make a light attack with the tip of the tongue, as if you wanted to spit out a bit of paper.

PRODUCING THE SOUND WITH THE HEAD-JOINT

Hold the head-joint with both hands and bring it to your lips as in the photograph (Photo 11).

The lip-plate should be placed on the lower lip, resting against the concave part of the chin and the inner edge of the hole should be felt where the red part of the lip begins. It is important not to press the head-joint too much against the lip or the tone produced will have a "strangled" quality.

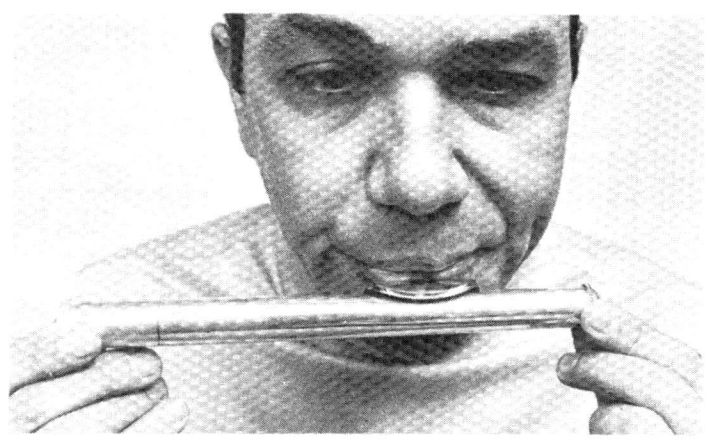

Sorriso forçado — Foto 10
Sonrisa forzada
Sourire forcé
Forced smile

Emissão do som no bocal. — Foto 11
Emisión del sonido en la embocadura
Emission du son dans l'embouchure
Making the sound until the head-joint

Em frente a um espelho, observar-se-á que um pequeno orifício se forma na junção dos lábios. Colocar o buraco do bocal exatamente abaixo desse orifício. Inspirar profundamente pelo nariz e atacar o som (foto 12).

Enfrente de un espejo, se podrá observar que un pequeño orificio se forma en la unión de los labios. Colocar el agujero de la embocadura exatamente abajo de ese orificio. Inspirar profundamente por la nariz y "atacar" el sonido (foto 12).

Devant une glace, on observera qu'un petit trou se forme à la jonction des lèvres. Mettre l'orifice de l'embouchure bien au-dessous de ce trou. Inspirer profondement par le nez et "attaquer" le son (photo 12).

If you look a mirror yoy will notice that a small hole is formed where the lips meet. The mouth-hole should be exactly underneath this. Breathe in deeply through the nose and make the attack necessary to produce the sound (Photo 12).

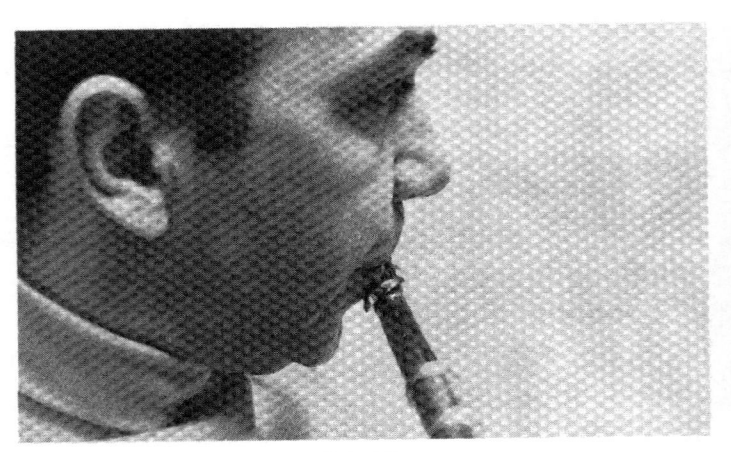

Foto 12

Uma vez emitido o som, procurar mantê-lo o maior tempo possível. Evitar os ataques curtos e seguidos, pois o aluno poderá ficar com uma ligeira "tontura", principalmente se não houver dominado a respiração diafragmática.

Na flauta o som é produzido pelo atrito do filete de ar contra a borda externa do orifício do bocal. Uma parte de ar penetra no tubo e outra se perde. A pureza do som dependerá, pois, da quantidade de ar e da sua direção.

A emissão correta do som poderá ser comprovada pelo embaçamento, em forma de triângulo, produzido pelo filete de ar dirigido contra o porta-lábio.

Este fenômeno será melhor percebido sempre que o porta-lábio estiver frio, pois é no contato do ar quente expirado com o metal frio que ele se produz. Quando observarmos o embaçamento irregular é sinal de que a embocadura não está correta (fig. 4).

Una vez emitido el sonido, tratar de mantenerlo el mayor tiempo posible. Evitar los "ataques" cortos y seguidos, pues el alumno podrá tener un leve "vahido", principalmente si no dominó la respiración diafragmática.

En la flauta, el sonido es producido por la fricción del filete de aire contra el borde externo del orificio de la embocadura. Una parte del aire penetra en el tubo y la otra se pierde. La pureza del sonido dependerá, pues, de la cantidad de aire y de su dirección.

La emisión correcta del sonido, podrá ser comprobada por la humedad en forma de triángulo producida por el filete de aire dirigido contra la placa de la embocadura.

Este fenómeno será mejor notado siempre que la placa esté fría, pués esto se produce debido al contacto del aire caliente expirado contra el metal frío.

Cuando la forma de esa humedad es irregular, la embocadura no está correta (fig. 4).

Une fois le son émis, essayer de le maintenir le plus de temps possible. Eviter les attaques courtes et suivies, car l'élève pourra sentir un léger évanouissement, surtout s'il n'est pas familiarisé avec la respiration diaphragmatique.

Dans la flûte, le son est produit par le frottement du filet d'air contre le bord externe de l'orifice de l'embouchure. Une partie de l'air pénètre dans le tube et une autre se perd. La pureté du son dépendra, donc, de la quantité d'air et de sa direction.

L'émission correcte du son pourra être vérifiée par un triangle de buée qui est produit par le filet d'air dirigé contre la plaque de l'embouchure.

Ce phénomène se verra mieux quand cette plaque sera froide, car c'est par le contact de l'air chaud expiré contre le metal froid qu'il se produit. Quand cette buée est irrégulière, l'embouchure n'est pas correte (fig. 4).

Once you have produced a sound, try and hold it for as long as possible. Do not make short and repeated attacks or you will start to feel dizzy especially if the diaphragmatic breathing has not been mastered.

The sound is produced on the flute by a thin stream of air striking the outer edge of the mouth-hole. Part of the air enters the tube and the other part is lost. The purity of the sound thus depends on the quantity of air and its direction.

Correct sound production can be checked by looking for a small triangle of condensation produced on the lip-plate by the airstream.

You can see this better when lip-plate is cold as it is produced by the contact of the warm air with the cold metal.

If the condensation is irregular in pattern, it's a sign that the embouchure is incorrect (fig. 4).

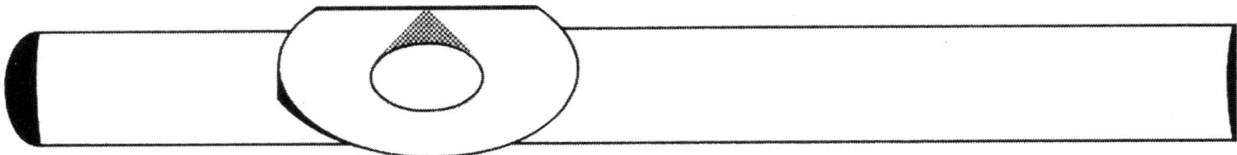

Fig. 4

Além desse efeito visual, o aluno deverá valer-se do seu ouvido para perceber o momento em que consegue o melhor resultado. Uma vez encontrada a posição ideal, pressionar ligeiramente o porta-lábio contra o lábio inferior a fim de sentir a borda cortante do orifício e permitir a fixação desta posição. Para automatizá-la, repetir o exercício várias vezes.

As notas da região grave requerem pouca tensão dos lábios, e que o filete de ar seja dirigido quase que verticalmente. (fotos 13 e 14).

Además de ese efecto visual, el alumno deberá recurrir a su oído para percibir el momento en que consigue el mejor resultado. Una vez encontrada la posición ideal, apretar levemente la placa de la embocadura contra el labio inferior a fin de sentir el borde cortante del orificio y de permitir la fijación de esta posición. Para automatizarla, repetir el ejercicio varias veces.

Las notas del registro grave requieren poca tensión de los labios y que el filete de aire sea dirigido casi verticalmente (fotos 13 y 14).

Outre cet effet visuel, l'élève devra "s'écouter" pour savoir quand est-ce qu'il a atteint le résultat le plus satisfaisant. Une fois trouvée la bonne position, presser légèrement l'embouchure contre la lèvre inférieure afin de permettre la fixation de cette position. Pour l'automatiser, répéter l'exercice plusieurs fois.

Les notes da la région grave demandent peu de tension des lèvres et que le filet d'air soit dirigé presque verticalement (photos 13 et 14).

Apart from this visible evidence, the student should use his ear to decide when he is achieving the best results.

Once you have found the best position, press the lip-plate against the lower lip slightly to feel the sharp edge of the mouth-hole and fix the feel of the position. Do this several times to make it automatic.

The low notes require little tension in the lips and the air-stream is directed almost vertically down. (Photos 13 & 14).

Detalhe dos lábios na região grave de frente
Detalle de los labios en la región grave de frente
Détail des lèvres dans la région grave de face
Detail of the lips for the low register from the front

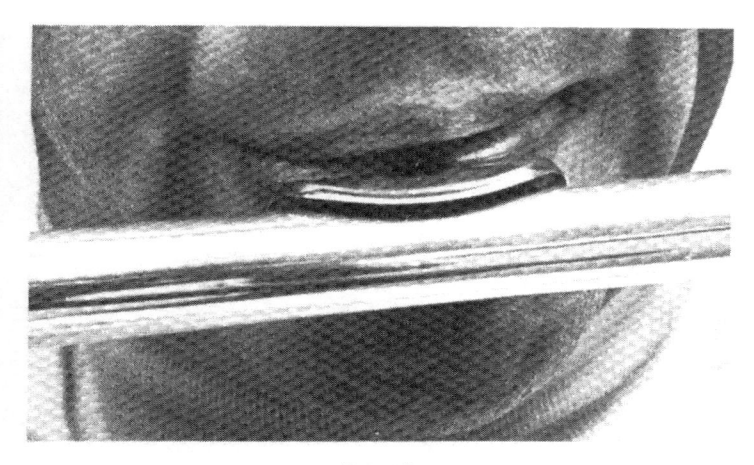

Foto 13

Detalhe dos lábios na região grave de perfil.
Detalle de los labios en la región grave de perfil.
Détail des lèvres dans la région grave de profil.
Detail of the lips for the low register from the side.

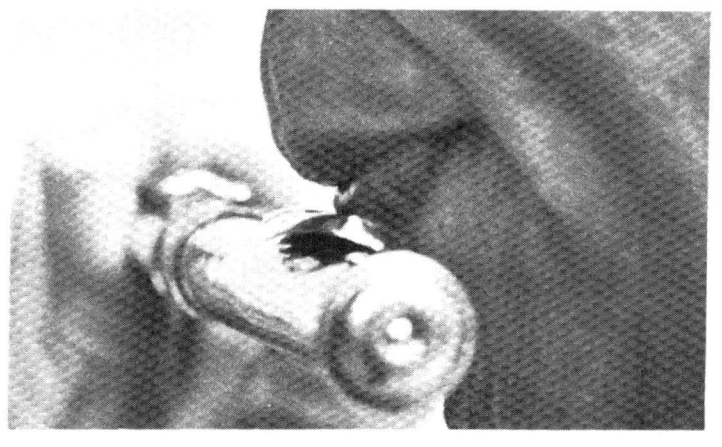

Foto 14

O registro médio exigirá um pouco mais de tensão dos lábios e que o filete de ar seja dirigido num ângulo aproximado de 45 graus. (fotos 15 e 16).

El registro medio exigirá un poco más de tensión de los labios y que el filete de aire sea dirigido en un ángulo aproximado de 45° (fotos 15 y 16).

La région moyenne exigera un peu plus de tension des lèvres et que le filet d'air soit dirigé vers un angle de 45° environ. (photos 15 et 16).

The middle register requires a little more tension and the air-stream must be directed at an angle of approximately 45°. (Photos 15 & 16).

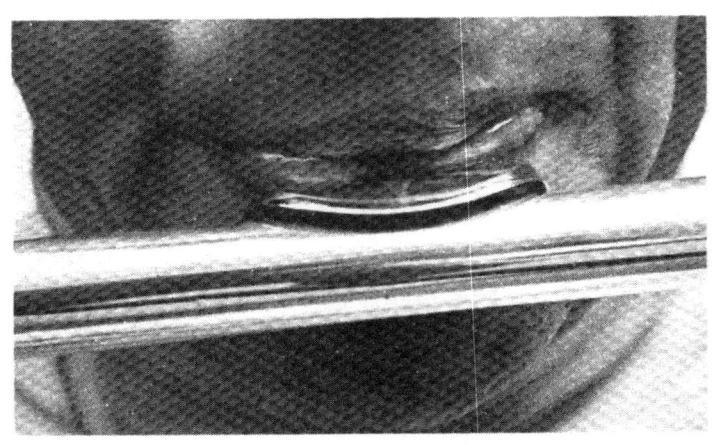

Detalhe dos lábios na região média de frente.   Foto 15
Detalle de los labios en la región média de frente.
Détail des lèvres dans la région moyenne de face.
Detail of the lips for the middle register from the front.

Detalhe dos lábios na região média de perfil.   Foto 16
Detalle de los labios en la región media de perfil.
Détail des lèvres dans la région moyenne de perfil.
Detail of the lips for the middle register from the side.

Assim, para alcançar os registros agudo e superagudo deve-se aumentar, progressivamente, a tensão dos lábios e o ângulo do filete de ar, que poderá tornar-se quase que horizontal (Fotos 17 e 18).

Así, para alcanzar los registros agudo y superagudo, débese aumentar progresivamente la tensión de los labios y el ángulo del filete de aire, que podrá llegar a ser casi horizontal (Fotos 17 y 18).

Ainsi, pour atteindre les régions aigue et suraiguë, on devra augmenter progressivement la tension des lèvres et l'angle du filet d'air, qui pourra devenir presque horizontal (photos 17 et 18).

For the high and very high register the tension should be progressively increased and the air-stream, becomes almost horizontal. (Photos 17 & 18).

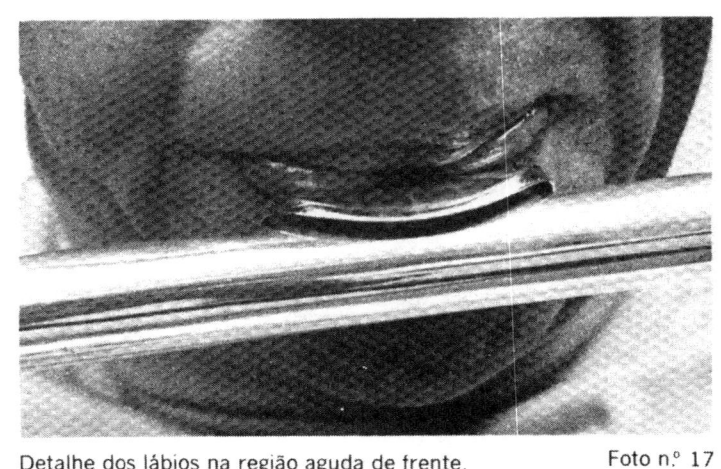

Detalhe dos lábios na região aguda de frente.   Foto n.º 17
Detalle de los labios en la región aguda de frente.
Détail des lèvres dans la région aiguë de face.
Detail of the lips for the high register from the front.

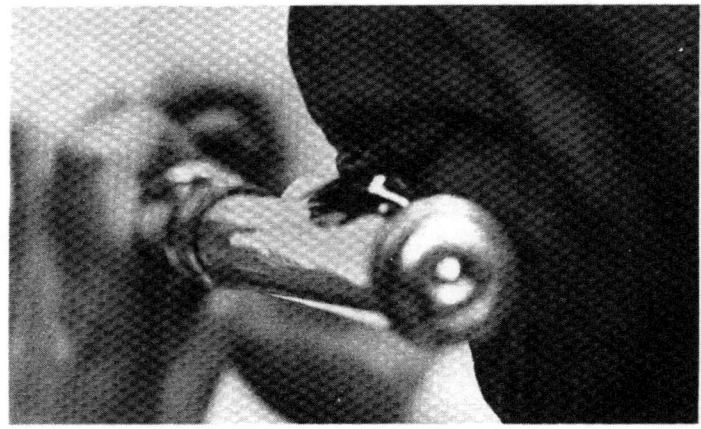

Detalhe dos lábios na região aguda de perfil.   Foto n.º 18
Detalle de los labios en la región aguda de perfil.
Détail des lèvres dans la région aiguë de profil.
Detail of the lips for the high register from the side.

Capítulo VII
COMO SEGURAR A FLAUTA

A flauta é sustentada em quatro pontos básicos: o lábio inferior, a base do dedo indicador da mão esquerda e os dedos polegar e mínimo da mão direita (fotos 19, 20, 21, 22, 23 e 24).

Capítulo VII
POSICIÓN DEL FLAUTISTA

La flauta es sostenida en cuatro puntos básicos: el labio inferior, la base del índice de la mano izquierda y los dedos pulgar y meñique de la mano derecha (fotos 19, 20, 21, 22, 23 y 24).

Chapitre VII
DE LA TENUE

La flûte est appuyée sur quatre points essentiels: la lèvre inférieure, la base de l'index de la main gauche et le pouce et le petit doigt de la main droite (photos 19, 20, 21, 22, 23 et 24).

Chapter VII
HOW TO HOLD THE FLUTE

The flute is supported at four basic points: the lower lip, the base of the first finger of the left hand and the thumb and little finger of the right hand (Photos 19, 20, 21, 22, 23 and 24).

Pontos de apoio / Puntos de apoyo / Points d'appui / Points of support — Foto 19	Flauta em Dó / Flauta en Do / Flûte en Do / Concert flute in C — Foto 20
Flautim / Flautín / Petite flûte / Piccolo — Foto 21	Flauta contralto em Sol / Flauta contralto en Sol / Flûte contralto en Sol / Alto Flute in G — Foto 22

Flauta baixo em Dó   Flauta bajo en Do   Foto 23   Flauta soprano em Mib   Flauta soprano en Mib   Foto 24
Flûte basse en Do   Bass Flute in C   *Flûte soprano en Mib*   Soprano E flat flute

O braço esquerdo tem como finalidade aproximar a embocadura do maxilar. O braço e a mão direita, por sua vez, permitem posicionar a flauta por meio de movimentos circulares. Dessa maneira pode-se variar a posição do instrumento, para facilitar a emissão do som.

Para uma posição mais natural é aconselhável que os dois cotovelos estejam aproximadamente na mesma altura, voltados para fora. Essa posição permite maior expansão do tórax e, conseqüentemente, maior capacidade respiratória (fotos 25 e 26).

El brazo izquierdo tiene como finalidad aproximar la embocadura del maxilar. El brazo y la mano derecha, a su vez, permiten poner en posición la flauta mediante movimientos circulares. De esta manera se puede variar la posición del instrumento para facilitar la emisión del sonido.

Para una posición natural es aconsejable que los codos estén a la misma altura y hacia afuera. Esta posición permite mayor expansión del tórax y, consecuentemente, mayor capacidad respiratoria (fotos 25 y 26).

Le bras gauche a comme but d'approcher l'embouchure de la mâchoire. Le bras et la main droite permettent de poser la flûte au moyen de mouvements circulaires. De cette manière on peut varier la position de l'instrument pour faciliter l'émission du son.

Pour une position naturelle, nous conseillons que les deux coudes soient approximativement à la même hauteur, tournés vers l'extérieur. Cette position permet une plus grande capacité respiratoire. (photos 25 et 26).

The left arm has the job of bringing the mouth-piece to the chin. The right arm and hand, in their turn, can adjust the position of the flute through circular movements thereby facilitating the emission of the sound. To make this position more natural, it is advisable to lift both elbows outwards at approximately the same height. This position allows the maximum expansion of the thorax and therefore greater breathing capacity. (Photos 25 & 26).

Posição correta da cabeça, braços e mãos.

Posición correcta de la cabeza, brazos y manos.

Position correcte de la tête, des bras et des mains.

Correct position of head, arms and hands.

Posição incorreta.

Posición incorreta.

Position incorrecte.

Incorrect position.

Foto 25   Foto 26

No princípio o aluno terá certa dificuldade em manter os braços na posição indicada, por ser um pouca incômoda, mas aos poucos a ela se habituará. Por outro lado, o equilíbrio conseguido permitirá aos dedos uma ação descontraída, indispensável para uma boa execução. Estes deverão ficar arqueados, cuidando para não ultrapassar as chaves (fotos 27, 28, 29, 30, 31, 32, 33, 34, 35, 36, 37 e 38).

As flautas modelo francês (chaves abertas) são as mais indicadas para o aprendizado inicial, porque obrigam o aluno a colocar corretamente os dedos sobre as chaves.

A prática em frente ao espelho facilitará as correções que se fizerem necessárias.

Al comienzo, el alumno tendrá cierta dificultad en mantener los brazos en la posición indicada, por ser un poco incómoda, pero poco a poco se habituará.

Por otro lado, el equilibrio conseguido permitirá a los dedos una acción descontraída, indispensable para una buena ejecución. Estos deberán estar arqueados, tomándose cuidado para que no ultrapasen las llaves (fotos 27, 28, 29, 30, 31, 32, 33, 34, 35, 36, 37 y 38).

Las flautas modelo francés (llaves abiertas) son las más indicadas para el aprendizaje inicial, porque obligan al alumno a colocar los dedos sobre las llaves.

La práctica delante de un espejo facilitará las correcciones que fueran necesarias.

Au début, l'élève aura quelques difficultés pour maintenir les bras dans cette position, car elle n'est pas très confortable, mais, peu à peu, il s'y habituera. D'autre part, l'équilibre obtenu permettra aux doigts une action décontractée, indispensable à une bonne exécution. Ceux-là devront rester légèrement arrondis sans dépasser les clefs. (photos 27, 28, 29, 30, 31, 32, 33, 34, 35, 36, 37 et 38).

Les flûtes modèle français (clefs ouvertes) sont les plus indiquées pour les débutants car elles obligent l'élève à mettre correctement les doigts sur les clefs.

La pratique devant une glace facilitera les corrections éventuelles.

In the beginning the student will find it rather difficult to keep his arms in this position as it will be slightly uncomfortable, but he will gradually get used to it. On the other hand, the equilibrium achieved by it will allow the fingers to act freely, which is essential for good execution. They should be curved slightly and not overlap the keys. (Photos 27, 28, 29, 30, 31, 32, 33, 34, 35, 36, 37 and 38).

French-model flutes (open-hole) are recommended for the beginner as they oblige him to cover the keys properly. Using a mirror enables any necessary corrections to be made.

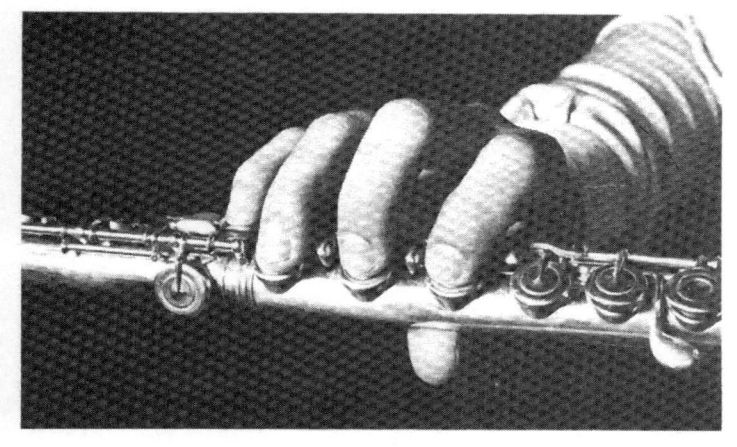

Posição correta da mão direita.
Posición correcta de la mano derecha.
Position correcte de la main droite.
Right hand — correct position.

Foto 27

Posição incorreta da mão direita.
Posición incorrecta de la mano derecha.
Position incorrecte de la main droite.
Right hand — Incorrect position.

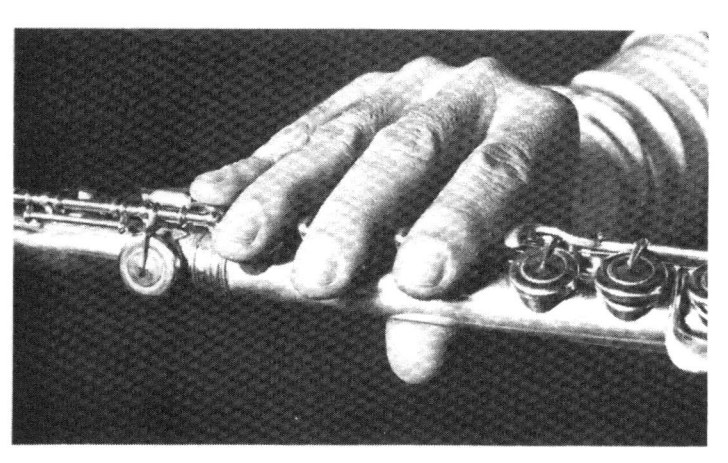

Foto 28

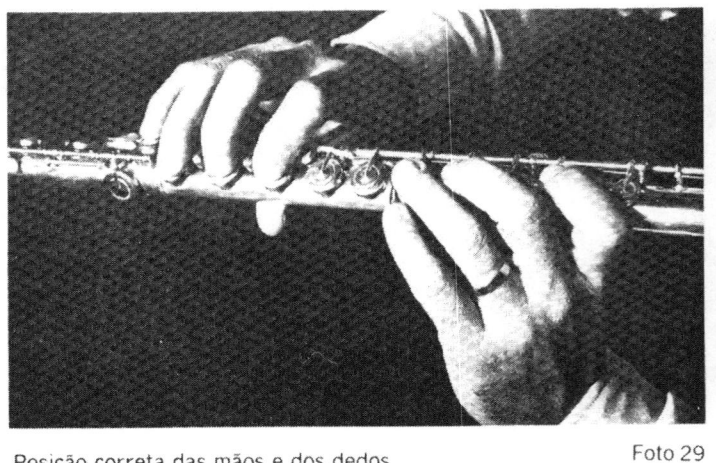

Posição correta das mãos e dos dedos.   Foto 29
Posición correcta de las manos y de los dedos.
Position correcte des mains et des doigts.
Hands and fingers — correct position.

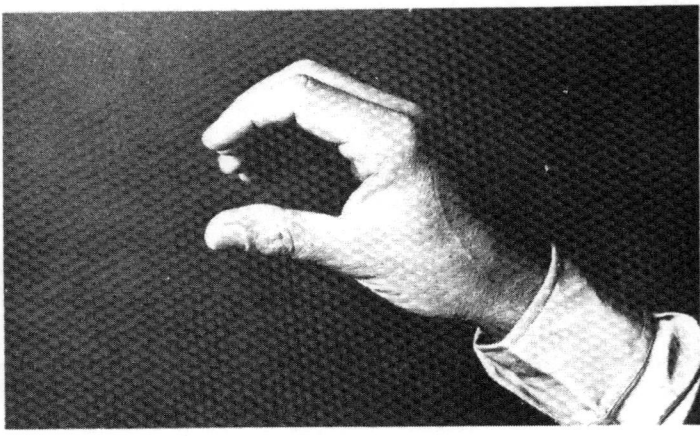

Posição da mão direita sem a flauta.   Foto 30
Posición de la mano derecha sin la flauta.
Position de la main droite sans la flûte.
Right hand position without the flute.

Posição da mão esquerda sem a flauta.
Posición de la mano izquierda sin la flauta.
Position de la main gauche sans la flûte.
Left hand position without the flute.

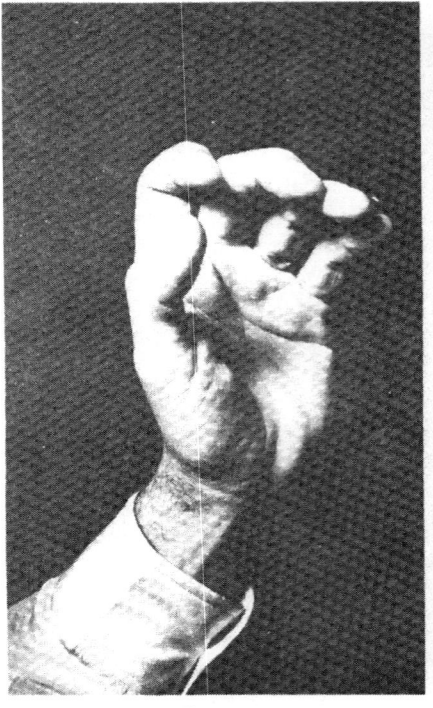

Foto 31

Mão direita vista por trás.
Mano derecha vista de atrás.
Main droite vue de derrière.
Right hand seen from behind.

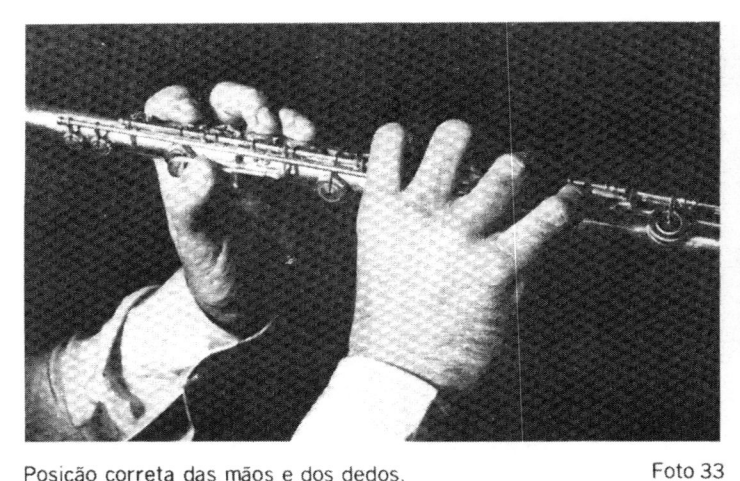

Foto 32

Posição correta das mãos e dos dedos.   Foto 33
Posición correcta de las manos y de los dedos.
Position correcte des mains et des doigts.
Hands and fingers — Correct position.

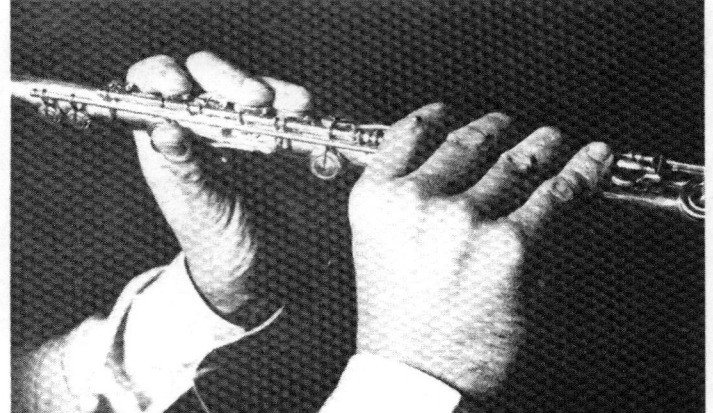

Posição incorreta.   *Posición incorrecta.*   Foto 34
Position incorrecte   *Incorrect position.*

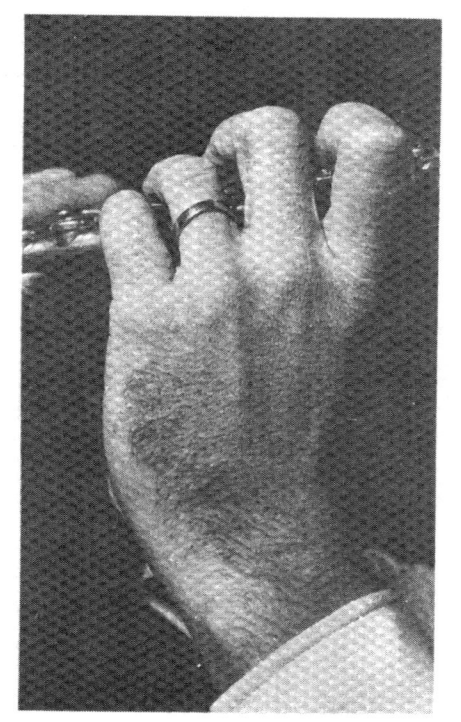

Detalhe da mão esquerda vista por trás.
Detalle de la mano izquierda vista de atrás.

Détail de la main gauche vue de derrière.
Detail of the left hand seen from behind.

Foto 35

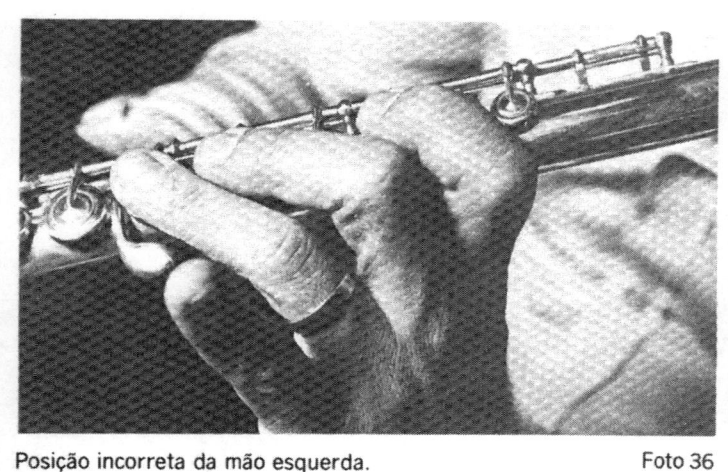

Posição incorreta da mão esquerda.
Posición incorrecta de la mano izquierda.
Position incorrecte de la main gauche.
Left hand — Incorrect position.

Foto 36

Detalhe do polegar sobre a chave de Si.
Detalle del pulgar sobre la llave de Si.
Détail du pouce sur la clef de Si.
Detail of the thumb on the B key.

Foto 37

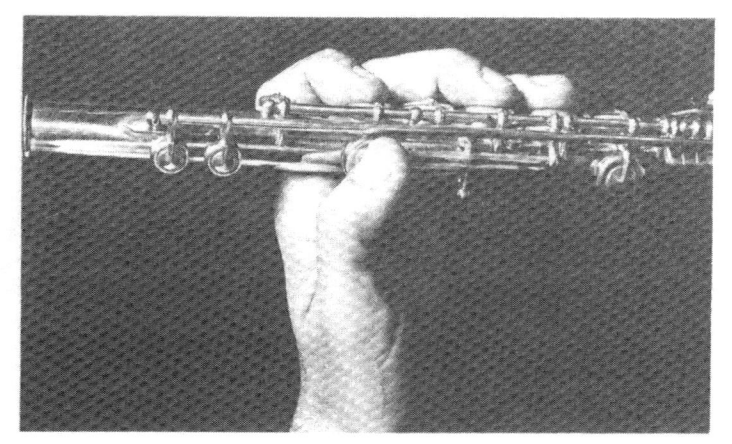

Detalhe do polegar sobre a chave de Si b.
Detalle del pulgar sobre la llave de Si b.
Détail du pouce sur la clef du Si b.
Detail of the thumb on the B flat key.

Foto 38

Há duas posições para se tocar: em pé e sentado. Em ambos os casos é fundamental uma postura correta. Muitos dos defeitos na emissão do som são causados por posições incorretas, daí a necessidade de se observar as seguintes regras:

De pé, os pés ligeiramente afastados, apoiar o corpo tanto numa como noutra perna. Os braços afastados do tórax e a cabeça erguida, olhando para a linha do horizonte (fotos 39 e 40).

Sentado, o busto ereto, evitando apoiar o dorso no encosto da cadeira (fotos 41 e 42).

Hay dos maneras de tocar: de pie y sentado. En ambos casos es fundamental una postura correcta. Muchos de los defectos de la emisión del sonido son causados por posiciones defectuosas, por eso la necesidad de observar las siguientes reglas:

De pie, los piés levemente separados, apoyar el cuerpo tanto en una como en la otra pierna. Los brazos apartados del tórax y la cabeza levantada, mirando la línea del horizonte (fotos 39 y 40).

Sentado, el busto erecto, evitando de apoyar la espalda en el respaldo de la silla (fotos 41 y 42).

Il y a deux positions pour jouer: debout ou assis. Dans les deux cas une tenue correcte est fondamentale. Beaucoup de défauts dans l'émission du son sont causés par de mauvaises positions; d'où la nécessité de suivre les règles suivantes: Debout, les pieds légèrement écartés, appuyer le corps soit sur l'une ou sur l'autre jambe; les bras écartés du thorax et la tête droite regardant la ligne de l'horizon (photos 39 et 40).

Assis, le buste droit évitant d'appuyer le dos contre le dossier da la chaise. (photos 41 et 42).

There are two playing positions: standing or sitting. In both, correct posture is essential. Many defects in tone-production are caused by incorrect positions, hence necessity of observing the following rules:

When standing, the feet are slightly apart with the weight distributed equally between them.

The arms are held away from the thorax and the head high looking towards the horizon. (Photos 39 & 40).

When sitting, keep the trunk straight and do not lean back on the chair. (Photos 41 & 42).

Foto 39
Posição correta de pé.
Posición correcta de pie.
Position correcte debout.
Correct standing-position.

Foto 40
Posição incorreta.
Posición incorrecta.
Position incorrecte.
Incorrect position.

Foto 41
Posição correta sentado.
Posición correcta sentado.
Position correcte assis.
Correct sitting-position.

Foto 42
Posição incorreta.
Posición incorrecta.
Position incorrecte.
Incorrect position.

Capítulo VIII
DEDILHADO GERAL DA FLAUTA

Capítulo VIII
TABLA GENERAL DE LA FLAUTA

Chapitre VIII
TABLATURE GÉNÉRALE DE LA FLÛTE

Chapter VIII
FINGERING CHART

CONVENÇÕES — CONVENCIONES — CONVENTIONS — ACCEPTED TERMINOLOGY
ME: Mão esquerda — Mano izquierda — Main gauche — Left hand
MD: Mão direita — Mano derecha — Main droite — Right hand
ESP: Espátula — Espátula — Spatule — Tril key

ME   MD

Si♭
Si♮

Detalhe das chaves de Si e Si♭ acionadas pelo polegar
Detalle de las llaves de Si y Si♭ accionadas por el pulgar
Détail des clefs de Si et Si♭ actionnées par le pouce
Detail of B and B flat key used by the left thumb (thumb plate)

Chaves de Si♮ e Si♭ — Llaves de Si♮ y Si♭
Clefs de Si♮ et Si♭ — B♮ and B♭ key

1.º dedo (polegar) — 1.º dedo (pulgar)
1er doigt (pouce) — 1st finger (thumb)

Mão esquerda — Mano izquierda
Main gauche — Left hand

Mão direita — Mano derecha
Main droite — Right hand

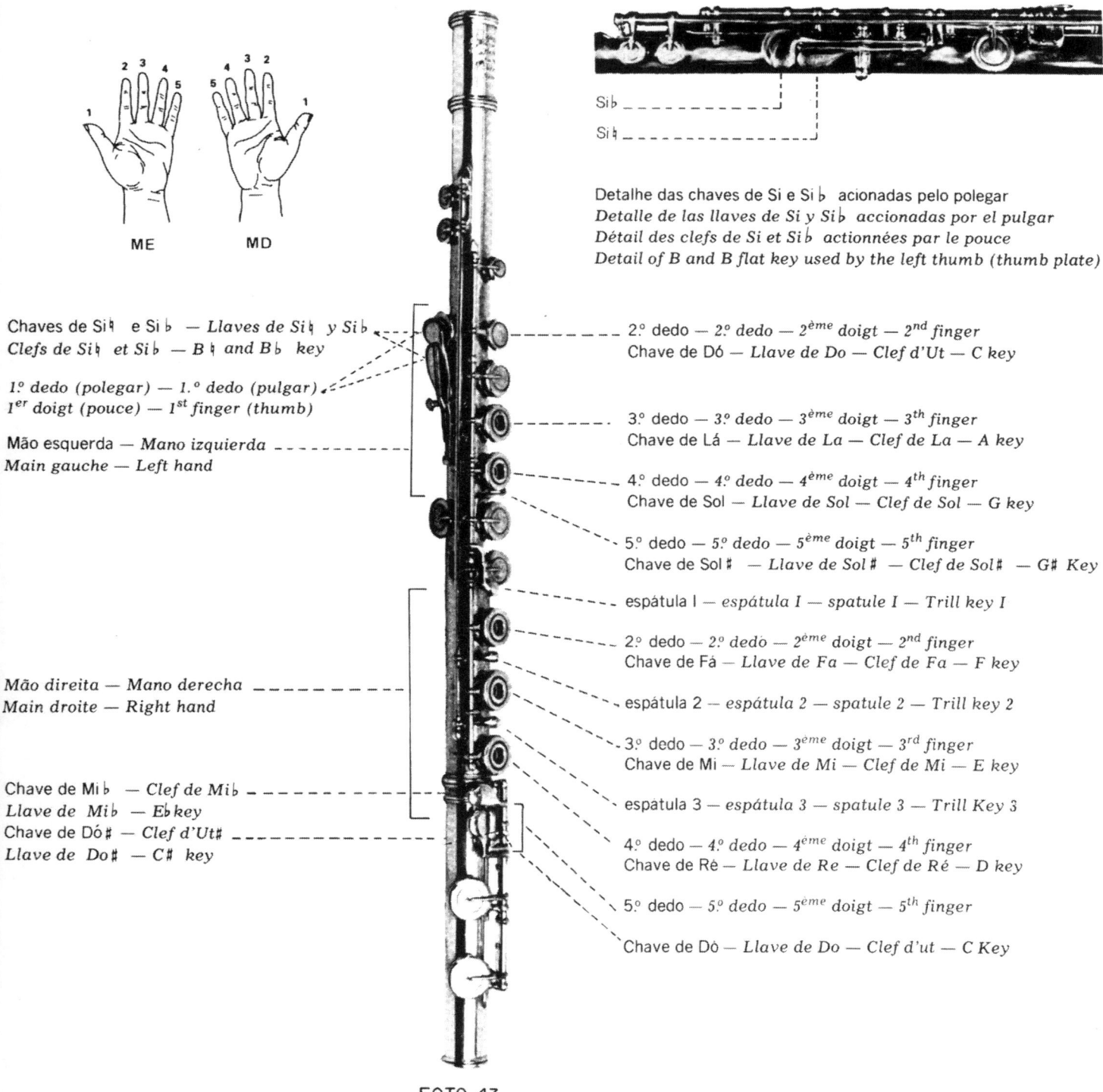

Chave de Mi♭ — Clef de Mi♭
Llave de Mi♭ — E♭ key
Chave de Dó♯ — Clef d'Ut♯
Llave de Do♯ — C♯ key

2.º dedo — 2.º dedo — 2ème doigt — 2nd finger
Chave de Dó — Llave de Do — Clef d'Ut — C key

3.º dedo — 3.º dedo — 3ème doigt — 3th finger
Chave de Lá — Llave de La — Clef de La — A key

4.º dedo — 4.º dedo — 4ème doigt — 4th finger
Chave de Sol — Llave de Sol — Clef de Sol — G key

5.º dedo — 5.º dedo — 5ème doigt — 5th finger
Chave de Sol♯ — Llave de Sol♯ — Clef de Sol♯ — G♯ Key

espátula 1 — espátula 1 — spatule 1 — Trill key 1

2.º dedo — 2.º dedo — 2ème doigt — 2nd finger
Chave de Fá — Llave de Fa — Clef de Fa — F key

espátula 2 — espátula 2 — spatule 2 — Trill key 2

3.º dedo — 3.º dedo — 3ème doigt — 3rd finger
Chave de Mi — Llave de Mi — Clef de Mi — E key

espátula 3 — espátula 3 — spatule 3 — Trill Key 3

4.º dedo — 4.º dedo — 4ème doigt — 4th finger
Chave de Rè — Llave de Re — Clef de Ré — D key

5.º dedo — 5.º dedo — 5ème doigt — 5th finger
Chave de Dò — Llave de Do — Clef d'ut — C Key

FOTO 43

DEDILHADO GERAL DA FLAUTA
TABLA GENERAL DE LA FLAUTA

TABLATURE GÉNÉRALE DE LA FLÛTE
FINGERING

Primeira Oitava — Primera octava
Première octave — First octave

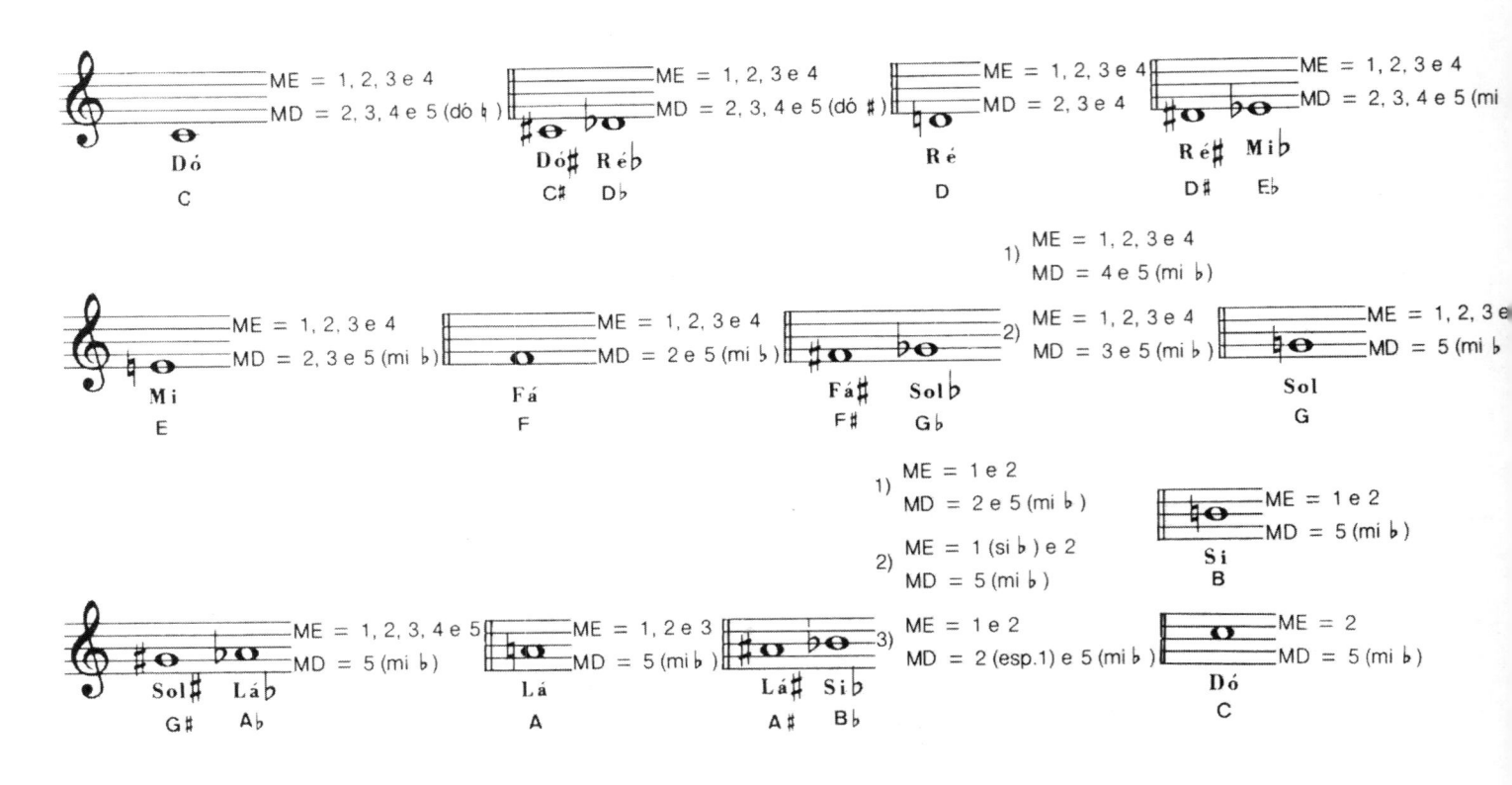

Dó / C: ME = 1, 2, 3 e 4 ; MD = 2, 3, 4 e 5 (dó ♭)

Dó♯ / Ré♭ — C♯ / D♭: ME = 1, 2, 3 e 4 ; MD = 2, 3, 4 e 5 (dó ♯)

Ré / D: ME = 1, 2, 3 e 4 ; MD = 2, 3, 4

Ré♯ / Mi♭ — D♯ / E♭: ME = 1, 2, 3 e 4 ; MD = 2, 3, 4 e 5 (mi ♭)

Mi / E: ME = 1, 2, 3 e 4 ; MD = 2, 3 e 5 (mi ♭)

Fá / F: ME = 1, 2, 3 e 4 ; MD = 2 e 5 (mi ♭)

Fá♯ / Sol♭ — F♯ / G♭:
1) ME = 1, 2, 3 e 4 ; MD = 4 e 5 (mi ♭)
2) ME = 1, 2, 3 e 4 ; MD = 3 e 5 (mi ♭)

Sol / G: ME = 1, 2, 3 e 4 ; MD = 5 (mi ♭)

Sol♯ / Lá♭ — G♯ / A♭: ME = 1, 2, 3, 4 e 5 ; MD = 5 (mi ♭)

Lá / A: ME = 1, 2 e 3 ; MD = 5 (mi ♭)

Lá♯ / Si♭ — A♯ / B♭:
1) ME = 1 e 2 ; MD = 2 e 5 (mi ♭)
2) ME = 1 (si ♭) e 2 ; MD = 5 (mi ♭)
3) ME = 1 e 2 ; MD = 2 (esp.1) e 5 (mi ♭)

Si / B: ME = 1 e 2 ; MD = 5 (mi ♭)

Dó / C: ME = 2 ; MD = 5 (mi ♭)

Segunda Oitava — Segunda octava
Deuxième octave — Second octave

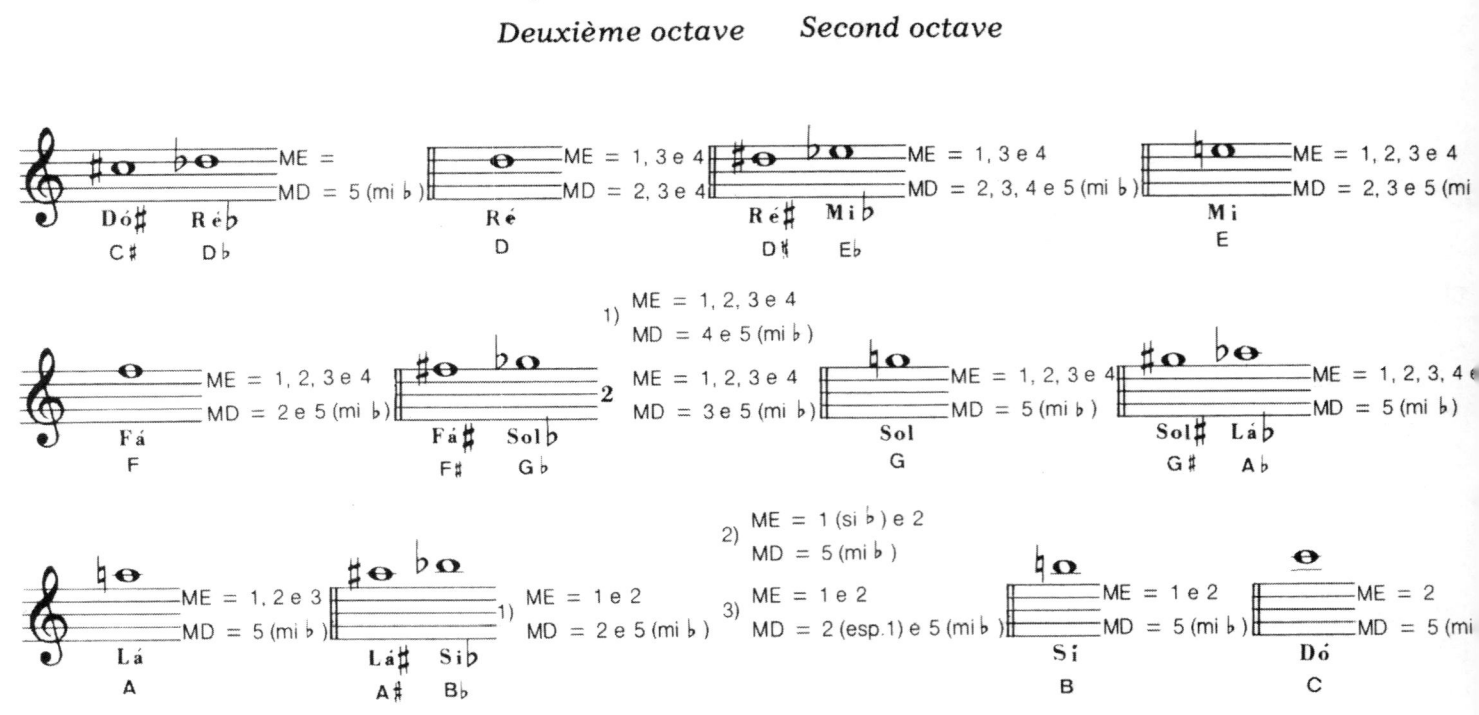

Dó♯ / Ré♭ — C♯ / D♭: ME = ; MD = 5 (mi ♭)

Ré / D: ME = 1, 3 e 4 ; MD = 2, 3 e 4

Ré♯ / Mi♭ — D♯ / E♭: ME = 1, 3 e 4 ; MD = 2, 3, 4 e 5 (mi ♭)

Mi / E: ME = 1, 2, 3 e 4 ; MD = 2, 3 e 5 (mi ♭)

Fá / F: ME = 1, 2, 3 e 4 ; MD = 2 e 5 (mi ♭)

Fá♯ / Sol♭ — F♯ / G♭:
1) ME = 1, 2, 3 e 4 ; MD = 4 e 5 (mi ♭)
2) ME = 1, 2, 3 e 4 ; MD = 3 e 5 (mi ♭)

Sol / G: ME = 1, 2, 3 e 4 ; MD = 5 (mi ♭)

Sol♯ / Lá♭ — G♯ / A♭: ME = 1, 2, 3, 4 e ; MD = 5 (mi ♭)

Lá / A: ME = 1, 2 e 3 ; MD = 5 (mi ♭)

Lá♯ / Si♭ — A♯ / B♭:
1) ME = 1 e 2 ; MD = 2 e 5 (mi ♭)
2) ME = 1 (si ♭) e 2 ; MD = 5 (mi ♭)
3) ME = 1 e 2 ; MD = 2 (esp.1) e 5 (mi ♭)

Si / B: ME = 1 e 2 ; MD = 5 (mi ♭)

Dó / C: ME = 2 ; MD = 5 (mi ♭)

Terceira Oitava / Tercera Octava
Troisième Octave / Third Octave

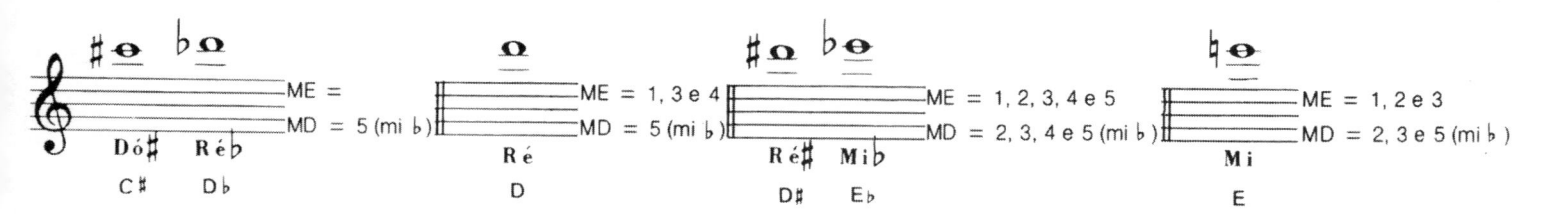

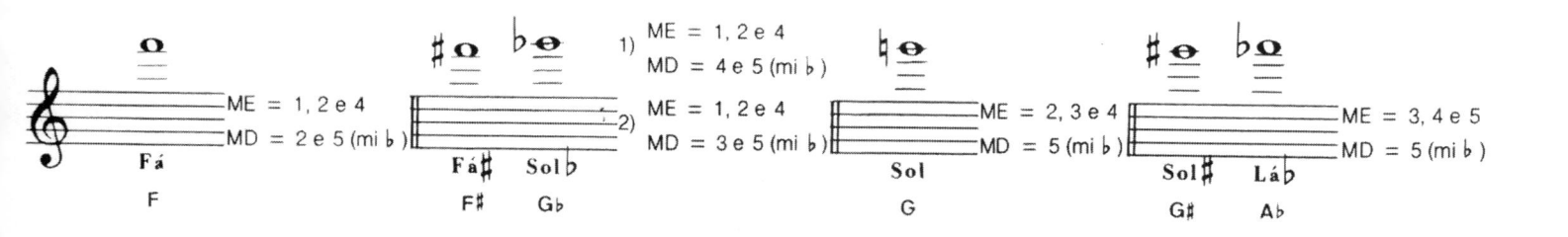

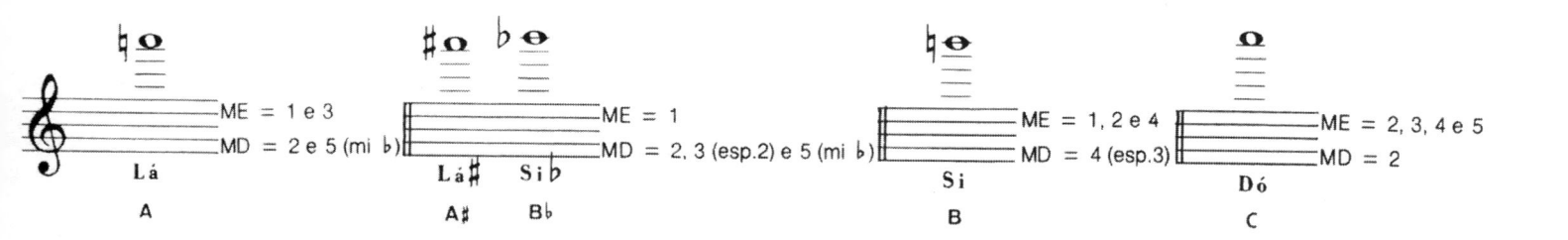

Dó# / Réb (C# / Db): ME = , MD = 5 (mi♭)
Ré (D): ME = 1, 3 e 4, MD = 5 (mi♭)
Ré# / Mib (D# / Eb): ME = 1, 2, 3, 4 e 5, MD = 2, 3, 4 e 5 (mi♭)
Mi (E): ME = 1, 2 e 3, MD = 2, 3 e 5 (mi♭)

Fá (F): ME = 1, 2 e 4, MD = 2 e 5 (mi♭)
Fá# / Solb (F# / Gb):
 1) ME = 1, 2 e 4, MD = 4 e 5 (mi♭)
 2) ME = 1, 2 e 4, MD = 3 e 5 (mi♭)
Sol (G): ME = 2, 3 e 4, MD = 5 (mi♭)
Sol# / Láb (G# / Ab): ME = 3, 4 e 5, MD = 5 (mi♭)

Lá (A): ME = 1 e 3, MD = 2 e 5 (mi♭)
Lá# / Sib (A# / Bb): ME = 1, MD = 2, 3 (esp.2) e 5 (mi♭)
Si (B): ME = 1, 2 e 4, MD = 4 (esp.3)
Dó (C): ME = 2, 3, 4 e 5, MD = 2

Notas Superagudas
Notes Suraiguës / Extreme Notes

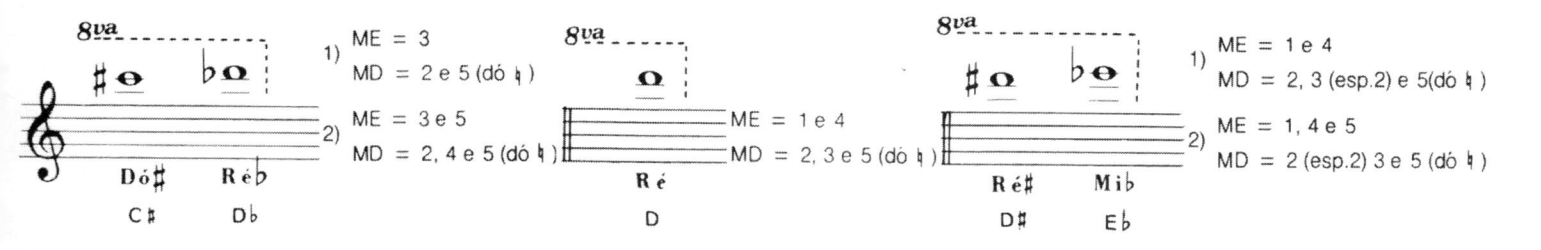

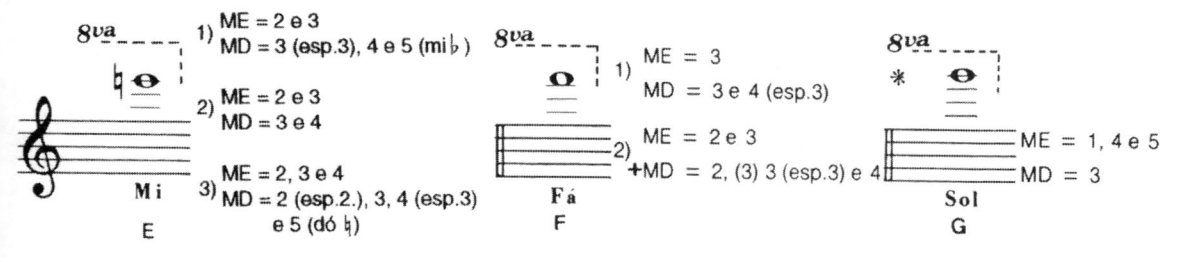

Dó# / Réb (C# / Db):
 1) ME = 3, MD = 2 e 5 (dó ♮)
 2) ME = 3 e 5, MD = 2, 4 e 5 (dó ♮)
Ré (D): ME = 1 e 4, MD = 2, 3 e 5 (dó ♮)
Ré# / Mib (D# / Eb):
 1) ME = 1 e 4, MD = 2, 3 (esp.2) e 5 (dó ♮)
 2) ME = 1, 4 e 5, MD = 2 (esp.2) 3 e 5 (dó ♮)

Mi (E):
 1) ME = 2 e 3, MD = 3 (esp.3), 4 e 5 (mi♭)
 2) ME = 2 e 3, MD = 3 e 4
 3) ME = 2, 3 e 4, MD = 2 (esp.2), 3, 4 (esp.3) e 5 (dó ♮)
Fá (F):
 1) ME = 3, MD = 3 e 4 (esp.3)
 2) ME = 2 e 3, +MD = 2, (3) 3 (esp.3) e 4
Sol (G): * ME = 1, 4 e 5, MD = 3

- O dedo 2 ocupa a posição do dedo 3.
El dedo 2 ocupa la posicion del dedo 3.
Le 2ème doigt prend la place du 3ème doigt.
The 2nd finger replaces the 3rd finger.

* Emissão mais fácil nas flautas modelo francês. (Chaves perfuradas - foto 43).
Suena mejor en las flautas modelo francés. (Llaves abiertas - foto 43).
Il sonne mieux dans les flûtes modèle français. (Clés ouvertes photo 43).
Works better on a French-model flute. (Open holes - photo 43).

Capítulo IX
AFINAÇÃO

A afinação é um dos aspectos mais importantes para o músico, em particular para o instrumentista de sopro, pois a maioria dos instrumentos tem problemas acústicos até hoje não resolvidos. No caso da flauta, apesar dos recentes aperfeiçoamentos introduzidos por Cooper que resolveram alguns problemas de afinação, principalmente da região grave, todo cuidado é pouco.

De um modo geral, as notas da região grave da flauta são baixas, contrastando com as agudas, que na sua maioria são altas. Sabedor desse detalhe, o flautista procurará fechar um pouco a flauta quando tiver que tocar os trechos escritos na região grave, ou modificará a embocadura virando o bocal ligeiramente para fora. Nas notas agudas fará o inverso, isto é, abrirá um pouco a flauta ou virará ligeiramente o bocal para dentro.

As notas mais críticas da flauta são o Dó♯ das regiões média e aguda, que são muito altas. Além destas, o Mi♭, o Fá♯, o Sol♯, o Si, o Dó e o Dó♯ da terceira oitava ficam igualmente altas quando emitidas em fortíssimo. Por outro lado, o Mi, o Fá, o Sol♯ e o Si♭ da mesma oitava saem baixas quando emitidas em pianíssimo. Nesses casos deve-se utilizar os dedilhados especiais encontrados no capítulo XXVII.

Chapitre IX
DE LA JUSTESSE

La justesse est un des aspects les plus importants pour le musicien, en particulier pour l'instrumentiste à vent, car la plupart des instruments présentent des problèmes acoustiques non résolus jusqu'à présent. Dans le cas de la flûte, malgré les perfectionnements récents, introduits par Cooper, et qui ont résolu quelques problèmes de justesse, principalement de la région grave, il faut faire très attention.

D'une manière générale, les notes de la région grave de la flûte sont basses; par contre celles de la région aigüe sont généralement hautes. Sachant ce détail, le flûtiste cherchera à fermer un peu la flûte au moment de jouer les passages écrits dans les régions graves, ou à modifier l'embouchure en la tournant légèrement vers l'extérieur. Dans les notes aigües, il fera le contraire, c'est-à-dire, qu'il ouvrira un peu la flûte, ou il tournera légèrement l'embouchure vers l'intérieus.

Les notes les plus critiques de la flûte sont le Do♯ médium et aigu qui sont très hautes. En plus de celles-ci le Mi♭, le Fa♯, le Sol♯, le Si, le Do♯ et le Do♯ de la troisième octave deviennent hautes quand on les émet "fortíssimo". D'autre part, le Mi, le Fa, le Sol♯ et le Si♭ de la même octave déviennent basses quand on les émet "pianissimo". Dans ce cas-là, on doit employer les doigtés spéciaux, trouvés dans le chapitre XXVII.

Capítulo IX
AFINACIÓN

La afinación es uno de los aspectos más importantes para el músico, en particular para el instrumentista de viento, pues la mayoría de los instrumentos tienen problemas acústicos, hasta hoy no solucionados. En el caso de la flauta, a pesar de los recientes perfeccionamientos introducidos por Cooper que resolvieron algunos problemas de afinación, principalmente de la región grave, todo cuidado es poco.

De modo general, las notas de la región grave de la flauta son bajas contrastando con las agudas que en su mayoría son altas. Sabiendo ese detalle, el flautista tratará de cerrar un poco la flauta cuando tenga que ejecutar los trechos escritos en la región grave, o modificará la embocadura girando ésta un poco para afuera. En las notas agudas hará lo inverso, es decir, abrirá un poco la flauta o girará un poco la embocadura para dentro.

Las notas más críticas de la flauta son el Do♯ de las regiones media y aguda, que son muy altas. Además de éstas, el Mi♭, el Fa♯, el Sol♯, el Si, el Do y el Do♯ de la tercera octava salen igualmente altas cuando son emitidas en "fortissimo". Por otra parte, el Mi, el Fa, el Sol♯ y el Si♯ de la misma octava salen bajas cuando emitidas en "pianissimo". En esos casos se deben utilizar los dedeos especiales, encontrados en el capítulo XXVII.

Chapter IX
TUNING

Tuning is a matter of vital importance for the musician, especially for the player of a wind-instrument.

Most wind-instruments have tuning problems that have not been solved up to the present day.

In the case of the flute, in spite of improvements made by Cooper which have solved some tuning problems, especially in the low register, one can never be too careful.

Usually the notes in this register are flat, as opposed to the high notes, most of which are sharp.

Once he is aware of this, the flautist should push the head-joint in slightly when has to play a passage written in the low register, or change his embouchure turning the head-joint out slightly. For the high register he should do the opposite i.e. "pull out" slightly or turn the head-joint in a little.

The worst notes are the C sharp in the middle and high registers which are very sharp. Apart from these, the E flat, F sharp, G sharp, B, C and C sharp in the third octave are sharp when played fortissimo. On the other hand, the E, F, G sharp and B flat in this octave are flat when played pianissimo. In these cases you should use the special fingerings found in chapter XXVII.

Capítulo X
PROGRAMAÇÃO DE ESTUDOS (Como estudar)

Os assuntos tratados neste método compreendem, praticamente, todos os recursos que a flauta pode oferecer.

Ao iniciante, em particular os que não tenham professor, aconselhamos a praticar as primeiras lições diante de um espelho, observando a perfeita postura do corpo, dos braços e das mãos, e cuidando que a respiração seja a mais natural possível.

De um modo geral, deve-se praticar um mínimo de duas horas e meia por dia.

A primeira meia hora deverá ser dedicada aos exercícios respiratórios e à prática dos sons sustentados, conforme os capítulos IV e X.

Os exercícios diários, que compreendem as escalas, arpejos, etc., exigirão pelo menos uma hora de trabalho para que se possa observar atentamente a igualdade do som e, principalmente, a afinação dos intervalos.

Recomendamos dar uma atenção especial às escalas com intervalos diversos, sobretudo às de terças e quartas.

Uma pausa de meia hora será recomendável para descansar não só os músculos da boca, braços e mãos, mas também todo o aparelho respiratório.

Havendo tempo disponível após esse pequeno intervalo, recomeçar os estudos dedicando a hora restante aos exercícios melódicos propriamente ditos e às peças de repertório, sugeridas no capítulo XXX.

Aos poucos, cada um organizará seus estudos de acordo com as dificuldades ou com os progressos obtidos.

Capítulo X
ORGANIZACIÓN DE LOS ESTUDIOS (Como estudiar)

Los temas tratados en este método incluyen prácticamente todos los recursos que la flauta puede ofrecer.

Aconsejamos al principiante, especialmente a los que no tienen profesor, practicar las primeras lecciones frente a un espejo, observando la perfecta posición del cuerpo, de los brazos y de las manos, tomando cuidado para que la respiración sea lo más natural posible.

De modo general, es importante practicar por lo menos dos horas y media por día.

La primera media hora deberá ser dedicada a los ejercicios respiratorios y a la práctica de las notas tenidas, conforme los capítulos IV y X.

Los ejercicios diarios, que comprenden las escalas, arpegios, etc., exigirán por los menos una hora de trabajo para que se pueda observar atentamente la igualdad del sonido y principalmente, la afinación de los intervalos.

Recomendamos dar una atención especial a las escalas con intervalos diversos, sobre todo a las de terceras y cuartas.

Una pausa de media hora será recomendable, no sólo para descansar los músculos de la boca, brazos y manos, como también todo el aparato respiratorio.

Habiendo tiempo disponible después de ese pequeño intervalo, recomenzar los estudios dedicando la hora restante a los ejercicios melódicos propiamente dichos y a las piezas de repertorio, sugeridas en el capítulo XXX.

Poco a poco, cada uno organizará sus estudios según las dificultades o los progresos obtenidos.

Chapitre X
ORGANISATION DU TRAVAIL

Les sujets traités dans cette méthode comprennent pratiquement toutes les possibilités que la flûte peut offrir.

Aux débutants, en particulier à ceux qui n'ont pas de professeur, nous conseillons de pratiquer les premières leçons devant une glace, en faisant attention à la bonne tenue du corps, des bras et des mains et en ayant soin que la respiration soit la plus naturelle possible.

D'une manière générale on doit pratiquer au minimum deux heures et demie par jour.

La première demi-heure devra être consacrée aux exercices respiratoires et à la pratique de sons filés d'après les chapitres IV et X.

Les exercices journaliers qui comprennent les gammes, les arpèges, etc., exigeront au minimum une heure de travail pour que l'on puisse observer attentivement l'égalité du son et principalement la justesse des intervalles.

Nous recommandons d'accorder une attention toute spéciale aux gammes avec des intervalles divers surtout à celles de tierces et de quartes.

Une pause d'une demi-heure est recommandée, non seulement pour reposer les muscles de la bouche, des bras, et des mains, mais aussi de tout l'appareil respiratoire.

Ayant du temps disponible après ce petit arrêt, recommencer les études en consacrant l'heure suivante aux exercices mélodiques proprement dits et aux morceaux du répertoire, suggérés dans le chapitre XXX.

Peu à peu, chacun organisera son travail selon les difficultés ou les progrès obtenus.

Chapter X
STUDY PLAN (HOW TO STUDY)

In this method we try to show practically all the possibilities the flute has to offer.

We recommend that the beginner, especially if he has no teacher, should practise the first few lessons in front of a mirror checking that the position of his body, arms and hands is correct and his breathing as natural as possible.

In general, he should practise at least two and a half hours daily.

The first half hour should be used for breathing exercises and practising long notes (see chapters IV & X).

Daily exercises, consisting of scales, arpeggios etc., need at least an hour's work to pay attention to eveness of tone and especially the tuning of intervals.

One should pay special attention to scales with different intervals especially thirds and fourths.

After this there should be a half hour's rest, not only for the muscles of the mouth, arms and hands, but for the breathing apparatus as a whole.

If there is still time available after this short pause, another hour should be dedicated to melodic exercises as such and pieces from the repertoire listed in Chapter XXX.

With time, each student will arrange a plan of study depending on the difficulties he encounters or the progress he makes.

Capítulo XI
PRIMEIRAS LIÇÕES
EXERCÍCIOS RESPIRATÓRIOS COM O INSTRUMENTO — 31 PEQUENOS ESTUDOS
SONS SUSTENTADOS

Uma vez entendido o mecanismo da produção do som, o aluno deverá iniciar o aprendizado das notas de emissão mais fácil, quais sejam as compreendidas entre as duas primeiras oitavas.

No princípio deverá respirar a cada compasso, aumentando progressivamente o número de notas tocadas numa mesma respiração.

Durante esse aprendizado, o aluno deverá prestar muita atenção à posição geral do corpo, em particular às mãos, evitando levantar exageradamente os dedos. Estes deverão estar o mais próximo possível das chaves, como se fossem um prolongamento destas, o que facilitará, mais tarde, a execução das passagens rápidas.

Aconselhamos a praticar as escalas de memória e diante de um espelho. Tal procedimento facilitará a correção de possíveis defeitos, não só quanto à posição dos dedos, mas de todo o corpo.

Evitar-se-ão os movimentos exagerados da cabeça, dos braços e das pernas, principalmente pelo mal-estar que transmitem ao espectador.

Uma postura elegante dará impressão mais favorável da técnica do executante e da obra executada.

EXERCÍCIOS RESPIRATÓRIOS COM O INSTRUMENTO (preparatórios para o controle dos sons sustentados).

a) De pé, apoiar os calcanhares e os ombros contra uma parede.

b) Segurar a flauta na posição de tocar e respirar profundamente impulsionando o diafragma para baixo.

c) Servindo-se de uma escala, praticar o exercício seguinte tendo o cuidado de atacar ligeiramente cada nota.(O si 3 — escrito na terceira linha — é uma excelente nota para iniciar èste exercício).

d) Manter o diafragma contraído e "empurrar o ar para fora" num crescendo gradativo de intensidade, procurando obter o som mais puro possível.

e) Retomar a inspiração, repetindo a nota anteriormente obtida e mudando-a para a nota seguinte em legato.

Capítulo XI
PRIMERAS LECCIONES — EJERCICIOS RESPIRATORIOS CON EL INSTRUMENTO
31 PEQUEÑOS ESTUDIOS — NOTAS TENIDAS

Una vez entendido el mecanismo de la producción del sonido, el alumno deberá iniciar el aprendizaje de las notas de emisión más fácil, como por ejemplo las comprendidas entre las dos primeras octavas.

Al principio deberá respirar a cada compás, aumentando progresivamente el número de notas tocadas en una misma respiración.

Durante ese aprendizaje, el alumno deberá prestar mucha atención a la posición general del cuerpo, en especial a las manos, evitando levantar exageradamente los dedos. Estos deberán estar lo más próximo posible de las llaves, como si fuesen una prolongación de ellas, lo que facilitará, más tarde, la ejecución de los pasajes rápidos.

Aconsejamos practicar las escalas de memoria y delante de un espejo. Tal procedimiento facilitará la corrección de posibles defectos, no sólo en cuanto a la posición de los dedos, sino también de todo el cuerpo.

Se deberán evitar los movimientos exagerados de la cabeza, de los brazos y de las piernas, principalmente por el malestar que transmiten al espectador.

Una postura elegante aumentará el valor del ejecutante y de la obra ejecutada.

***EJERCICIOS RESPIRATORIOS CON EL INSTRUMENTO** (preparatorios para el control de las notas tenidas)*

A) De pie, apoyar los talones y los hombros contra una pared.

B) Sostener la flauta en la posición de tocar y respirar profundamente impulsando el diafragma para abajo.

C) Serviéndose de una escala, practicar el ejercicio siguiente, teniendo cuidado de "atacar" levemente cada nota. (El si 3 — escrito en la tercera línea — es una excelente nota para iniciar este ejercicio).

D) Mantener el diafragma contraído y empujar el aire para afuera, en un "crescendo" gradual de intensidad, tratando de obtener un sonido lo más puro posible.

E) Retomar la inspiración repitiendo la nota anteriormente obtenida y mudándola para la nota siguiente en "legato".

Chapter XI
FIRST LESSONS — BREATHING EXERCISES WITH THE INSTRUMENT
31 SHORT STUDIES — LONG NOTES

Once the mechanism of sound-production has been understood, the student should begin learning the notes most easily produced, which are those contained in the first two octaves.

In the beginning he should breathe at every bar and then gradually increase the number of notes played in one breath.

While learning this the student should be careful that his posture is correct especially the position of his hands to avoid lifting his fingers too high. They should be kept as near to the keys as possible as though they were a part of them as this considerably eases the execution of fast passages later on.

You should practise scales by heart, in front of a mirror. In this way you can easily correct any errors, not only as regards the fingers position but also that of the body as a whole.

You should avoid exaggerated movements of the head, arms and legs, if only out of considerations for the spectator.

An elegant position gives an impression of greater technical dominion on the part of the performer and does more justice to the work performed.

BREATHING EXERCISES WITH THE INSTRUMENT (in preparation for the control of long notes)

a) Standing, put your heels and shoulders against the wall.

b) Holding the flute in the playing position, breathe deeply lowering the diaphragm.

c) Using a scale, practise the following exercise carefully beginning each note with a light attack. (B 3 — i.e. on the 3rd line of the stave — is a very good note for starting this exercise).

c) Keep on contracting the diaphragm and "push the air out" gradually increasing the intensity, always aiming for the purest sound.

e) Take another breath, repeating the same note then changing "legato" to the next note.

31 PEQUENOS ESTUDOS

Respirar inicialmente a cada compasso, aumentando gradativamente o número de compassos em cada respiração.

31 PETITES ÉTUDES

D'abord respirer à chaque mesure, en augmentant graduellement le nombre de mesures à chaque respiration.

31 PEQUEÑOS ESTUDIOS

Respirar inicialmente en cada compás, aumentando progresivamente el número de compases en cada respiración.

31 SHORT STUDIES

To start with, breathe after every bar, gradually increasing the number of bars to each breath.

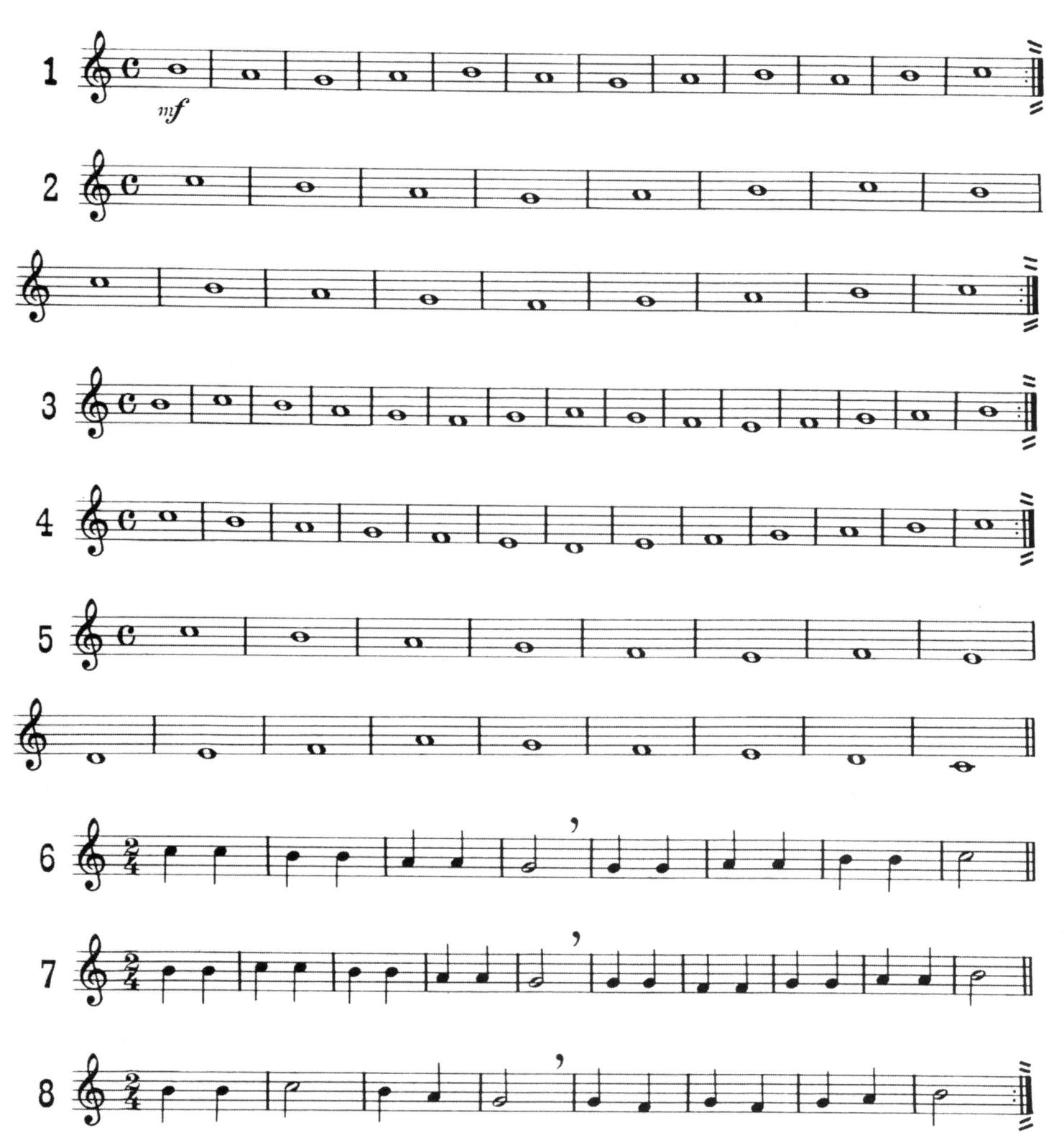

9

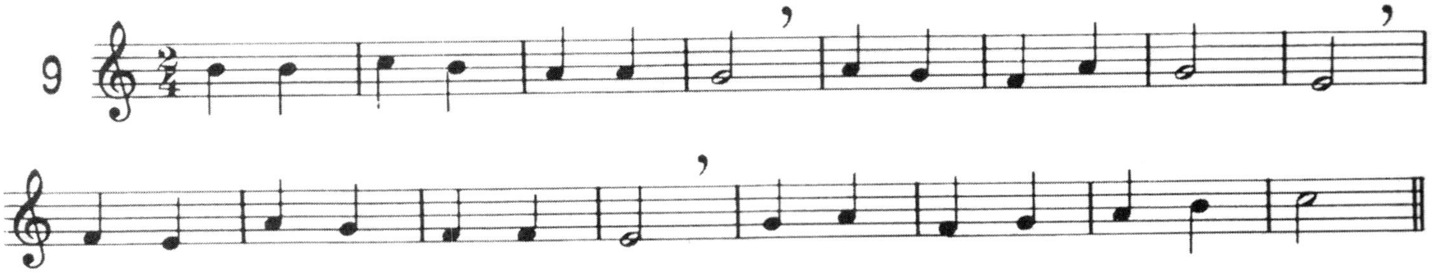

10

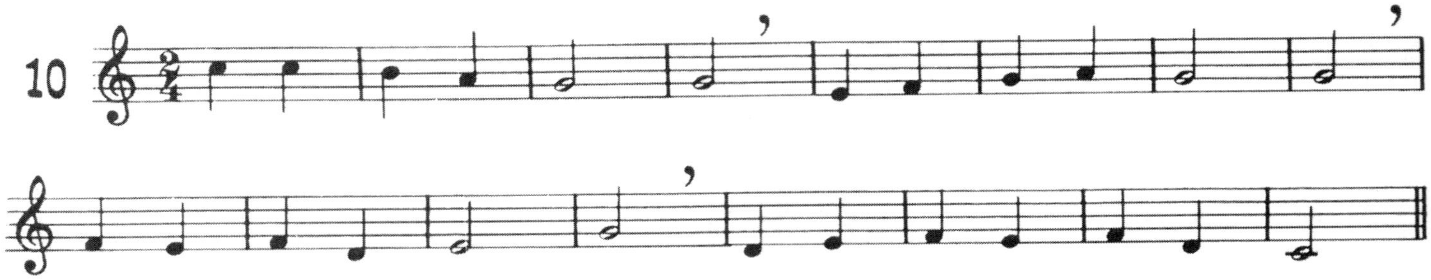

11

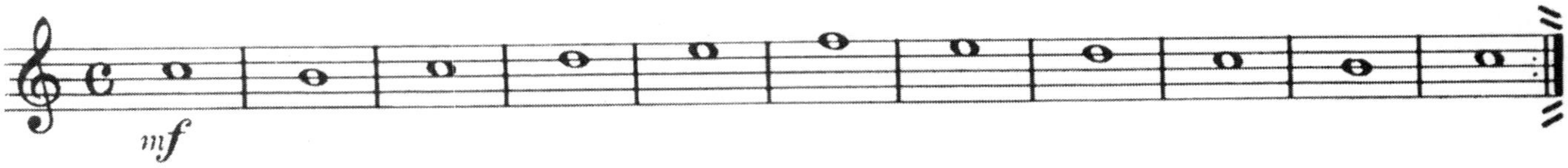

12

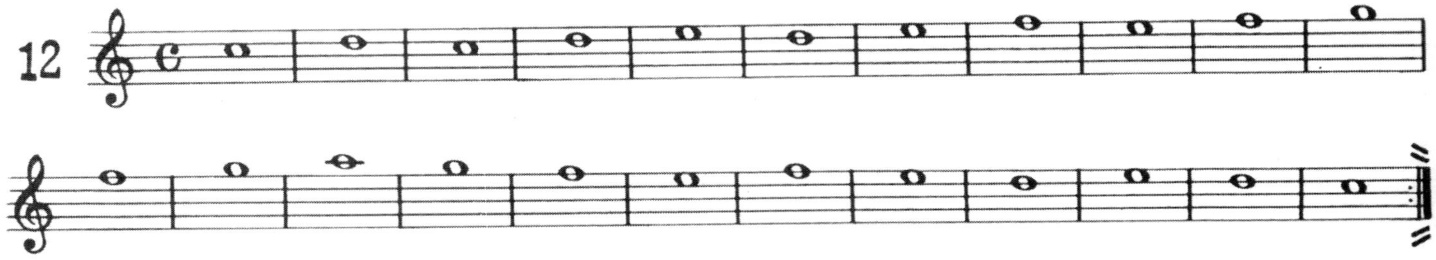

13

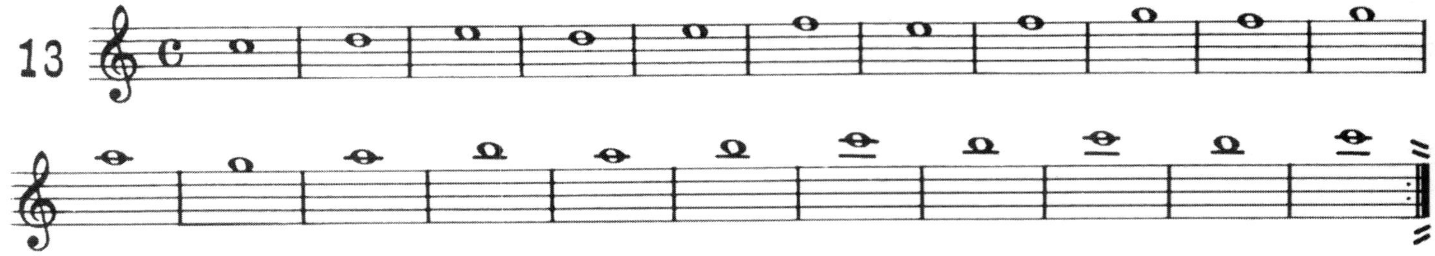

14

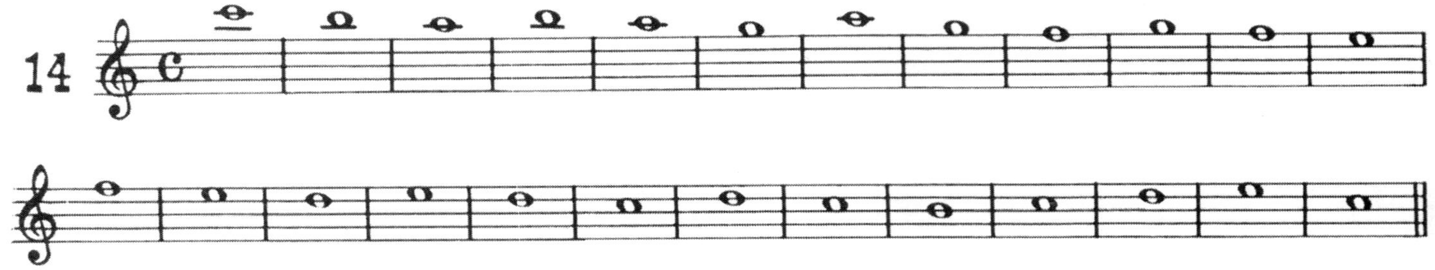

GUERRA-PEIXE

20

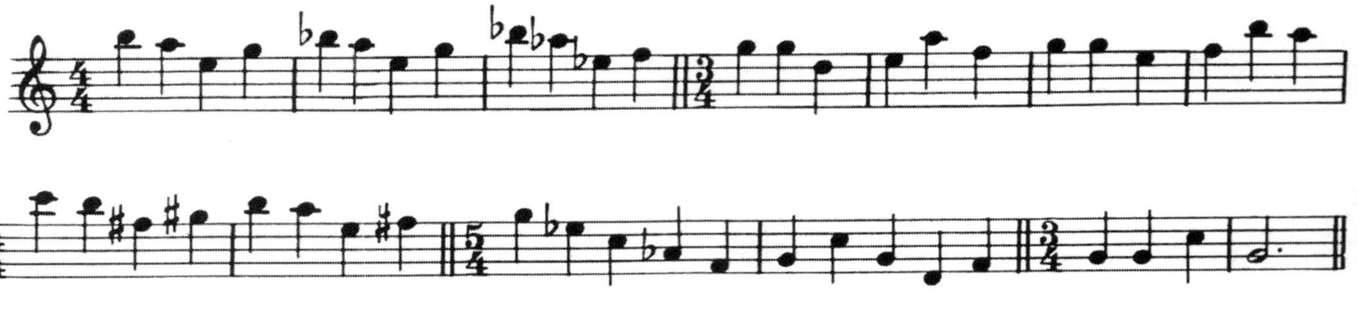

21

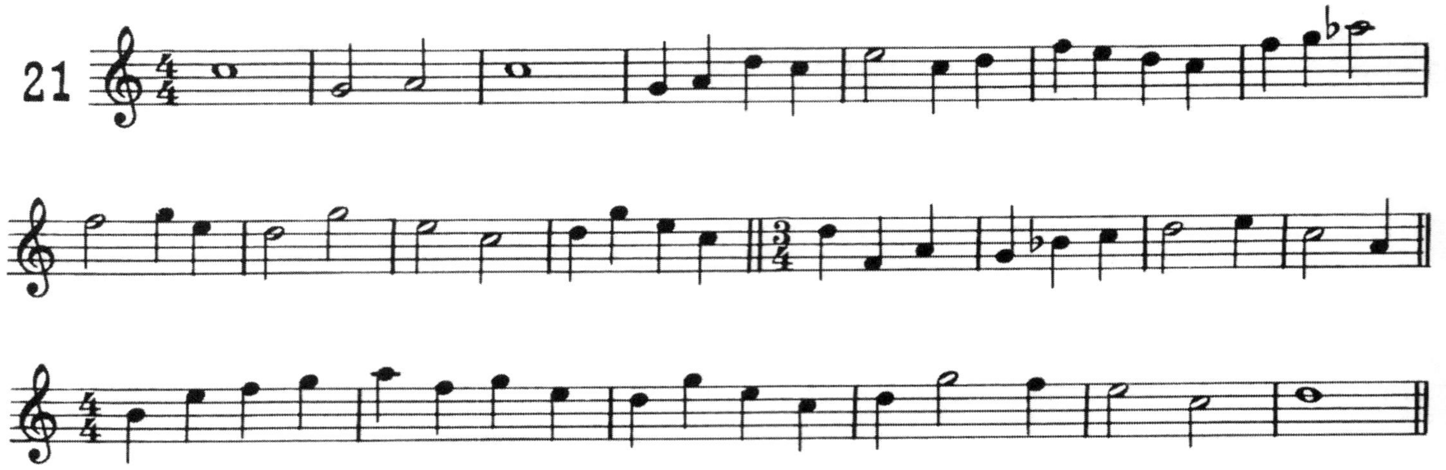

22

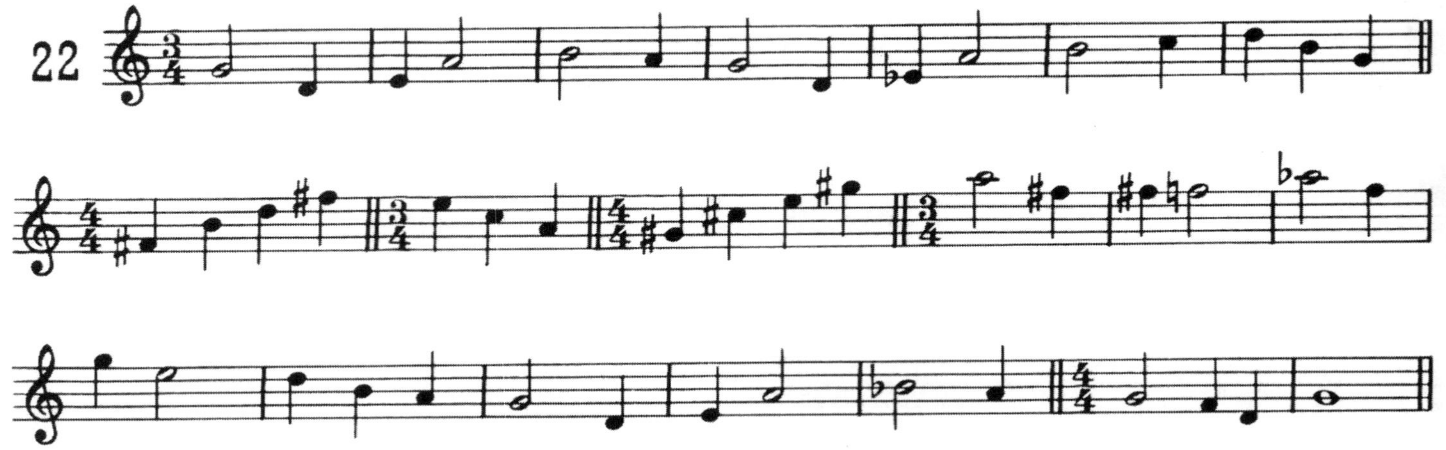

23

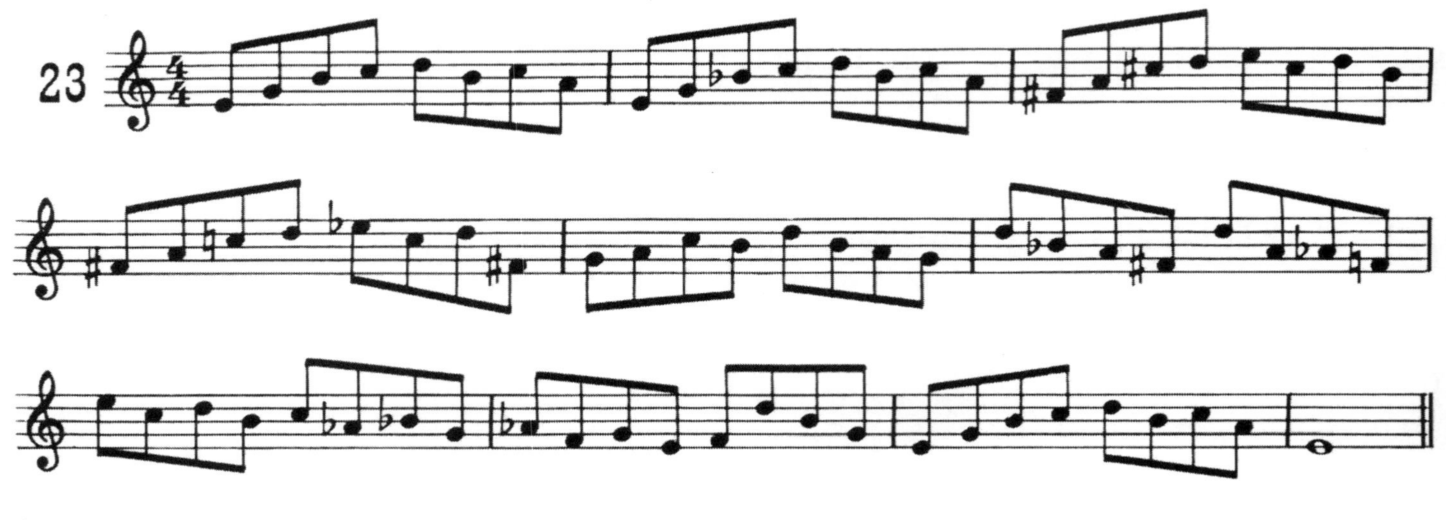

24

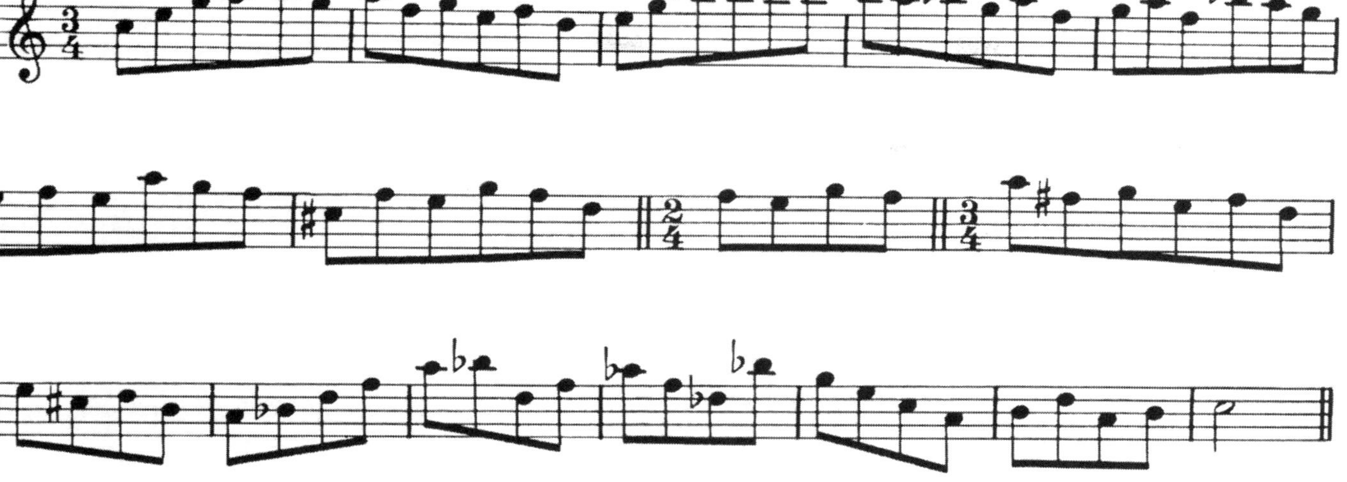

25

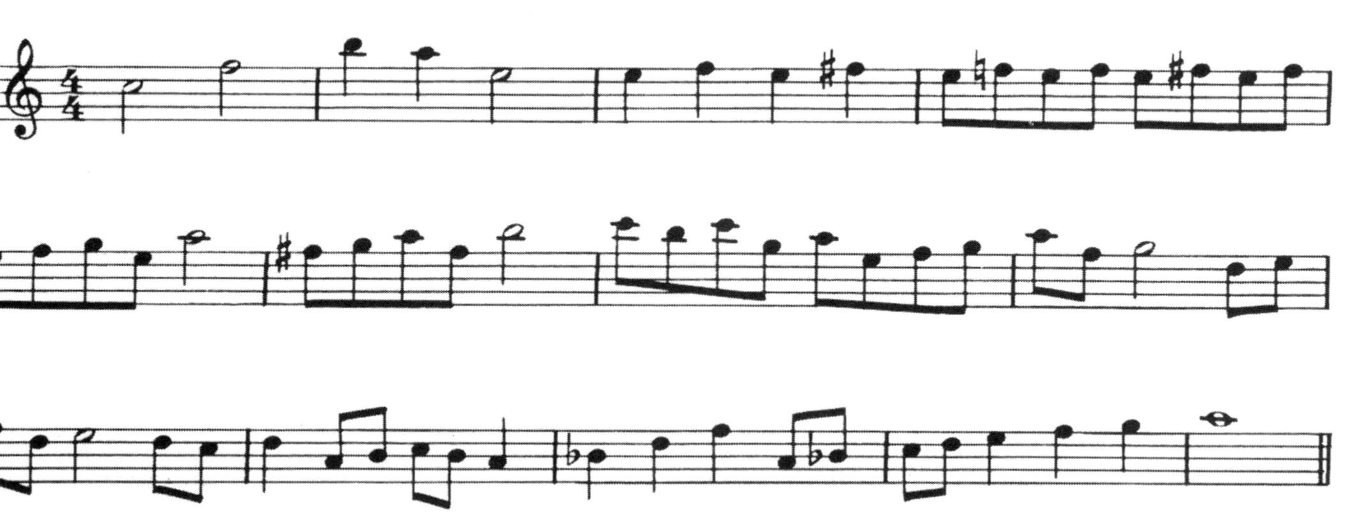

26

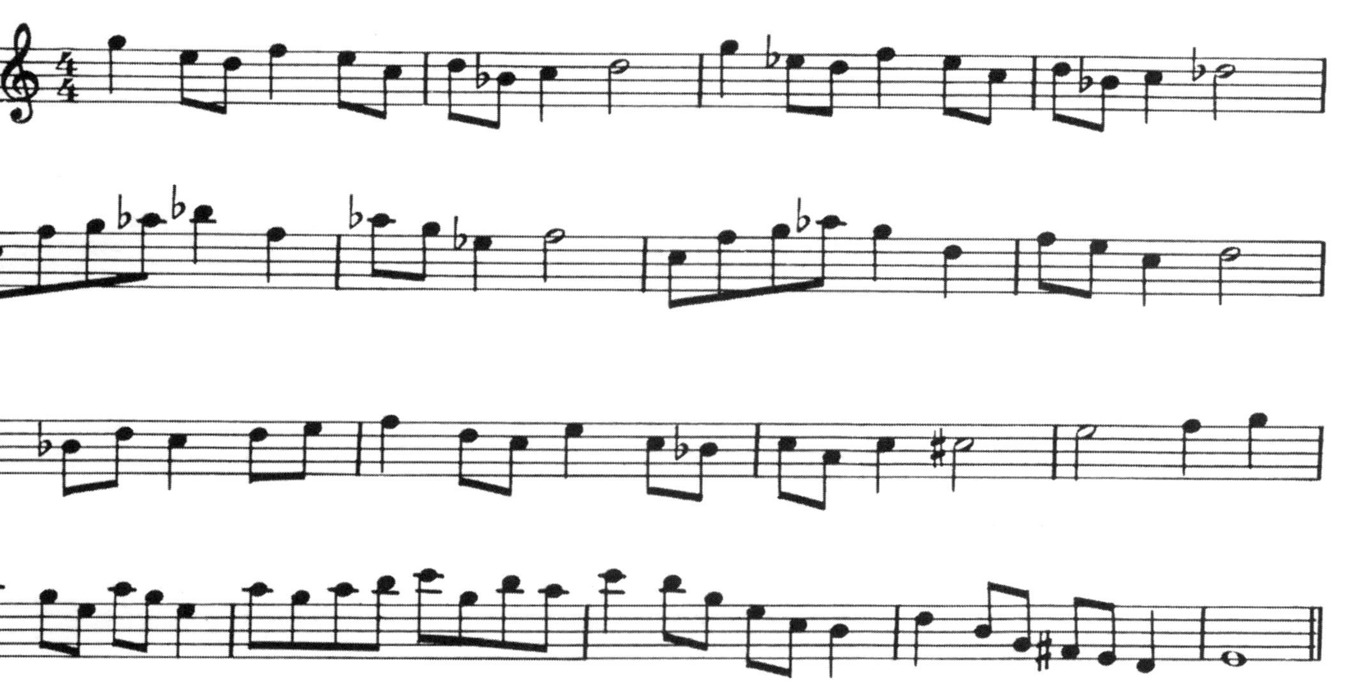

27

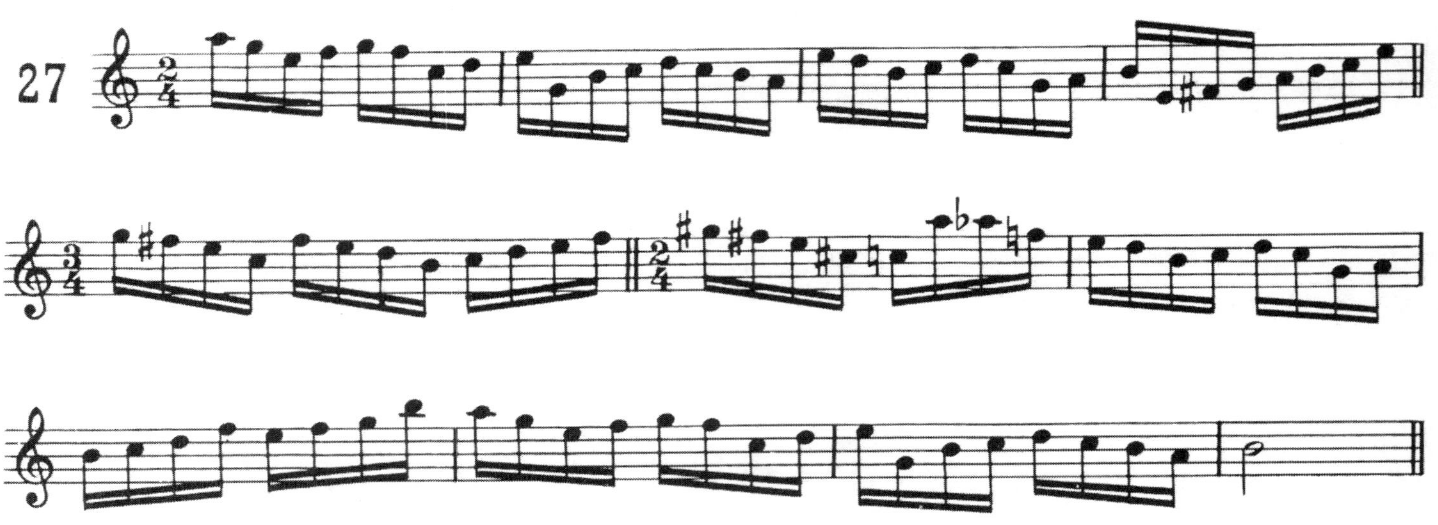

28

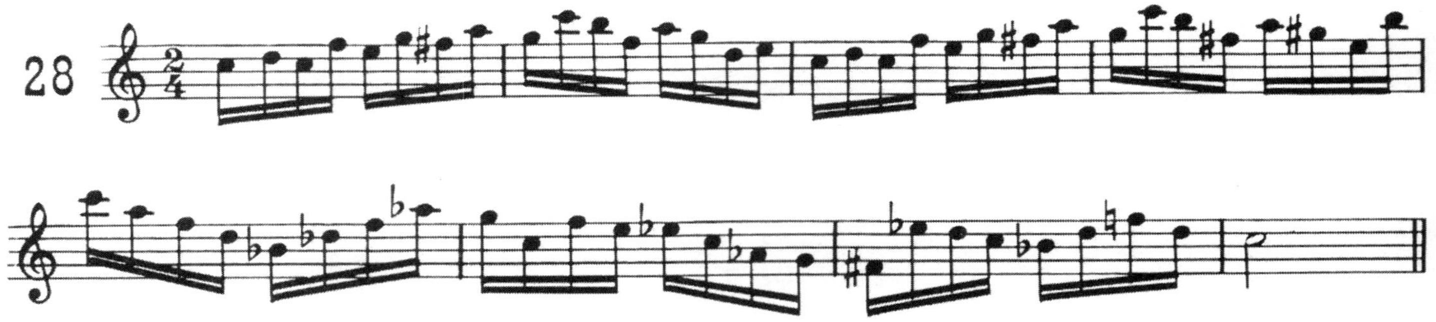

29

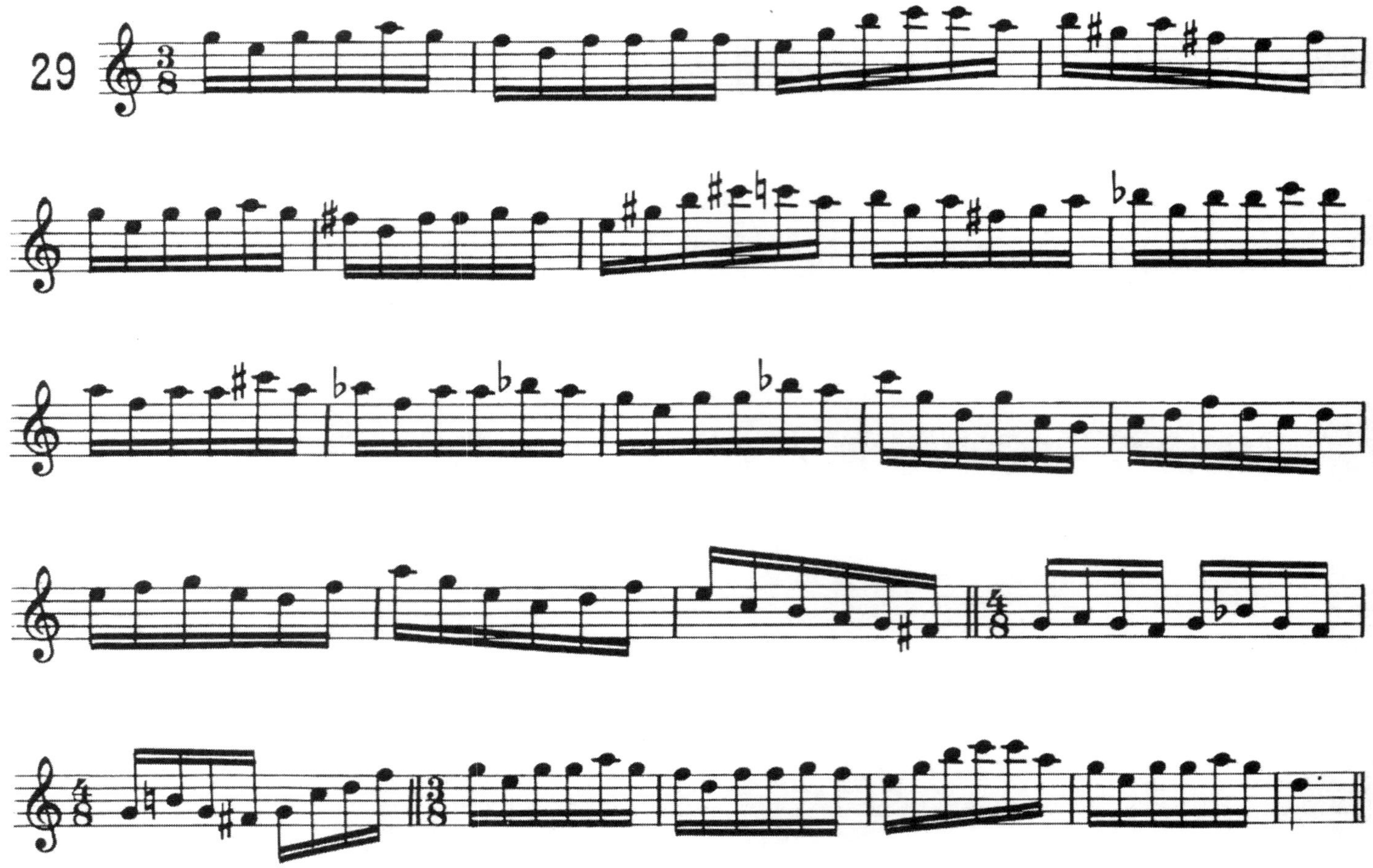

30

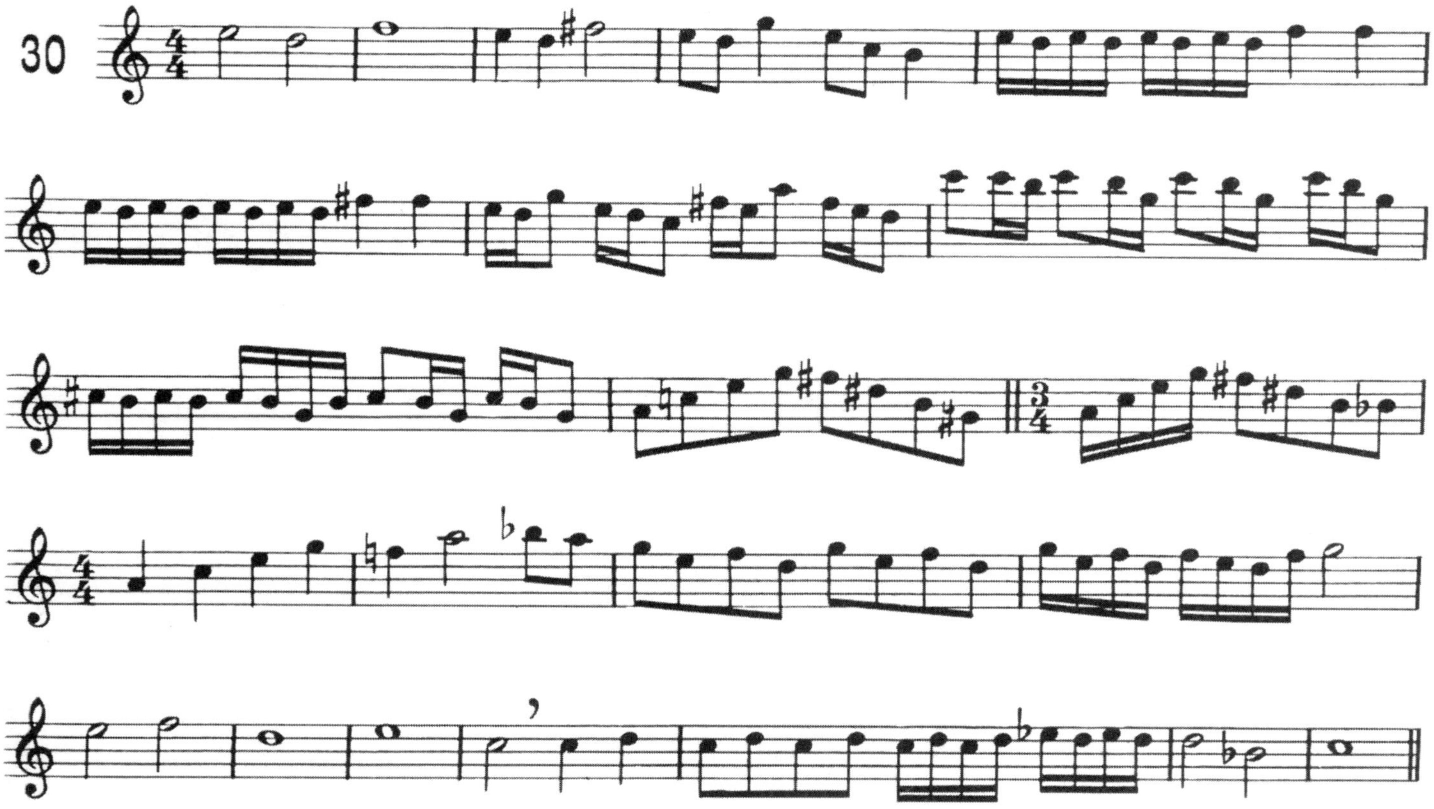

31

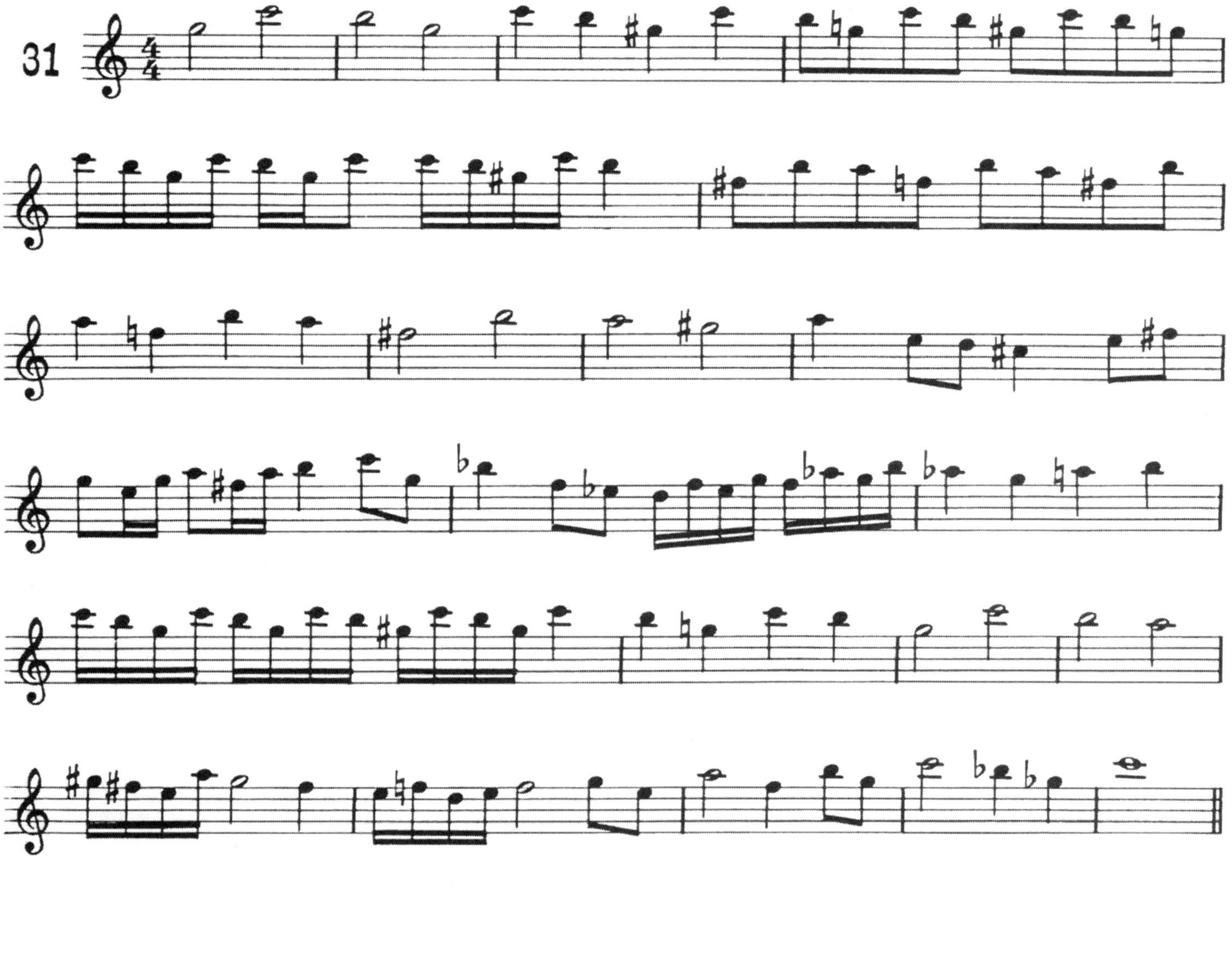

SONS SUSTENTADOS

Os primeiros exercícios para sustentar os sons deverão ser feitos atacando-se as notas na dinâmica forte e diminuindo até o pianíssimo, passando pelo mezzo-forte e piano. Na transição do forte para o piano, deve-se avançar o maxilar e ao mesmo tempo girar lentamente o bocal para fora, a fim de compensar a queda da afinação.

Numa segunda etapa, a dinâmica deverá ser inversa, isto é, começando pelo pianíssimo até atingir o fortíssimo e decrescendo novamente até voltar ao pianíssimo. Neste caso, pela mesma razão anterior, deve-se girar ligeiramente o bocal para dentro na transição do piano para o forte.

NOTAS TENIDAS

Los primeros ejercicios para sostener las notas deberán ser realizados "atacándolas" en "pianissimo", pasando por el "mezzo forte" y el "piano". En la transición del "forte" para el "piano", débese avanzar el maxilar y al mismo tiempo girar lentamente la embocadura para afuera, con el fin de compensar la caída de la afinación.

En una segunda etapa, la dinámica deberá ser inversa, es decir, comenzando por el "pianissimo" hasta llegar al "fortissimo" y decreciendo nuevamente hasta volver al "pianissimo". En este caso, por la misma razón anterior, se debe girar levemente la embocadura para dentro en la transición del "piano" para el "forte".

SONS FILÉS

Les premiers exercices pour les sons filés devront être faits en attaquant les notes dans la dynamique "forte", et en les diminuant jusqu' au "pianissimo", passant par le "mezzo forte" et le "piano". Dans la transition du "forte" au "piano" on devra avancer la mâchoire en avant et au même temps tourner légèrement l'embouchure vers l'extérieur afin de compenser la chute de la justesse.

Dans une seconde étape, la dynamique devra être inverse, c'est-à-dire, commencer par le "pianissimo" jusqu' à atteindre le fortissimo et faire um decrescendo de nouveau jusqu'au "pianissimo".

Dans ce cas-la par la même raison, on doit tourner légèrement l'embouchure vers l'intérieur dans la transition du "piano au forte".

LONG NOTES

For the first "long note" exercises you should begin the note forte and make a diminuendo to pianissimo, passing through mezzo-forte and piano. As you go from forte to piano, the chin should be brought forward and the mouth-hole turned out slowly to compensate for the drop in pitch.

For the next stage, the process should be reversed, beginning pianissimo up to fortissimo and diminuendo-ing down again to pianissimo. Here too, for the same reason, you should turn the mouth-hole inwards slightly when going from piano to forte.

A fim de sentir melhor o funcionamento do diafragma, aconselhamos o seguinte exercício:	*Para sentir mejor el funcionamento del diafragma, aconsejamos el siguiente ejercicio:*	*Afin de sentir mieux le fonctionnement du diaphragme, nous conseillons l'exercice qui suit:*	*To feel the working of the diaphragm better, we suggest the following*
Procurar exagerar o crescendo a ponto de elevar o diapasão da nota.	*Tratar de exagerar el "crescendo" al punto de elevar el diapasón de la nota.*	*Chercher à exagérer le crescendo jusqu'à élever le diapason de la note.*	*Try to exaggerate the crescendo until the pitch of the note rises.*

$pp \longrightarrow fff \quad pp \longrightarrow fff \quad pp \longrightarrow fff$ etc.

SONS SUSTENTADOS

NOTAS TENIDAS SONS FILÉS LONG NOTES

Capítulo XII
LEGATO

Como vimos no capítulo V (Embocadura), o som deve ter início com um ligeiro ataque, provocado pela retirada da ponta da língua do orifício formado pela posição do sorriso forçado. Este ataque feito com a sílaba "te" é utilizado na emissão das notas repetidas ou que não sejam ligadas. O legato, ao contrário, consiste em tocar várias notas sem ataques, com exceção da nota inicial.

Sabemos que cada nota exige uma determinada posição dos lábios para sua emissão, daí a dificuldade em conseguir-se a uniformidade na execução das notas em legato. No entanto, os exercícios de intervalos de terças, quartas, quintas, sextas, sétimas e oitavas fornecerão os meios para se conseguir tal uniformidade.

Por essa razão recomendamos inicialmente tocar os exercícios das duas maneiras: legato e non legato.

Capítulo XII
LEGATO

Como vimos en el capítulo V (Embocadura) el sonido debe iniciarse con un ligero ataque, provocado por la retirada de la punta de la lengua del orificio formado por la posición de la "sonrisa forzada". Este ataque, hecho con la sílaba "te", conocido como simples golpe de lengua, es utilizado para la emisión de las notas repetidas o que no sean ligadas. El legato, al contrario, consiste en tocar varias notas sin ataques, exceptuando la nota inicial.

Sabemos que cada nota exige una determinada posición de los labios para su emisión, por eso la dificultad de conseguir uniformidad en la ejecución de las notas en legato. Sin embargo, con los ejercicios de intervalos de terceras, cuartas, quintas, sextas, séptimas y octavas se obtendrán los medios para conseguir tal uniformidad.

Por esa razón recomendamos, inicialmente, tocar todos los ejercicios de las dos maneras: "legato" y "non legato".

Chapitre XII
DU LEGATO

Comme nous avons déjà vu au chapitre V (De l'embouchure) le son doit commencer avec une légère attaque provoquée par le retrait du bout de la langue de l'orifice formé par la position de "sourire forcé". Cette attaque, faite avec la sylabe "te" est employée dans l'émission des notes répétées ou que ne soient pas liées. Le legato, au contraire, consiste à émettre plusieurs notes suivies, sans attaques, excepté la première.

Nous savons que chaque note requiert une position déterminée des lèvres pour son émission, de là la difficulté d'arriver à une uniformité dans l'exécution des notes en legato. Les exercices d'intervalles des tierces, quartes, quintes, sixtes, septièmes et octaves, pourtant, donneront les moyens pour atteindre une telle uniformité.

C'est pour cette raison que nous recommandons que tous les exercises du début soient joués des deux manières,"legato" et"non legato".

Chapter XII
LEGATO

As we saw in Chapter V (Embouchure) the sound be begun with a light attack caused by the withdrawal of the tip of the tongue from the hole formed by the "forced-smile" position. This attack is made with a "T" sound and is used for notes which are repeated or not slurred. For legato, on the other hand, several notes are played without this attack, except for the first note.

As we know, each note has its own position of the lips, which makes evenness of execution more difficult in legato. For this reason, the exercises in intervals of thirds, fourths, fifths, sixths, sevenths and octaves give the means to obtain this evenness.

We therefore recommend in the beginning, the practice of the exercises in two ways: "legato" and "non-legato".

Capítulo XIII   Capítulo XIII   Chapitre XIII   Chapter XIII

MECANISMO

Para se conseguir um mecanismo perfeito, além da embocadura correta, é necessário manter um equilíbrio total entre os braços, as mãos e o maxilar. (Ver capítulo VI).

Chamamos a atenção para o dedo mínimo da mão direita, que deverá estar sempre apoiado sobre a chave de Mi♭, exceto quando tiver que tocar o Ré grave e médio.

MECANISMO

Para conseguir un mecanismo perfecto, además de una embocadura correcta, es necesario mantener un equilibrio total entre los brazos, las manos y el maxilar (Ver capítulo VI).

Llamamos la atención para el dedo meñique de la mano derecha, que deberá estar siempre apoyado sobre la llave de Mi♭, excepto cuando se tenga que tocar el Re grave y medio.

DU MÉCANISME

Pour réussir un mécanisme parfait, il faut, sans négliger l'embouchure, maintenir un équilibre parfait entre les bras, les mains et la mâchoire. (Voir chapitre VI).

Faire attention au petit doigt de la main droite, lequel devra être toujours appuyé sur la clef de Mi♭, excepté au moment de jouer le Ré grave et médium.

MECHANISM

For correct mechanism, apart from a correct embouchure, one should maintain a good equilibrium between arms, hands and jaw. (See chapter VI).

Pay attention to the little finger of the right hand which must always be pressing the E flat key, except when playing D in the first two octaves.

No caso do Mi♭ médio, o dedo indicador da mão esquerda deverá estar sempre levantado.

En el caso del Mi♭ medio, el dedo índice de la mano izquierda deberá estar siempre levantado.

Pour le Mi♭ médium, l'index de la main gauche devra être toujours levé.

For the middle E flat, the first finger of the left hand should always be lifted.

Nos tons em que apareça o Si♭, aconselhamos empregar as duas posições conhecidas: com o polegar da mão esquerda e com o indicador da mão direita.

Utilizar, de preferência, as posições reais como o Fá♯ grave, médio e agudo (4.º dedo da mão direita) e evitar sobretudo as posições de harmônicos na região aguda, principalmente o Mi, o Fá e o Sol, cuja falta de clareza se evidencia sobremaneira nas passagens lentas.

En los tonos en que aparezca el Si♭, aconsejamos emplear las dos posiciones conocidas: con el pulgar de la mano izquierda y con el índice de la mano derecha.

Utilizar preferencialmente las posiciones reales como el Fa grave, medio y agudo (cuarto dedo de la mano derecha) y evitar sobre todo las posiciones de armónicos en la región aguda, principalmente el Mi, el Fa y el Sol cuya falta de claridad es evidente, sobre todo en los pasajes lentos.

Dans les tons où apparaît le Si♭, nous conseillons d'employer les deux positions connues: avec le pouce de la main gauche et avec l'index de la main droite.

Employer, de préférence, les positions correctes comme le Fa♯ grave, médium et aigu (l'annulaire de la main droite) et éviter surtout les positions des sons harmoniques dans la région aiguë, principalement le Mi, le Fa et le Sol dont le manque de clarté est évident dans les passages lents.

For tonalities with a B flat you should use the two known positions; with the thumb of the left hand and the first finger of the right one.

It is best to use the proper positions e.g. for F sharp in the three octaves (4th finger of right hand) and especially avoid harmonic positions for the high octave. E, F and G particularly, whose inferior sound is easily noticeable in slow passages.

Capítulo XIV
10 EXERCÍCIOS MELÓDICOS COM ARTICULAÇÕES DIVERSAS
Aumentar a velocidade progressivamente até atingir o tempo indicado.

Capítulo XIV
10 EJERCICIOS MELÓDICOS CON ARTICULACIONES DIVERSAS
Aumentar la velocidad progresivamente hasta la indicación sugerida.

Chapitre XIV
10 EXERCICES MÉLODIQUES AVEC DES ARTICULATIONS DIFFÉRENTES
Augmenter la vitesse progressivement jusqu'à l'indication suggérée.

Chapter XIV
10 MELODIC EXERCISES WITH DIFFERENT ARTICULATIONS
Gradually increase the speed until the tempo indicated is reached.

GUERRA-PEIXE

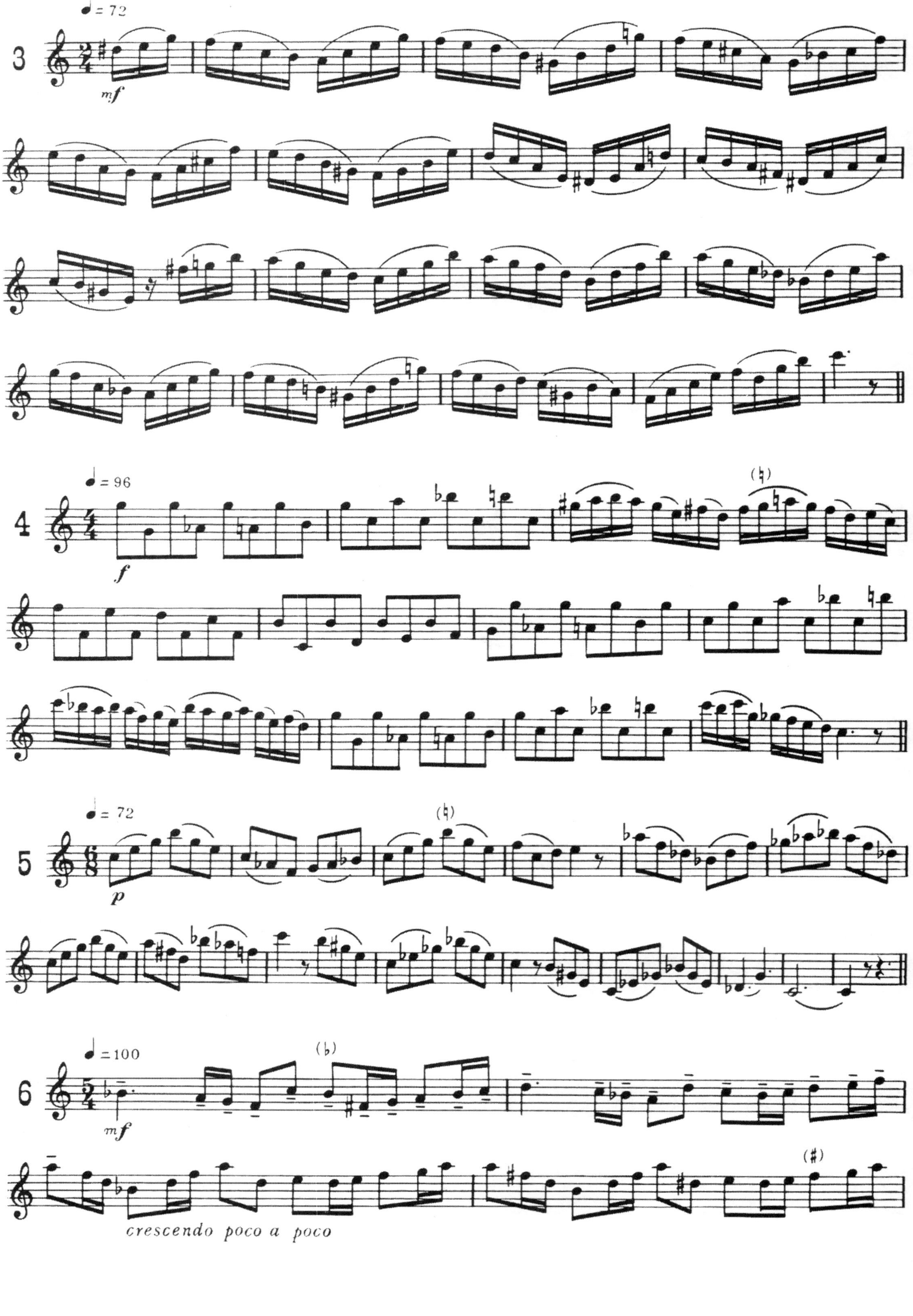
♩= 72
3
mf
♩= 96
4
f
♩= 72
5
p
♩=100
6
mf
crescendo poco a poco

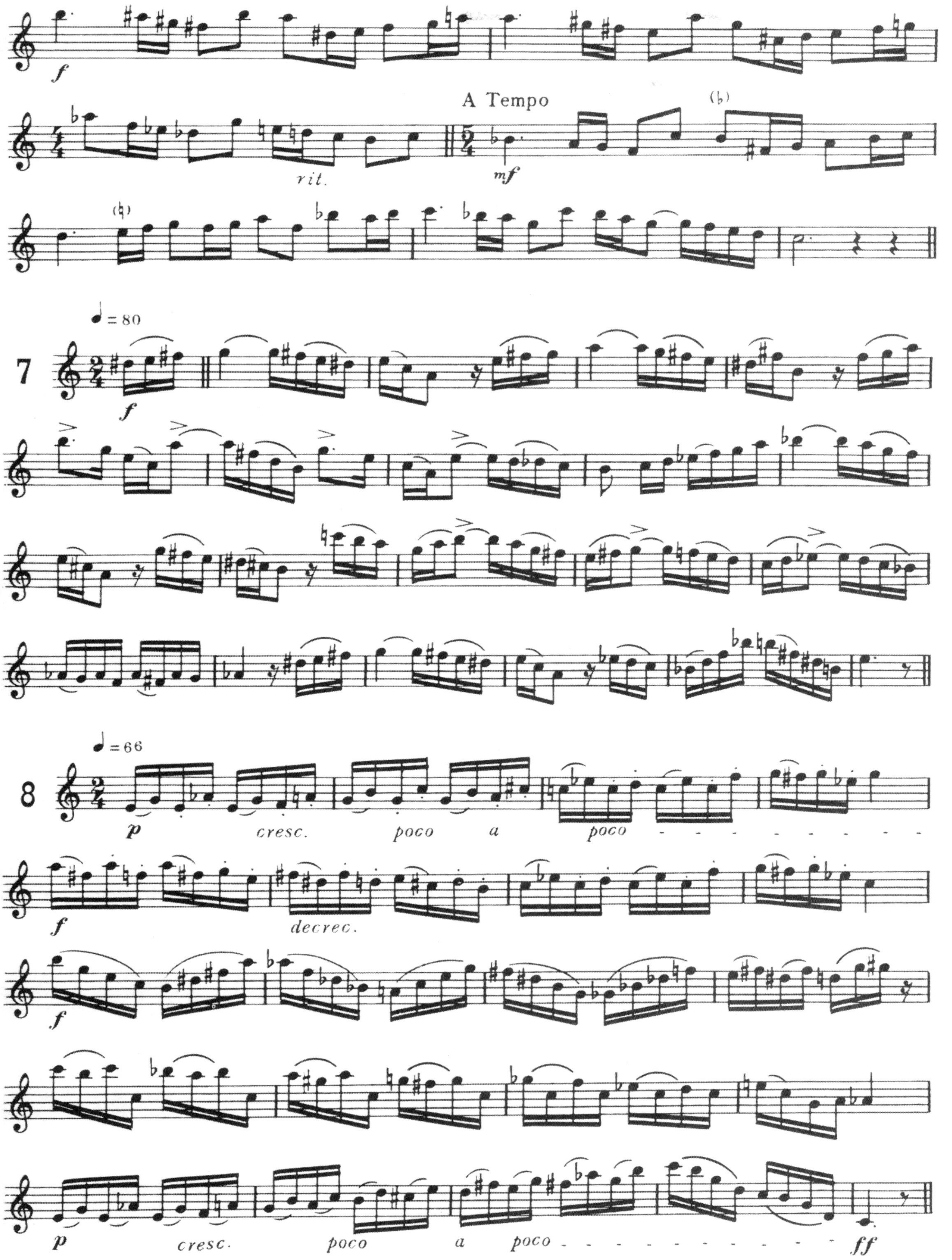
A Tempo
rit.
♩ = 80
7
♩ = 66
8
cresc.
poco
a
poco
decrec.

9

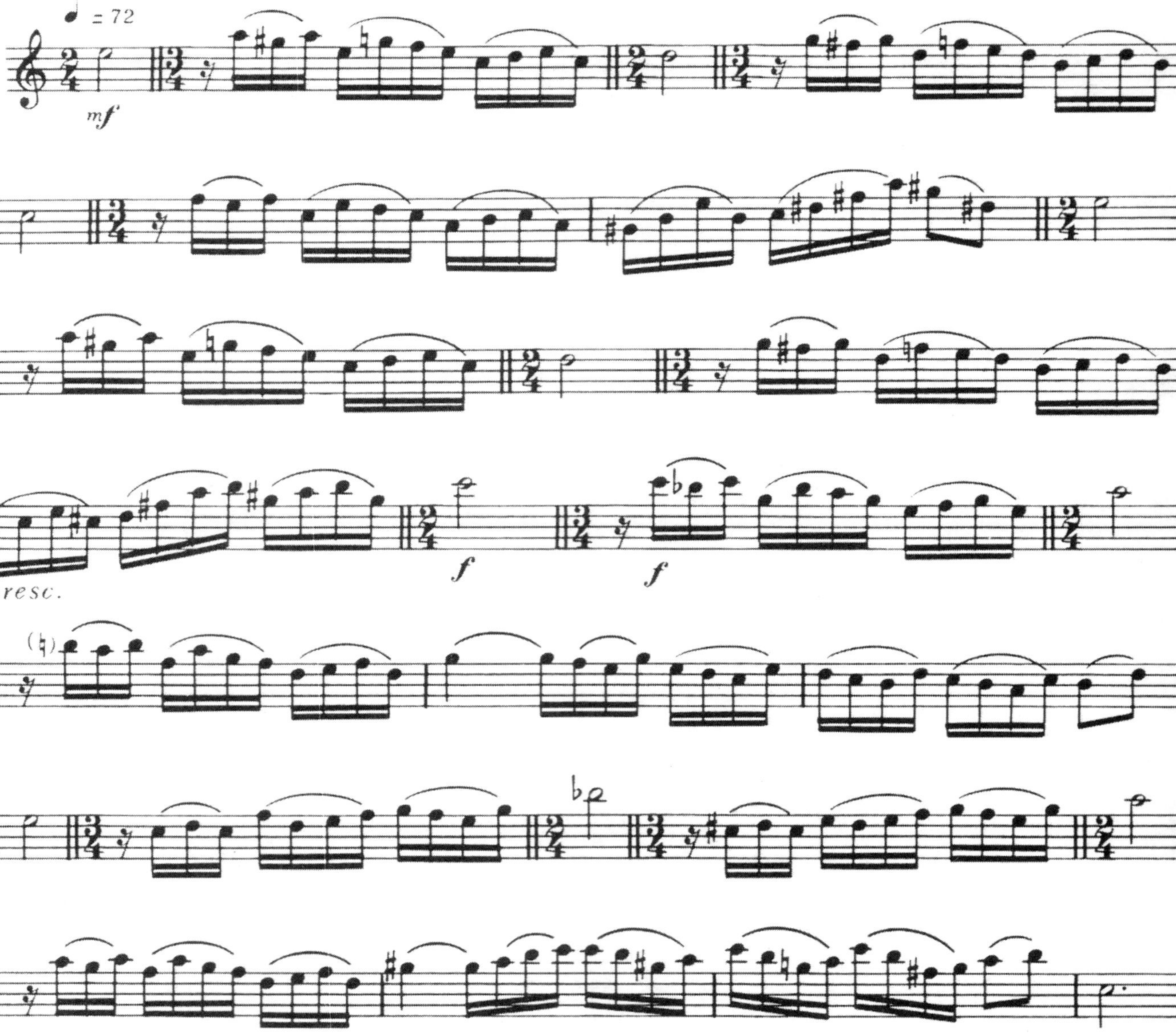

10

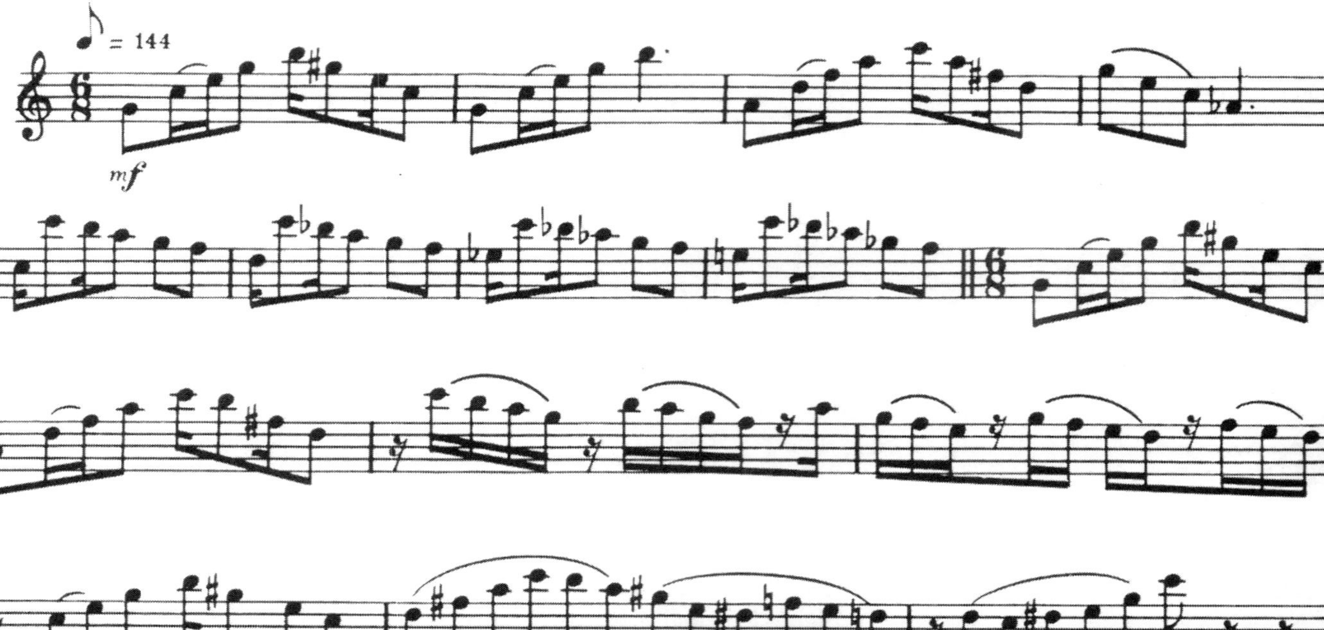

Capítulo XV
TERCEIRA OITAVA — SONS SUSTENTADOS

A terceira oitava é a mais difícil de todas as regiões da flauta porque o dedilhado deixa de ter a mesma seqüência natural, observada nas duas primeiras oitavas. Por essa razão é recomendável, sempre que possível, trabalhar os exercícios nessa região.

Capítulo XV
TERCERA OCTAVA — NOTAS TENIDAS

La tercera octava es la más difícil de todas las regiones de la flauta, porque el dedeo deja de tener la misma secuencia natural, observada en las dos primeras octavas. Por esa razón es recomendable, siempre que sea posible, trabajar los ejercicios en esa región.

Chapitre XV
TROISIÈME OCTAVE — SONS FILÉS

La troisième octave est la plus difficile de toutes les régions de la flûte parce que le doigté n'a plus la même séquence naturelle observée dans les deux premières octaves. Pour cette raison, il est recommandé dans la mesure du possible, de travailler les exercices dans cette région.

Chapter XV
THIRD OCTAVE — LONG NOTES

The third octave is the most difficult on the flute as the fingering no longer follows the natural sequence of the first two octaves. One should always practise the exercises in this region when possible.

2

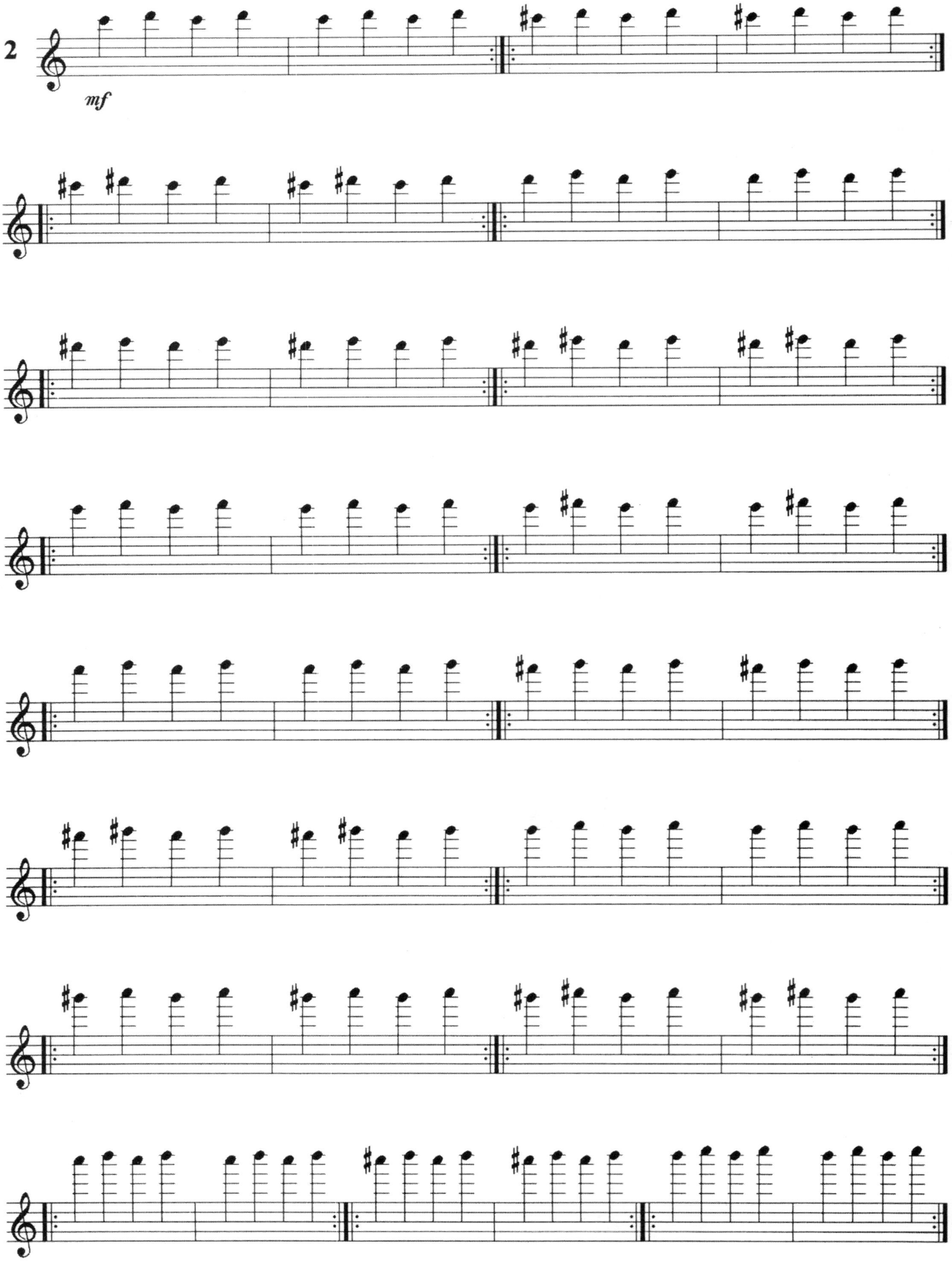

SONS SUSTENTADOS
NOTAS TENIDAS
SONS FILÉS
LONG NOTES

Capítulo XVI
VIBRATO

Há duas maneiras de se produzir o som na flauta: o som liso e o som com ondulações da coluna de ar, conhecido como "vibrato".

De todos os aspectos técnicos da flauta, este é, sem dúvida, o mais discutido, dada a dificuldade de se demonstrar o seu mecanismo.

Após anos de magistério, chegamos à conclusão de que a melhor maneira de produzir o vibrato é, antes de mais nada, pensar que ele deve ser o mais natural possível (sem ondulações simétricas, ou pulsações rítmicas, como afirmam alguns autores) e, sobretudo, saber que é inato, que corresponde ao próprio sopro da vida. É através dele que o executante transmitirá os seus sentimentos e as suas emoções. Uma das maneiras mais práticas de consegui-lo é cantar uma melodia ou fazer um vocalize, com alegria e entusiasmo, como se fosse uma aula de canto. A seguir, reproduzir a melodia na flauta, com o mesmo entusiasmo, prestando atenção para que a postura e a respiração sejam corretas.

Notaremos, então, que as emoções são transmitidas à melodia executada. Este "toque" pessoal é o que chamamos de "vibrato".

Segundo o significado da frase musical, o vibrato pode ser mais ou menos intenso, daí a necessidade de dominá-lo.

É conveniente lembrar que o vibrato é um recurso utilizado para dar vida e calor ao som e um colorido especial às frases musicais. Por isso, é necessário dosar o seu emprego para não cansar o ouvinte e, sobretudo, nunca produzi-lo na garganta, pois causa um efeito extremamente desagradável. Para obter-se um melhor resultado, é fundamental dominar a técnica de respiração diafragmática, já tratada no capítulo V.

Capítulo XVI
VIBRATO

Existen dos maneras de producir el sonido en la flauta: el sonido liso y el sonido con ondulaciones de la columna de aire, conocido como "vibrato".

De todos los aspectos técnicos de la flauta es éste, sin duda, el más discutido dada la dificultad en demostrar su mecanismo.

Después de años de magisterio, llegamos a la conclusión que la mejor manera de producirlo es, antes de todo, pensar que él debe ser lo más natural posible (sin ondulaciones simétricas o pulsaciones rítmicas, como lo afirman algunos autores) y, sobre todo, saber que es innato, que corresponde al propio soplo de la vida. Es a través de él que el ejecutante transmitirá sus sentimientos y sus emociones. Una de las formas más prácticas de conseguirlo es cantar una melodía o hacer una vocalización con alegría y entusiasmo como se fuera una clase de canto. A seguir reproducir la melodía en la flauta con el mismo entusiasmo, prestando atención, que la postura y la respiración estén correctas.

Notaremos, entonces, que las emociones son transmitidas a la melodía ejecutada. Ese "toque" personal es lo que llamamos de "vibrato".

Según el significado de la frase musical, el vibrato puede ser más o menos intenso, de alli la necesidad de dominarlo.

Es conveniente recordar que el vibrato es un recurso utilizado para dar vida y calor al sonido, y un colorido especial a las frases musicales. Por eso, es necesario dosificar su empleo para no cansar al oyente, y sobre todo, nunca producirlo en la garganta, pues causa un efecto extremadamente desagradable. Para obtener un mejor resultado, es fundamental dominar la técnica de la respiración diafragmática, ya tratada en el capítulo V.

Chapitre XVI
DU VIBRATO

Il y a deux façons de produire le son dans la flûte: le son "droit", sans vibrations, et le son avec des ondulations de la colonne d'air, connu comme "vibrato".

De tous les aspects techniques de la flûte, celui-ci est sans doute le plus discuté, étant donné la difficulté à démontrer son mécanisme.

Après des années de professorat, nous sommes arrivés à la conclusion que la meilleure manière de le produire est, avant tout, de penser qu'il doit être le plus naturel possible (sans ondulations symétriques ou pulsations rythmiques, comme l'affirment certains auteurs) et de savoir que le vibrato est inné, qu'il correspond au souffle même de la vie. C'est à travers celui-là que l'exécutant transmettra ses sentiments et ses émotions. Une des manières les plus faciles de le faire, c'est de chanter une mélodie ou de faire une vocalisation avec joie et enthousiasme, comme si c'était une leçon de chant. Ensuite reproduire la mélodie dans la flûte avec le même enthousiasme en faisant attention pour que la tenue et la respiration soient correctes.

Alors, nous observons que ces émotions ont été transmises à la mélodie exécutée. Cette "touche" personnelle, c'est ce que nous appelons "vibrato". Selon la signification de la phrase, le vibrato pourra être plus ou moins intense.

Il est bon de rappeler que le vibrato est un recours utilisé pour donner vie et chaleur au son et une "couleur" toute spéciale aux phrases musicales.

Il est donc indispensable de doser son emploi pour ne pas fatiguer l'auditeur et, surtout, il ne faut jamais le produire dans la gorge, car il provoque un effet extrêmement désagréable. Pour obtenir un meilleur résultat, il est fondamental de dominer la technique de la respiration diaphragmatique, traitée déjà dans le chapitre V.

Chapter XVI
VIBRATO

There are two ways to produce the sound on the flute: straight or with undulations of the air column known as "vibrato".

Of all the aspects of the flute technique, this is certainly the most controversial owing to the difficulty in demonstrating its mechanism.

From years of teaching experience we have come to the conclusion that the best way of making vibrato is to think of it, first and foremost, as being as natural as possible (without symmetric undulations or rhythmic pulsations as some writers suggest) and it should be as much a part of one as is the breath of life. Through vibrato the performer's feelings and emotions are transmitted. One of the most practical ways to achieve a good vibrato is to sing a melody or a vocalize, with joy and enthusiasm, as if it were a singing lesson. Right away, try to reproduce this melody in the flute, with the same enthusiasm, making sure that your posture and breathing are correct.

You will then perceive that the emotions are transmitted to the melody you are playing. This personal "touch" is called "vibrato".

The vibrato will be more or less intense according to the needs of the musical phrase and we must be able to control it to this end. It is as well to remember that vibrato should give life and warmth to the tone and special colour to musical phrases and its use should, therefore, be economical so as not to tire the listener, and never be produced from the throat as this is an extremely unpleasant effect. For the best results it is essential to have mastered the technique of diaphragmatic breathing dealt with in Chapter V.

Capítulo XVII
EXERCÍCIOS PREPARATÓRIOS PARA A EMISSÃO DAS OITAVAS LIGADAS

Os exercícios que se seguem destinam-se a preparar a embocadura para a emissão das oitavas ligadas.
São baseados nos arpejos e devem ser praticados em todos os tons.
Consistem em eliminar-se progressivamente a terça e a quinta do arpejo.

Capítulo XVII
EJERCICIOS PREPARATORIOS PARA LA EMISIÓN DE LAS OCTAVAS LIGADAS

Los ejercicios siguientes destínanse a preparar la embocadura para la emisión de las octavas ligadas.
Son baseados en los arpegios y deben ser practicados en todos los tonos.
Consisten en eliminar progresivamente la tercera y la quinta del arpegio.

Chapitre XVII
EXERCICES PRÉPARATOIRES POUR L'ÉMISSION DES OCTAVES LIÉES

Les exercices qui suivent ont pour but de préparer l'embouchure pour l'émission des octaves liées.
Ils ont comme base les arpèges et doivent être pratiqués dans tous les tons.
Ils consistent à éliminer progressivement la tierce et la quinte de l'arpège.

Chapter XVII
PREPARATORY EXERCISES FOR SLURRED OCTAVES

The following exercises are to prepare the embouchure for producing slurred octaves.
They are based on arpeggios and should be practised in all keys.
They consist in eliminating first the third, then also the fifth from the arpeggio.

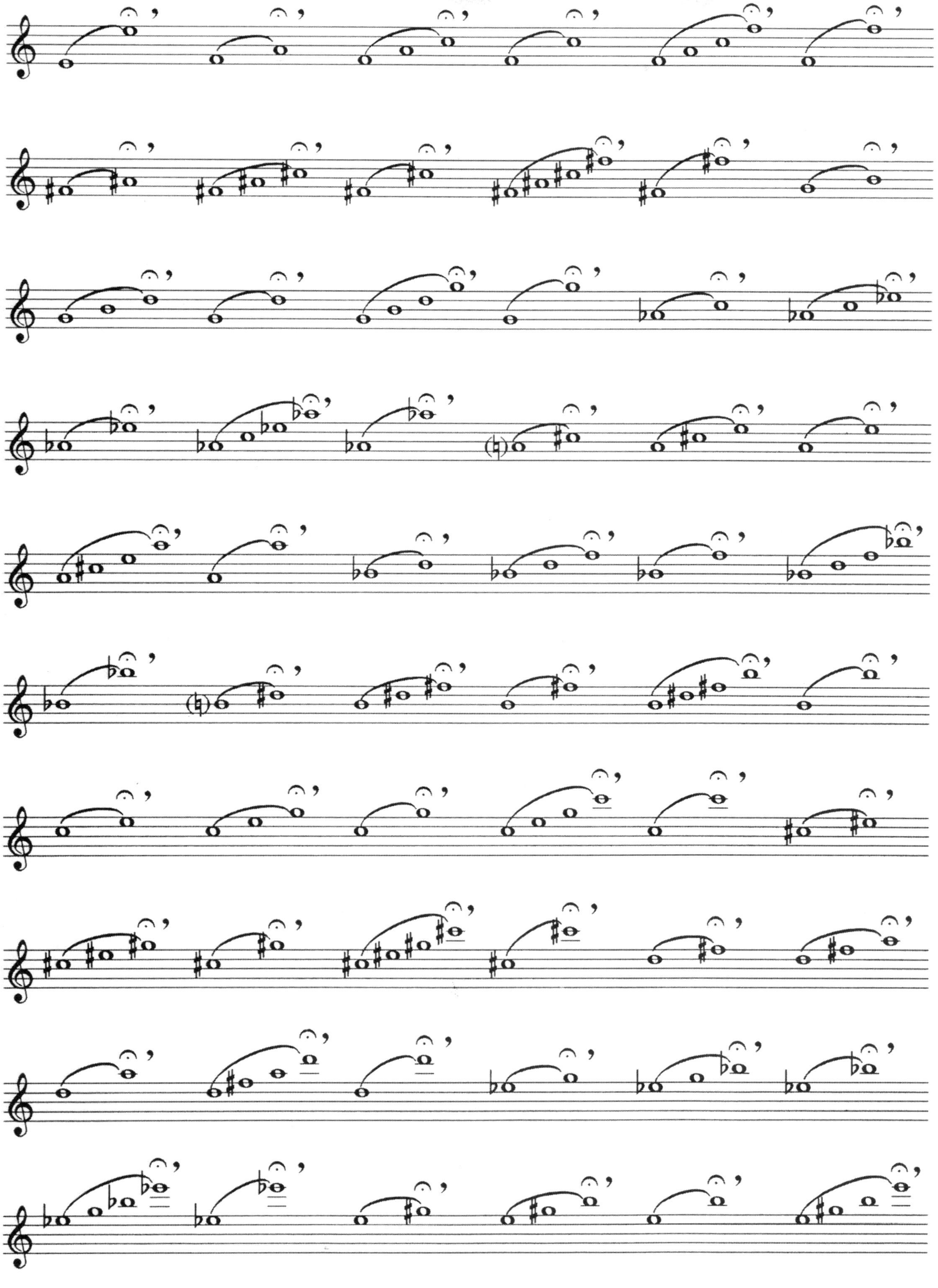

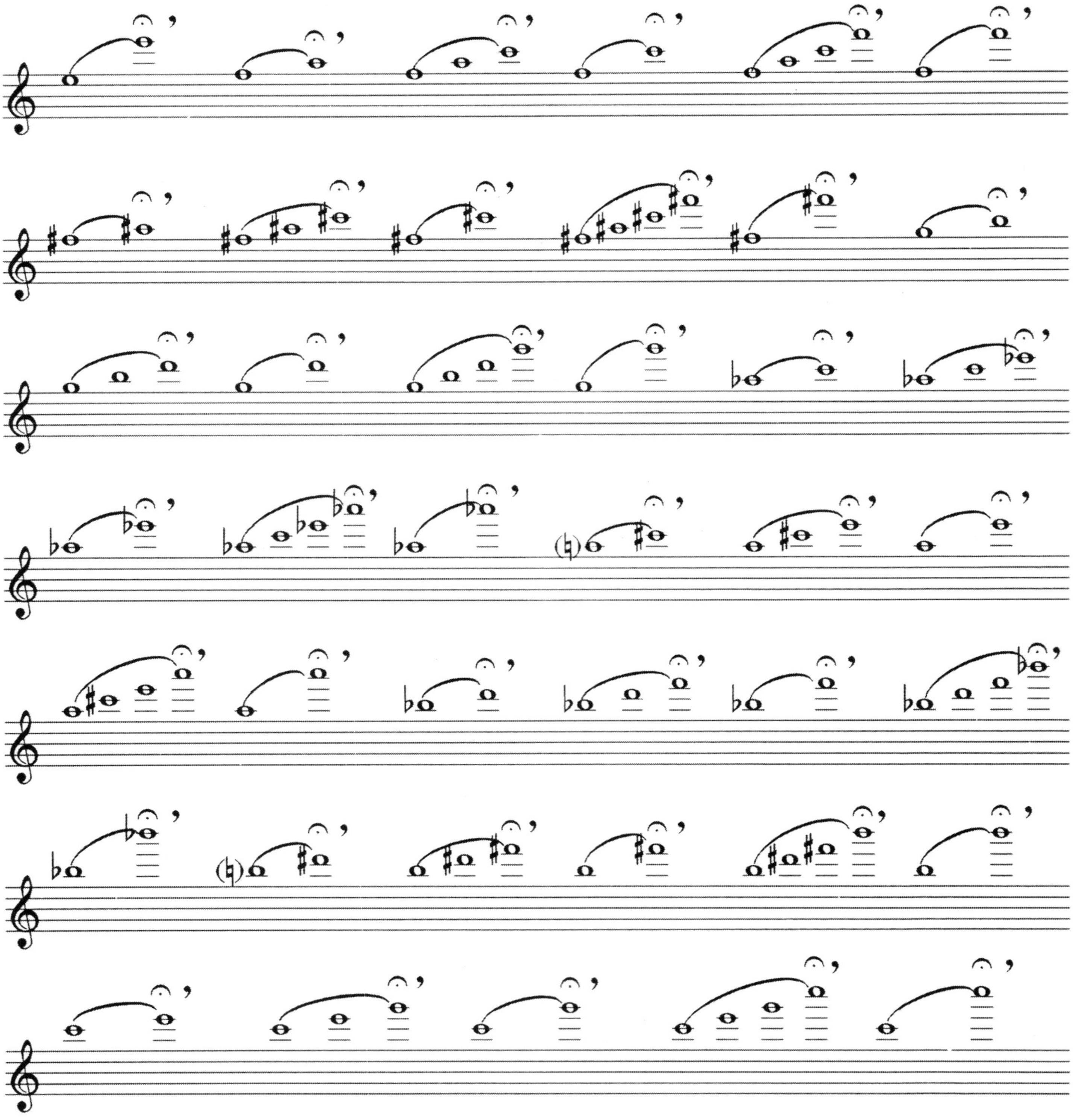

2

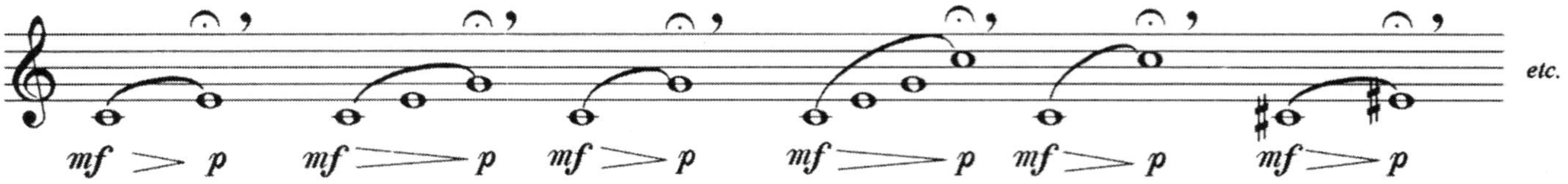

3

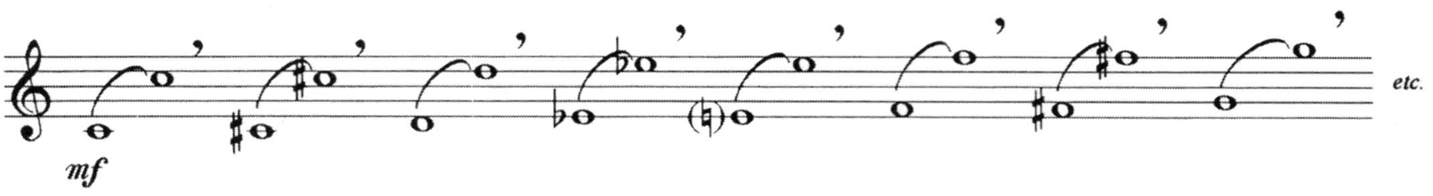

Capítulo XVIII / Capítulo XVIII / Chapitre XVIII / Chapter XVIII

22 EXERCÍCIOS MELÓDICOS SOBRE OS INTERVALOS DE SEGUNDAS, TERÇAS, QUARTAS, QUINTAS, SEXTAS, SÉTIMAS E OITAVAS

22 EJERCICIOS MELÓDICOS SOBRE LOS INTERVALOS DE SEGUNDAS, TERCERAS, CUARTAS, QUINTAS, SEXTAS, SÉPTIMAS Y OCTAVAS

22 EXERCICES MÉLODIQUES SUR LES INTERVALLES DE SECONDES, TIERCES, QUARTES, QUINTES, SIXTES, SEPTIÈMES ET OCTAVES

22 MELODIC EXERCISES FOR SECONDS, THIRDS, FOURTHS, FIFTHS, SIXTHS, SEVENTHS AND OCTAVES

SEGUNDAS - *SEGUNDAS - SECONDES - SECONDS*

GUERRA-PEIXE

TERÇAS - TERCERAS - TIERCES - THIRDS

GUERRA-PEIXE

5

Calmo
p
cresc.
f
decresc.
p
mf
cresc. poco a poco
f
decresc.
p
Meno
senza rit.

6

♩ = 60
mf

QUARTAS - CUARTAS - QUARTES - FOURTHS

GUERRA-PEIXE

9

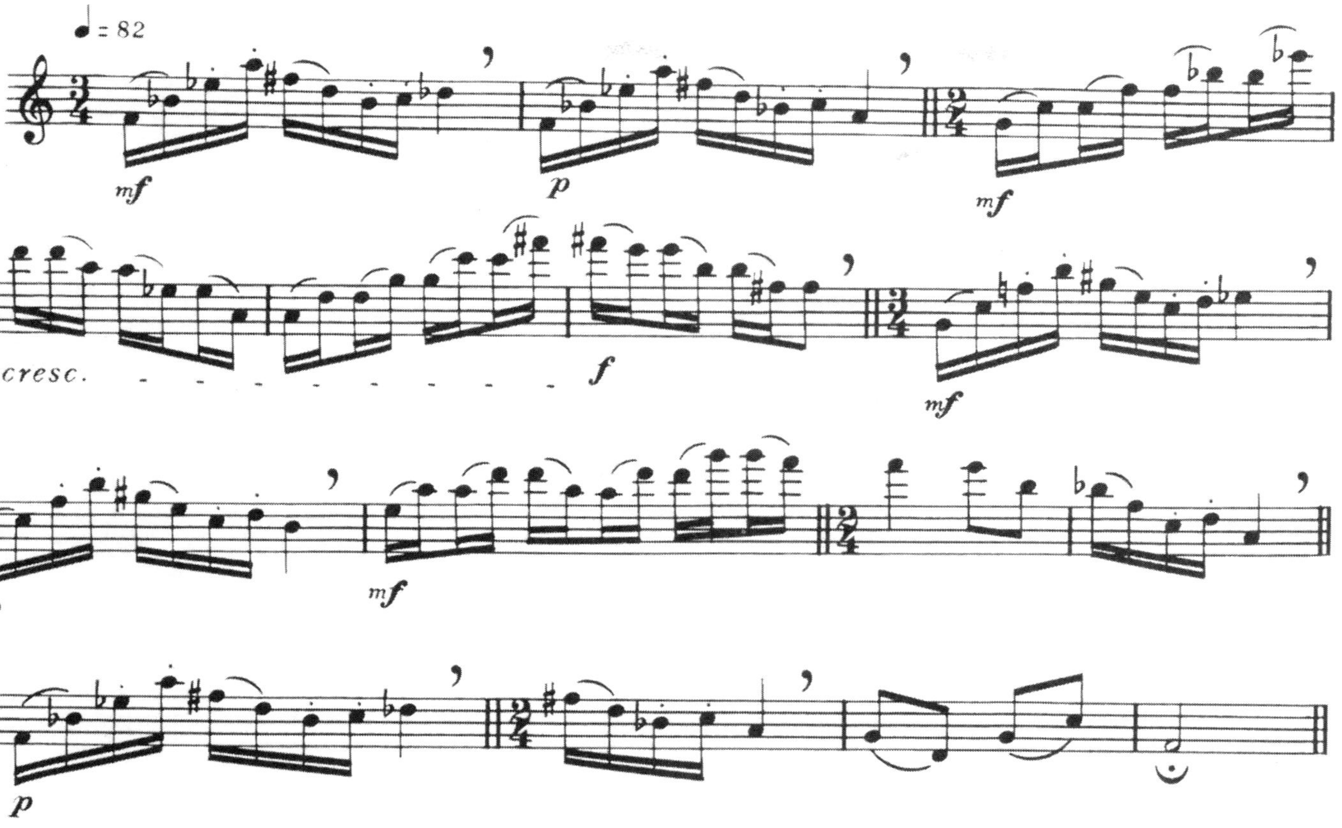

Obstinato ♩= 80

10

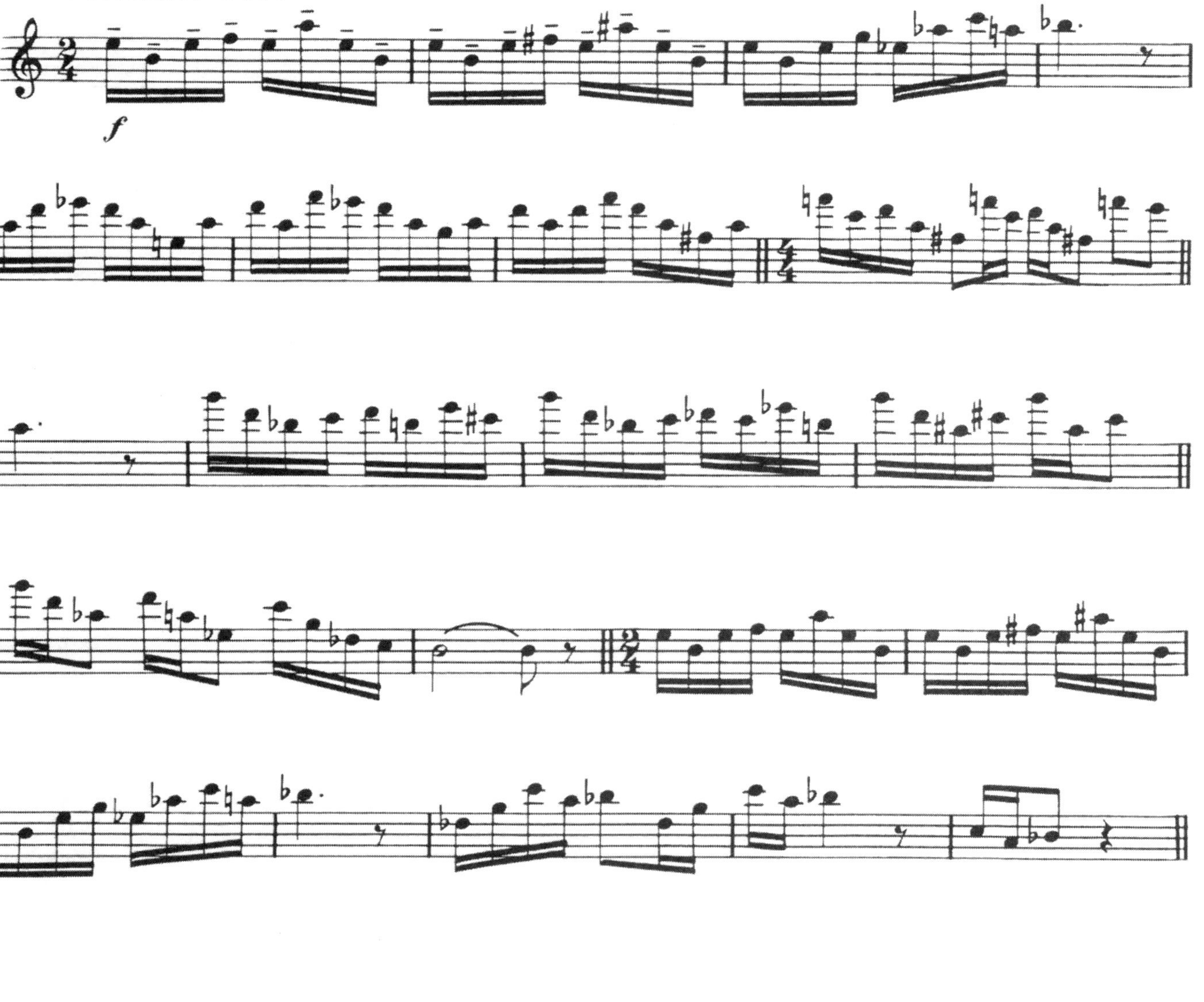

QUINTAS - QUINTAS - QUINTES - FIFTHS

GUERRA-PEIXE

SEXTAS - *SEXTAS* - SIXTES - SIXTHS

GUERRA-PEIXE

15

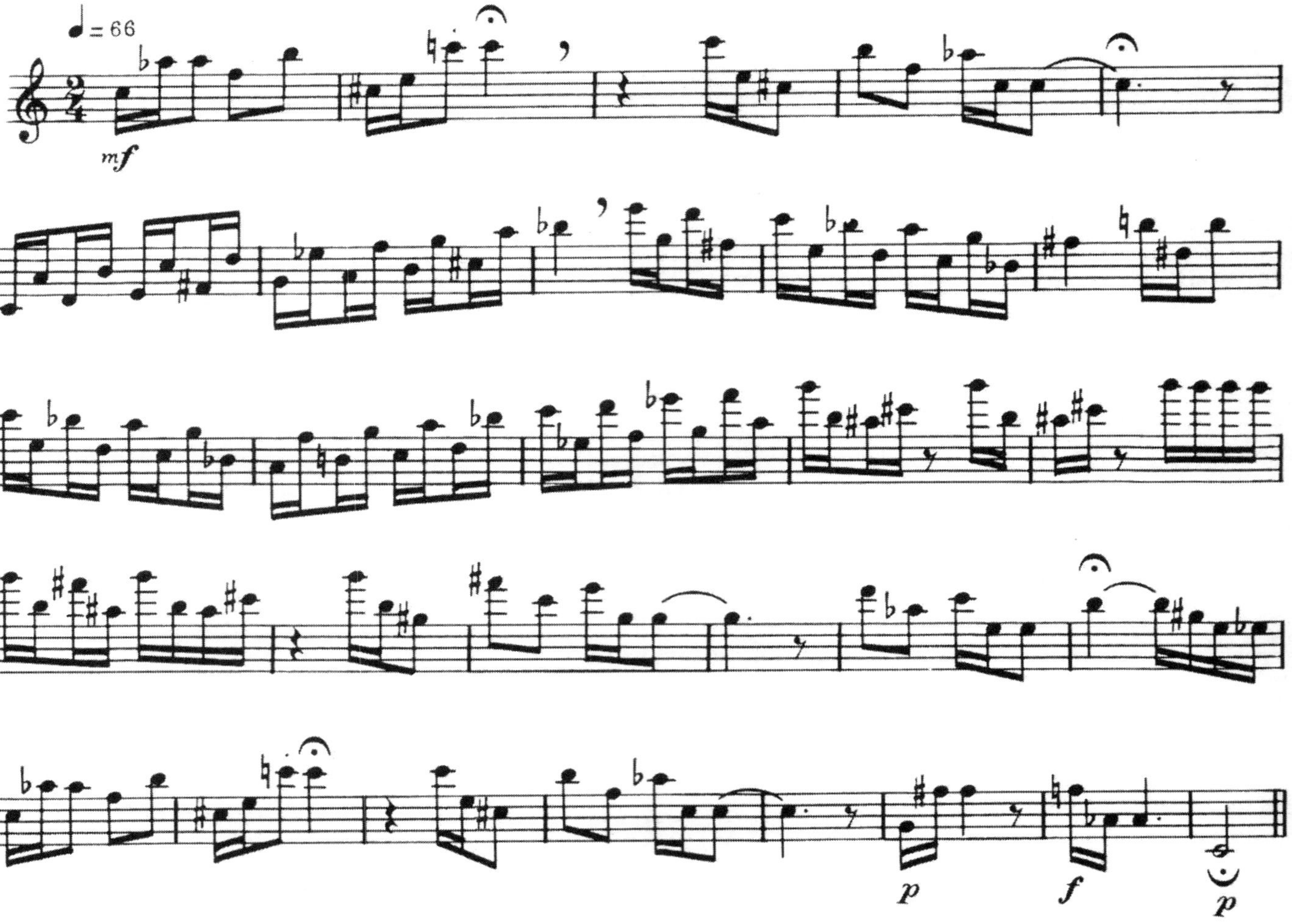

16

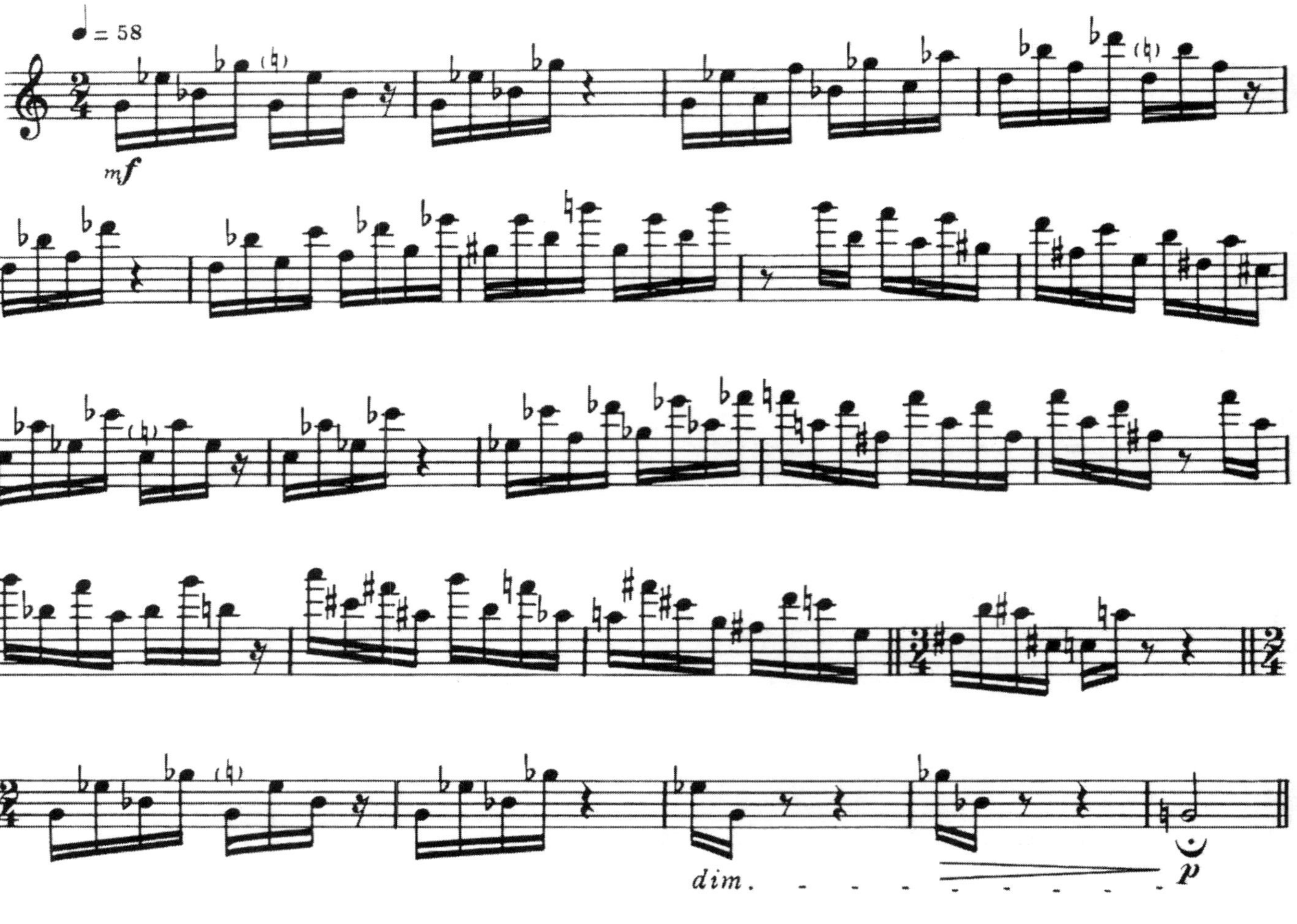

SÉTIMAS - *SÉPTIMAS - SEPTIÈMES - SEVENTHS*

GUERRA-PEIXE

OITAVAS - OCTAVAS - OCTAVES - OCTAVES

GUERRA-PEIXE

21

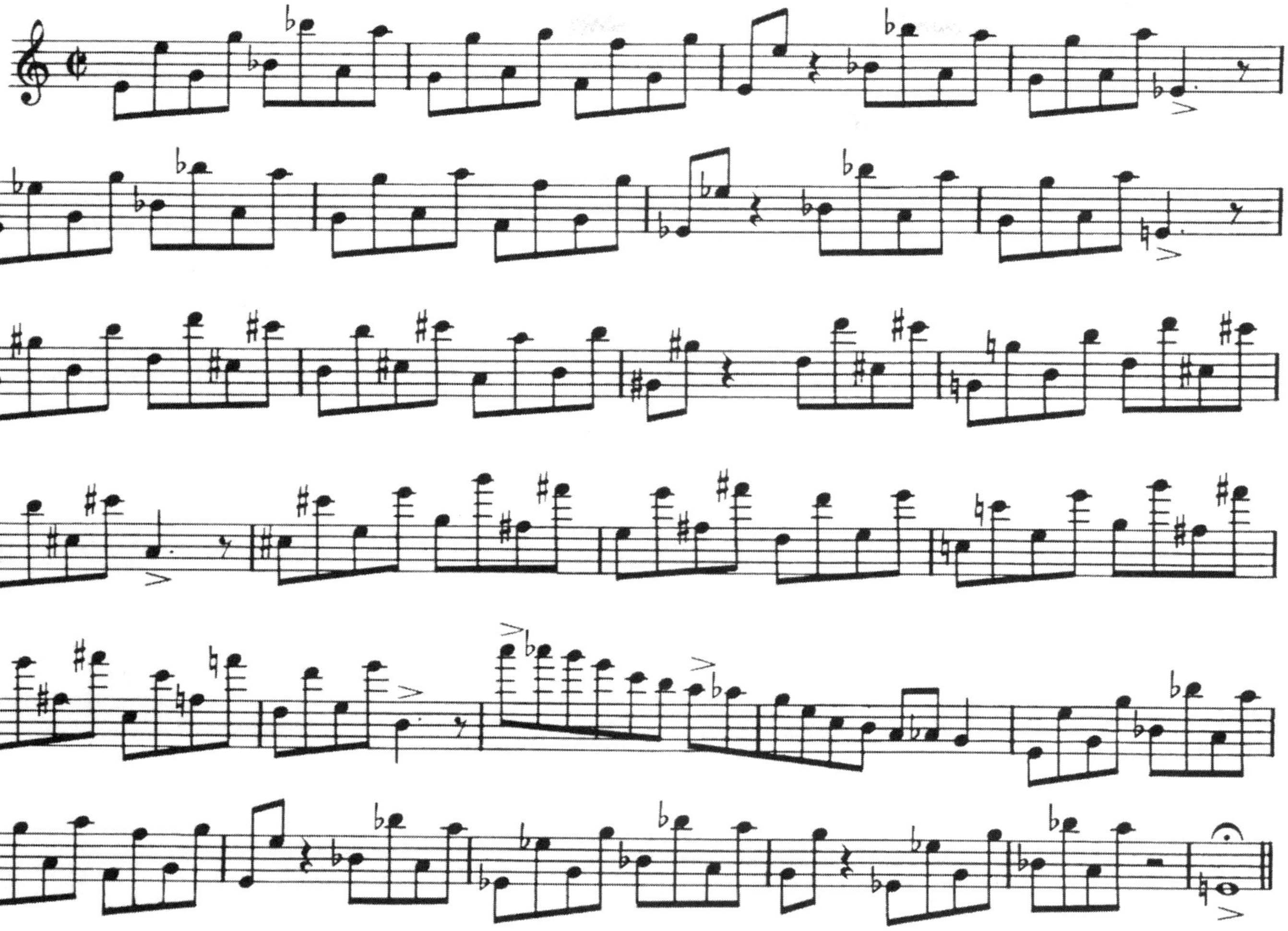

Calmo

22

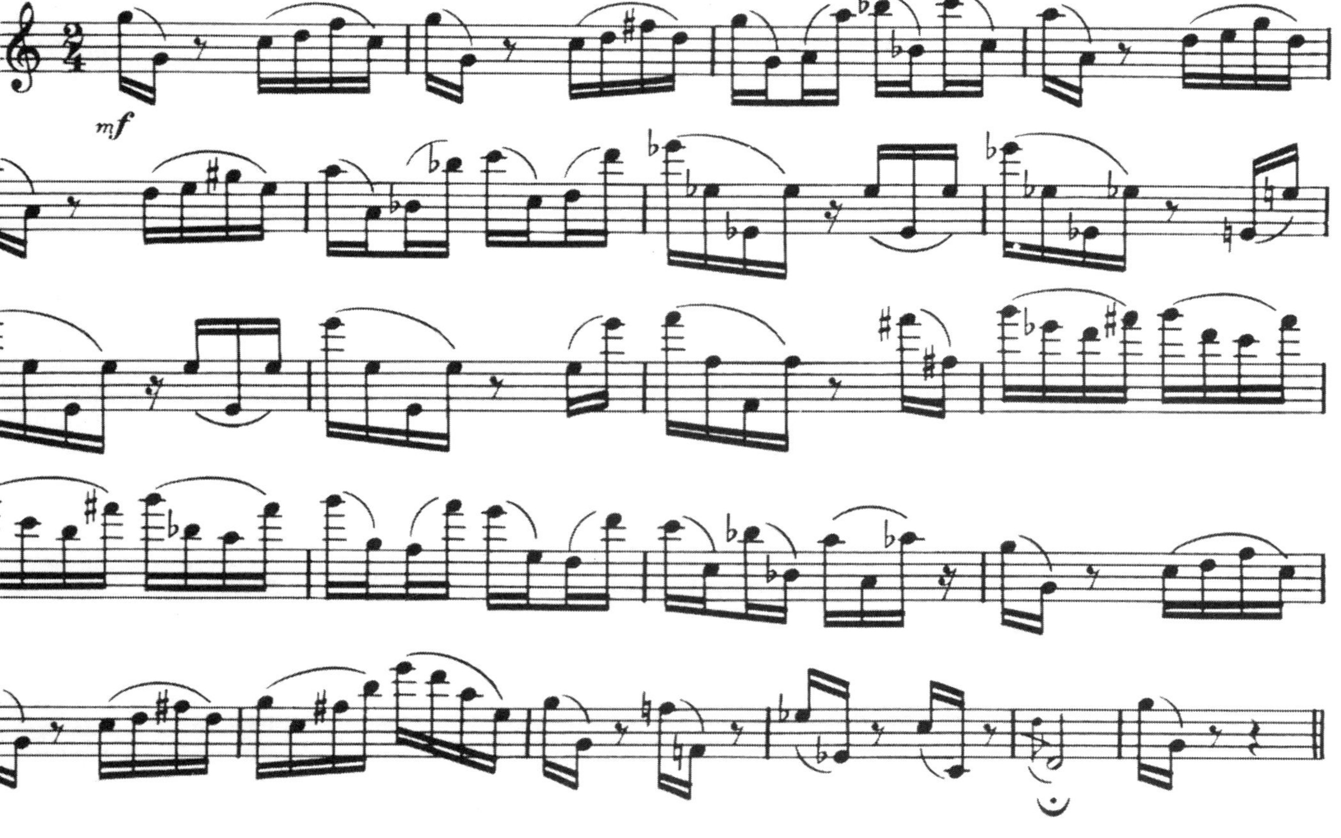

Capítulo XIX
A ARTICULAÇÃO E OS DIFERENTES GOLPES DE LÍNGUA

Os diferentes meios de se produzir o som através dos golpes de língua fazem com que as notas emitidas sejam mais ou menos acentuadas.

O ataque mais comum é o simples golpe de língua, que consiste em pronunciar as sílabas "tu" ou "te" no início de cada nota. Este golpe de língua possibilita emitir as notas com ataques curtos e com certa rapidez.

Cada ataque é sempre precedido de um pequeno silêncio. Quanto maior for este silêncio mais curtas serão as notas. No caso contrário, estas serão menos acentuadas, como se estivessem sob uma ligadura.

A produção das notas com essas características é determinada pelos tipos de emissão conhecidos como "staccato", "staccatissimo" e "portato". São representados da seguinte maneira:

staccato   *staccatissimo*   *portato*

Para se emitir as notas em staccato, nos trechos de grande velocidade, recorremos ao duplo golpe de língua, que consiste em utilizar-se um só movimento da língua para fazer dois ataques: "tu-ku" ou "te-ke". No primeiro ataque coloca-se a ponta da língua de encontro à face interna do lábio superior e pronuncia-se "tu" ou "te". O segundo ataque, com a sílaba "ku" ou "ke", fará com que a parte média da língua vá de encontro ao palato.

Para que haja um perfeito equilíbrio entre os dois golpes, já que o primeiro é muito mais incisivo, aconselhamos a trabalhar os exercícios primeiramente com as sílabas "tu" ou "te" e depois com as sílabas "ku" ou "ke". Assim que se obtiver uma relativa igualdade entre as duas emissões, repetir os exercícios desta feita com a combinação das duas sílabas.

Para uma articulação mais branda empregam-se as sílabas "du-gu".

Além destas, temos a combinação das sílabas "te-re" que possibilita uma pronúncia mais branda. É a articulação freqüentemente empregada no "jazz".

Nas divisões ternárias rápidas devemos empregar o triplo golpe de língua, que consiste na combinação das sílabas "tu-ku-tu", "te-ke-te" ou "du-gu-du".

A RESPIRAÇÃO NO EMPREGO DOS GOLPES DE LÍNGUA

Durante a execução dos trechos em duplo e triplo golpes de língua, a respiração se faz após o "tu" ("te" ou "du"), repetindo esta sílaba para prosseguir o ritmo. Exemplo: "tu-ku", "tu-ku", **"tu'tu"**, "tu-ku" (duplo golpe de língua).

No triplo golpe de língua repetir-se-á três vezes o "tu" ("te" ou "du"). Exemplo "tu-ku-tu", "tu-ku-tu", **"tu'tu-tu"**, "tu-ku-tu".

Capítulo XIX
LA ARTICULACIÓN Y LOS DIFERENTES GOLPES DE LENGUA

Las diferentes maneras de producir el sonido a través de los golpes de lengua, hacen que las notas emitidas sean más o menos acentuadas.

El ataque más común es el simple golpe de lengua, que consiste en pronunciar la sílaba "tu" o "te" al inicio de cada nota. Este golpe de lengua posibilita emitir las notas con ataques cortos y con cierta rapidez.

Cada ataque es siempre precedido de un pequeño silencio. Cuanto mayor este silencio, más cortas serán las notas. En el caso contrario, éstas serán menos acentuadas, como si estuviesen bajo una ligadura.

La producción de las notas con esas características es determinada por los tipos de emisión conocidos como "staccato", "staccatissimo" y "portato". Son representados de la siguiente manera:

Para emitir las notas en "staccato", en los trechos de gran velocidad, recurrimos al doble golpe de lengua, que consiste en utilizar un solo movimiento de la lengua para hacer dos ataques: "tu"-"ku" o "te"-"ke". En el primer ataque, colócase la punta de la lengua contra la parte interna del labio superior y se pronuncia "tu" o "te". El segundo ataque, con la sílaba "ku" o "ke" hará con que la parte media de la lengua vaya al encuentro del paladar.

Para que haya un perfecto equilibrio entre los dos golpes, ya que el primero es mucho más incisivo, aconsejamos trabajar los ejercicios primeramente con la sílaba "tu" o "te" y después con las sílabas "ku" o "ke".

Luego que se obtenga una relativa igualdad entre las dos emisiones, repetir los ejercicios, esta vez con la combinación de las dos sílabas.

Para una articulación más "blanda", se emplean las sílabas "du"-"gu".

Además de éstas, tenemos la combinación de las sílabas "te"-"re" que posibilitan una pronunciación aún más "blanda". Es la articulación frecuentemente empleada en el "jazz".

En las divisiones ternarias rápidas, debemos emplear el triple golpe de lengua, que consiste en la combinación de las sílabas "tu-ku-tu", "te-ke-te", o "du-gu-du".

LA RESPIRACIÓN EN EL EMPLEO DE LOS GOLPES DE LENGUA

*Durante la ejecución de los trechos en doble y triple golpes de lengua, la respiración se hace después del "tu" ("te" o "du"), repitiendo esta sílaba para proseguir el ritmo: "tu-ku", **"tu'tu"**, "tu-ku" (doble golpe).*

*En el triple golpe de lengua se repitirá tres veces el "tu" ("te" o "du"). Ejemplo: "tu-ku-tu", "tu-ku-tu", **"tu'tu tu"**, "tu-ku-tu".*

Chapitre XIX
DE L'ARTICULATION ET DES COUPS DE LANGUE

Les différentes manières de produire le son à travers des coups de langue, permettent aux notes émises d'être plus ou moins accentuées.

L'attaque la plus commune c'est le simple coup de langue qui consiste à prononcer la syllabe "tou" ou "te" au début de chaque note. Ce coup de langue rend possible l'émission des notes avec des attaques courtes et avec une certaine rapidité.

Chaque attaque est toujours précédée d'un petit silence. Plus ce silence est grand, plus les notes seront courtes. Dans le cas contraire, celles-ci seront moins accentuées, comme si elles étaient en legato.

La production des notes avec ces caractéristiques est déterminée par les types d'émission connus comme "staccato", "staccatissimo" et "portato"
Ils sont représentés de la manière suivante:

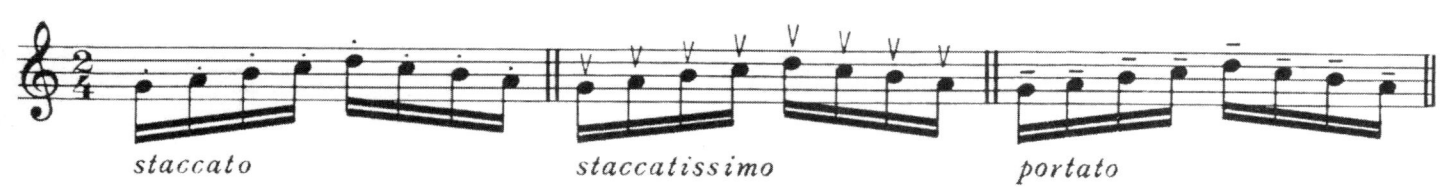

Pour produire les notes en "staccato", dans les passages de grande vitesse, on emploie le double coup de langue, qui consiste à utiliser un seul mouvement de la langue pour produire deux attaques: "tou", "kou" ou "te", "ke".

Dans la première attaque, on met le bout de la langue contre la face interne de la lèvre supérieure et on prononce la syllabe "tou" ou "te". Dans la deuxième attaque, avec la syllabe "kou" ou "ke", la partie moyenne de la langue est amenée contre le palais.

Pour qu'il y ait un équilibre parfait entre les deux coups de langue, le premier étant beaucoup plus accentué, nous conseillons de travailler les exercices, premièrement avec la syllabe "tou" ou "te" et après avec la syllabe "kou" ou "ke". Quand on aura obtenu une certaine égalité entre les deux émissions on reprendra les exercices en faisant la combinaison des deux syllabes.

Pour une combinaison moins accentuée, on emploie les syllabes "dou"-"gou".

Outre celles-ci, nous avons la combinaison des syllabes "te-re" qui permet une prononciation plus douce. C'est l'articulation employée fréquemment dans le "jazz".

Dans les rythmes ternaires rapides, on doit utiliser le triple coup de langue, qui consiste à combiner les syllabes "tou-kou-tou", "te-ke-te", ou "dou-gou-dou".

LA RESPIRATION DANS L'EMPLOI DES COUPS DE LANGUE

Pendant l'exécution des passages en double ou triple coup de langue, la respiration se fait après le "tou" ("te" ou "dou"), en répétant cette syllabe pour continuer le rythme.
Exemple: "tou-kou", "tou-kou", "**tou'tou**", "tou-kou" (double coup de langue).

Dans le triple coup de langue on doit répéter trois fois le "tou" ("te" ou "dou").
Exemple: "tou-kou-tou", "tou-kou-tou", "**tou'tou-tou**", "tou-kou-tou".

Chapter XIX
ARTICULATION AND DIFFERENT FORMS OF TONGUING

Different ways of sound production by the use of tonguing cause the notes to be accented to a greater or lesser extent.

The most usual method of attack is to produce the syllable "tu" or "te" at the beginning of each note. In this way one can produce short and fairly rapid attacks.

Each attack is invariably preceded by a short silence. The longer the silence the shorter are the notes. Doing the opposite reverses the effect, as if the notes have a slur written over them.

Which of these characteristcs is given to the notes depends on whether the type of production is what is known as "staccato", "staccatissimo" and "portato". They are represented in the following way:

To produce staccato notes at high speed we use "double-tonguing", i.e. one movement of the tongue for two attacks: "tu-ku" or "te-ke" as pronounced in French. For the first attack the tip of the tongue is placed against the inside of the upper lip and a "tu" or "te" is pronounced. The second attack, with the syllabe "ku" or "ke", is made with the middle of the tongue against the roof of the mouth.

As the "tu" or "te" is much more incisive, to make both attacks equally strong, you should first practise the exercises with a "tu" or "te" syllabe and then with a "ku" or "ke".

As soon as they are relatively equal in strength of tone-production, repeat these exercises combining both syllables.

For softer articulation use the syllables "du-gu".

Apart from these, we have the even softer combination "te-re" which is frequently used in jazz.

For quick triplets we use triple tonguing which consists of combining the syllables "tu-ku-tu", "te-ke-te" or "du-gu-du".

BREATHING WITH THESE TONGUINGS

In passages with double or triple tonguing one should breathe after the "tu" ("te" or "du") repeating this syllable to resume the rhythm. e.g. "tu-ku", "tu-ku", "**tu'tu**", "tu-ku" (double tonguing).

In triple tonguing one repeats the "tu" ("te" or "du") three times e.g. "tu-ku-tu", "tu-ku-tu", "**tu'tu-tu**", "tu-ku-tu".

Capítulo XX — Capítulo XX — Chapitre XX — Chapter XX

EXERCÍCIOS SOBRE O DUPLO E TRIPLO GOLPES DE LÍNGUA.
EJERCICIOS SOBRE EL DOBLE Y TRIPLE GOLPES DE LENGUA.
EXERCICES SUR LE DOUBLE ET LE TRIPLE COUPS DE LANGUE.
EXERCISES FOR DOUBLE AND TRIPLE TONGUING.

Duplo golpe de língua — *Doble golpe de lengua* — *Double coup de langue* — *Double tonguing*

GUERRA-PEIXE

GUERRA-PEIXE

5　♩. = 83　6/8　mf

'tu　tu ku tu　tu　tu ku tu　tu　tu ku tu　tu　tu ku tu　tu　tu ku tu　tu　tu ku tu
te　te ke te　te　te ke te　te　te ke te　te　te ke te　te　te ke te　te　te ke te

GUERRA-PEIXE

6

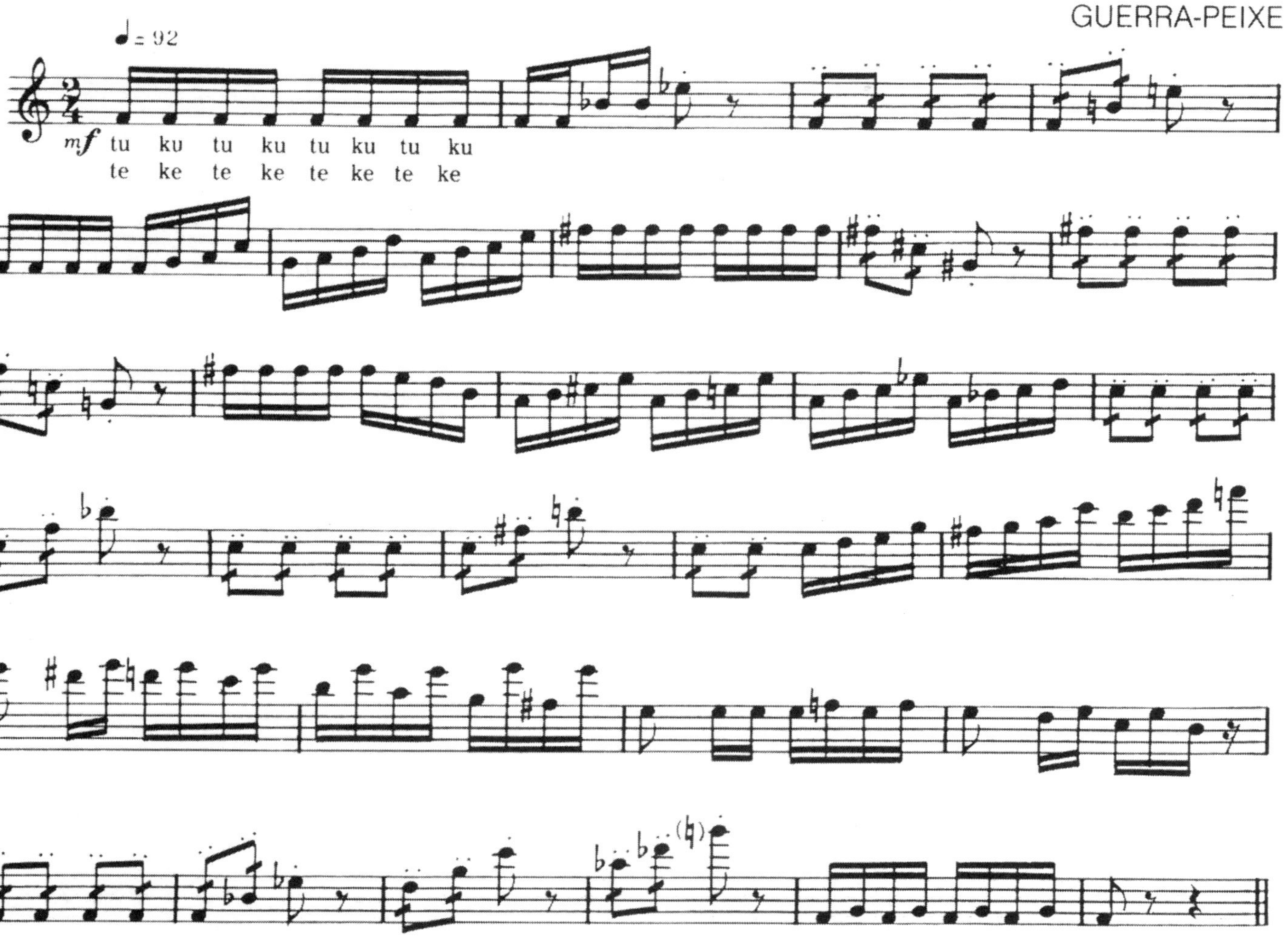

GUERRA-PEIXE

7

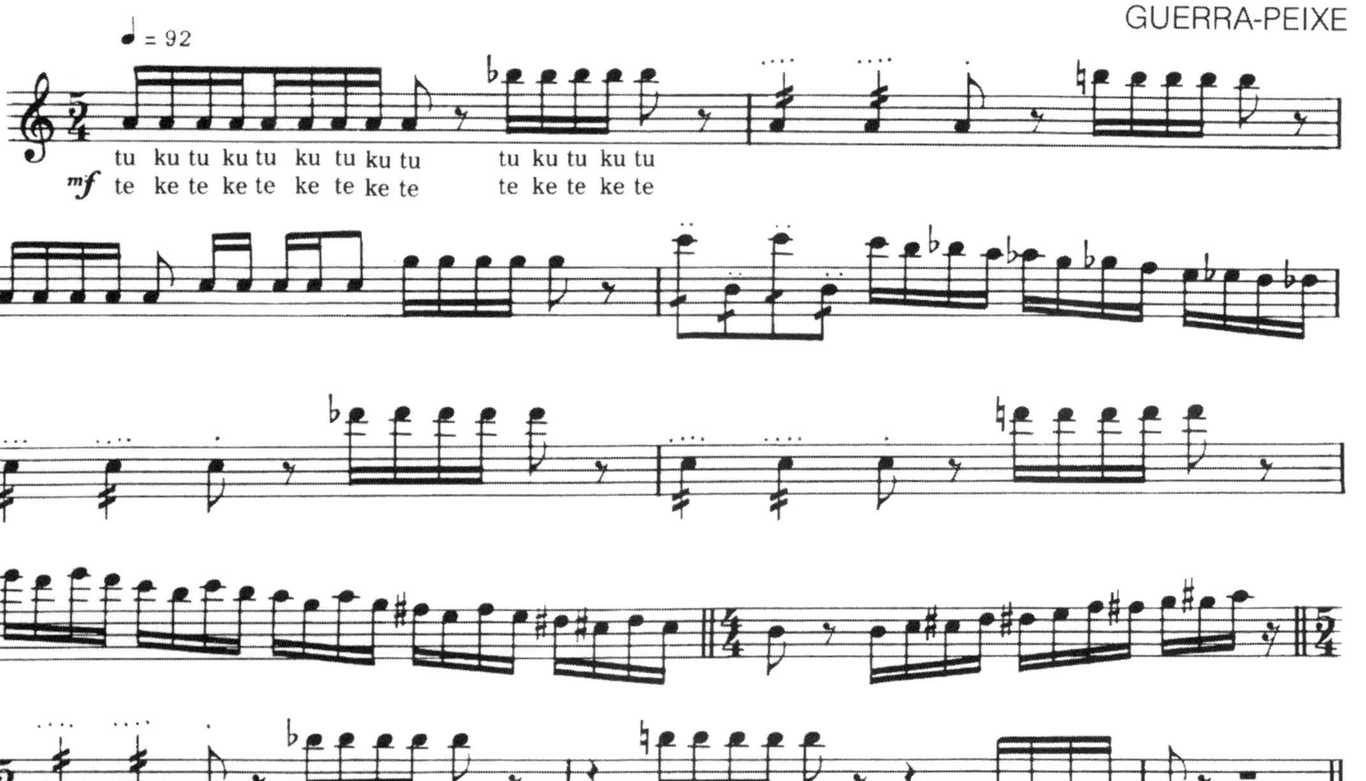

LUNDÚ CARACTERÍSTICO

O ritmo original desta peça foi alterado em alguns compassos a fim de intensificar o emprego do duplo golpe de língua.

El ritmo original de esta pieza fue alterado en algunos compases afin de intensificar el empleo del doble golpe de lengua.

Le rythme originel de ce morceau a été altere dans quelques passages afin d'intensifier l'emploi du double coup de langue.

The original rhythm of some bars of this piece has been altered to intensify the work of the tongue for the double tonguing.

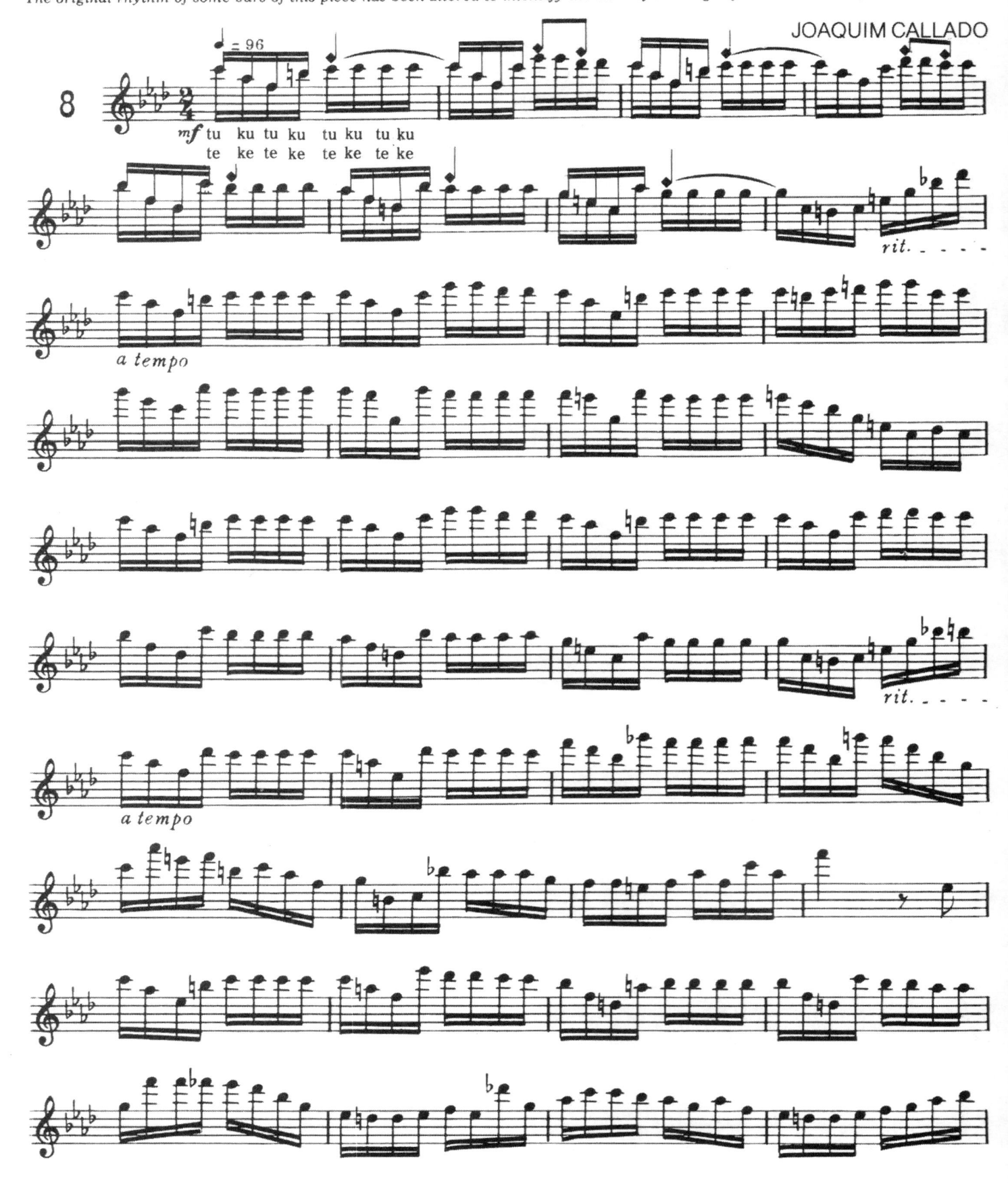

JOAQUIM CALLADO

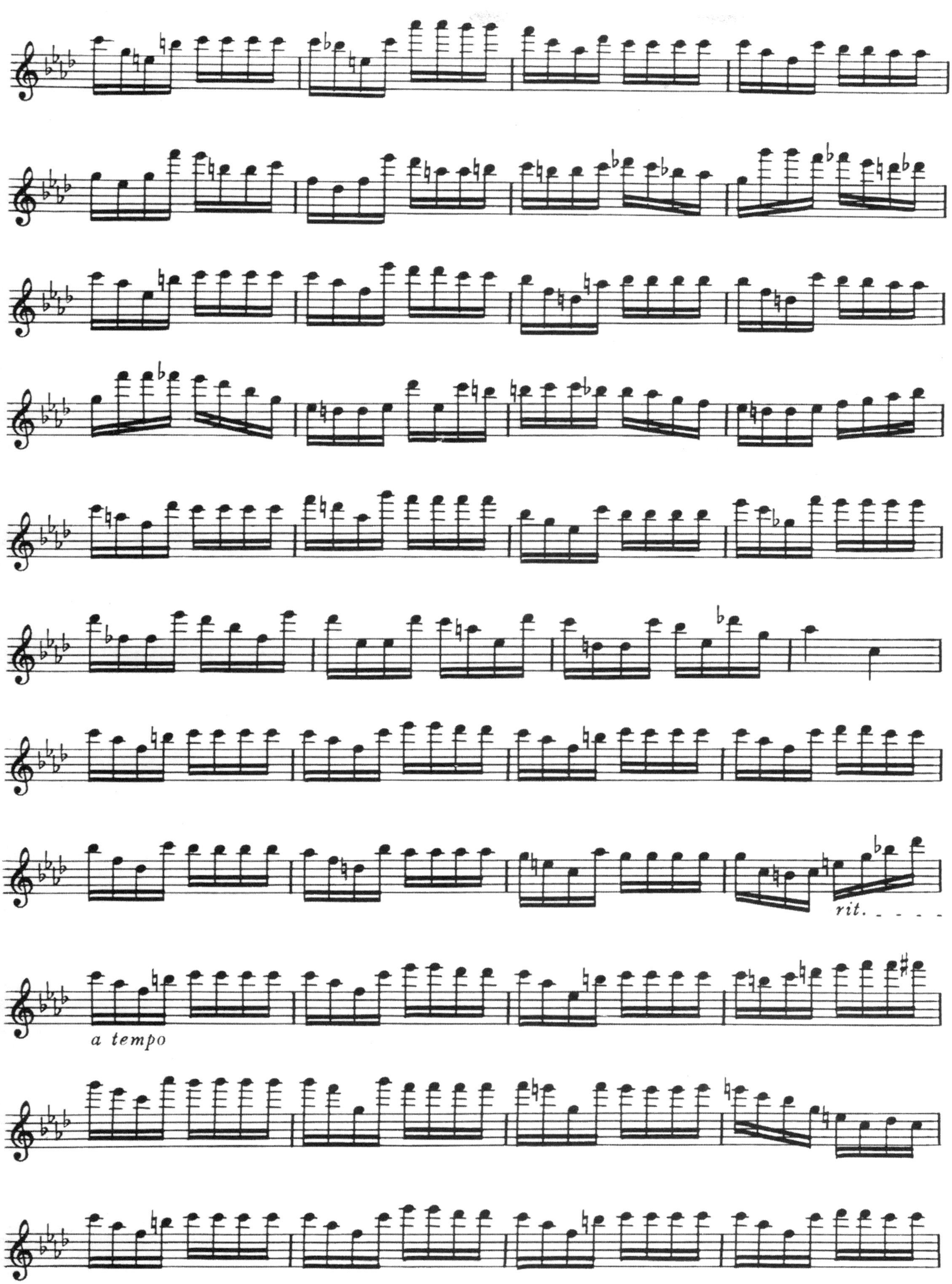
rit.
a tempo

A Retirada da Laguna
Alegria em Nioaque

GUERRA-PEIXE

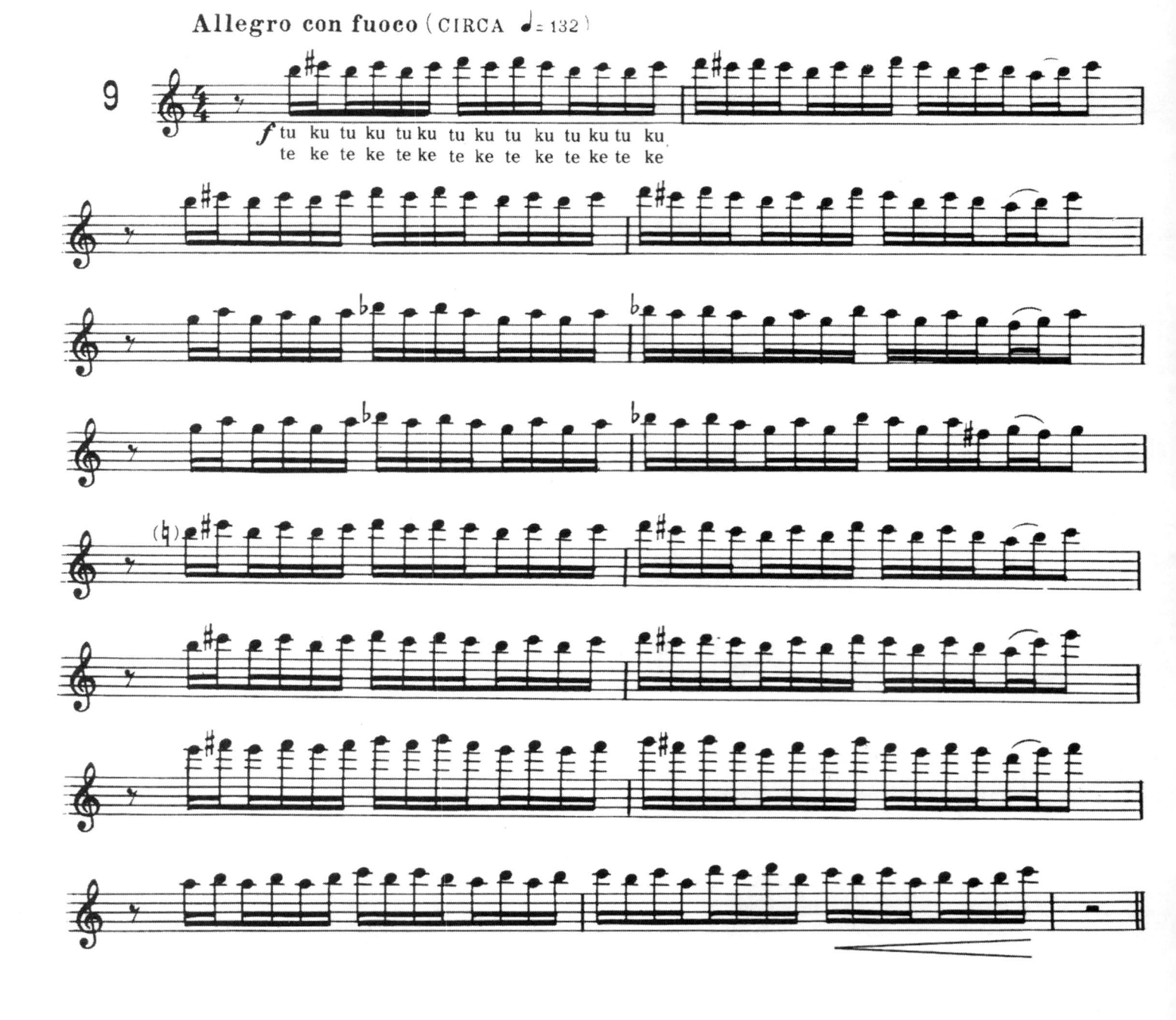

Allegro con fuoco (CIRCA ♩=132)

f tu ku tu ku tu ku tu ku tu ku tu ku tu ku
te ke te ke te ke te ke te ke te ke te ke

Primeiro Amor

PATTAPIO SILVA

Apanhei-te Cavaquinho

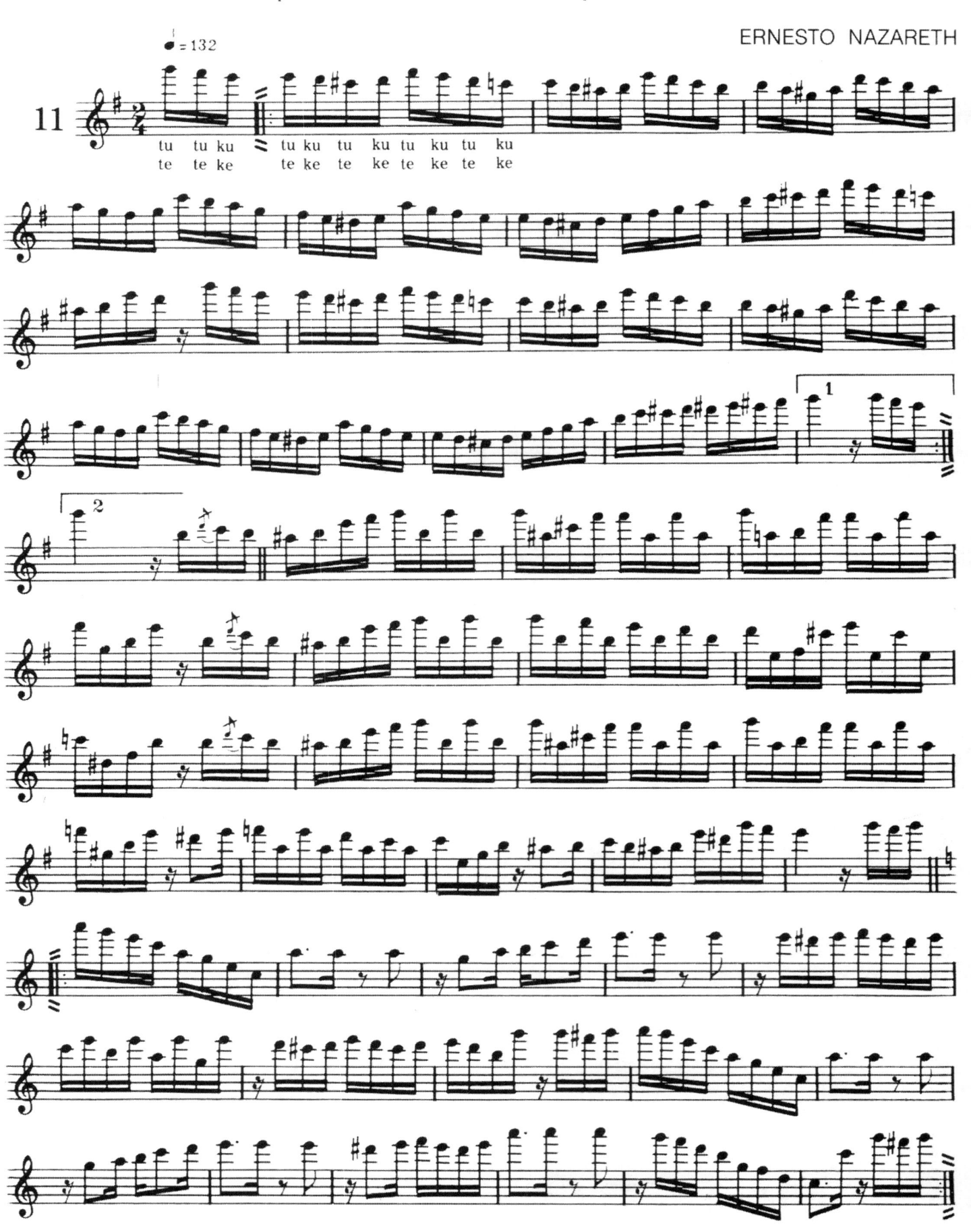

ERNESTO NAZARETH

Triplo Golpe de Língua — *Triple Golpe de Lengua — Triple Coup de Langue — Triple Tonguing*

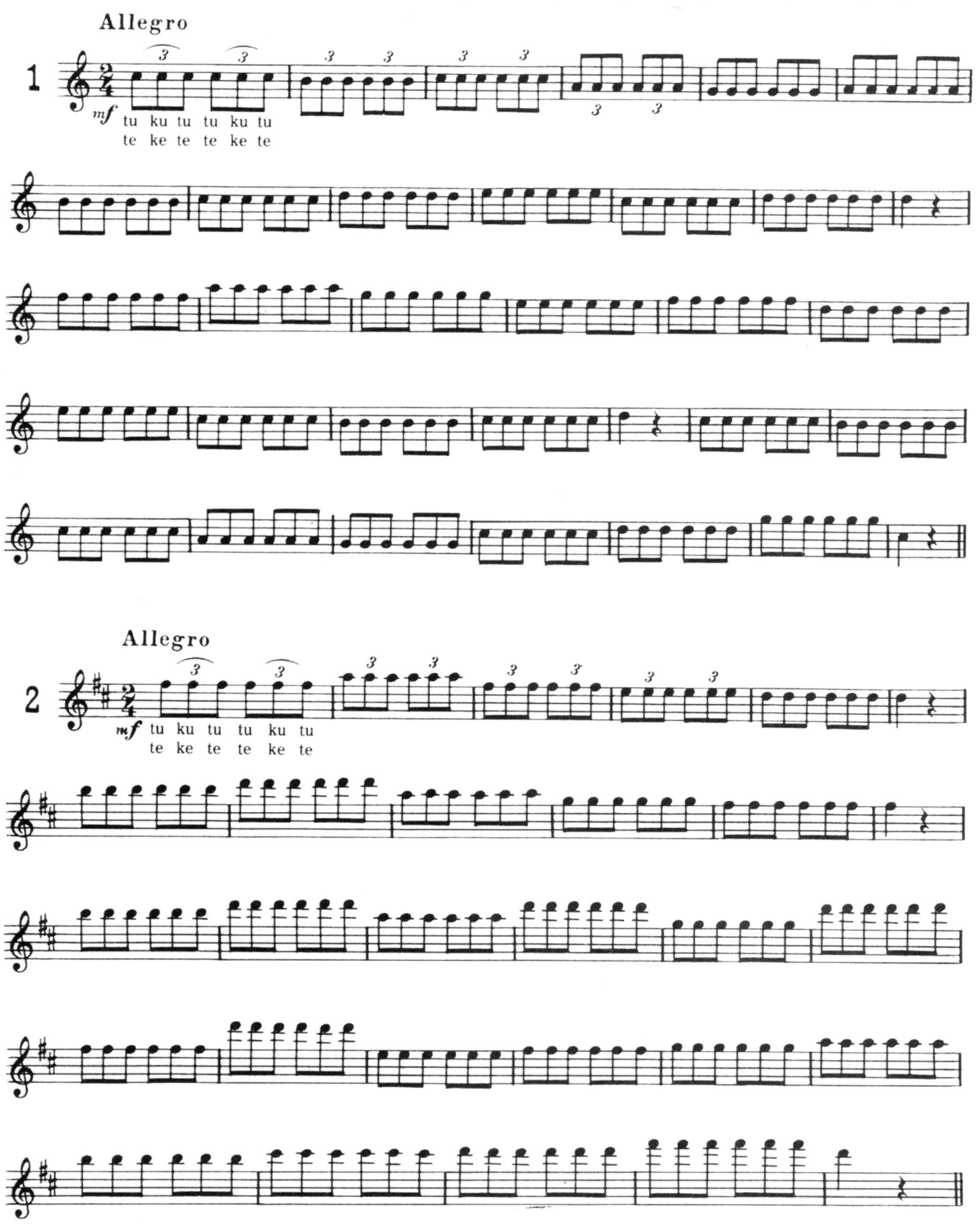

Allegro

3

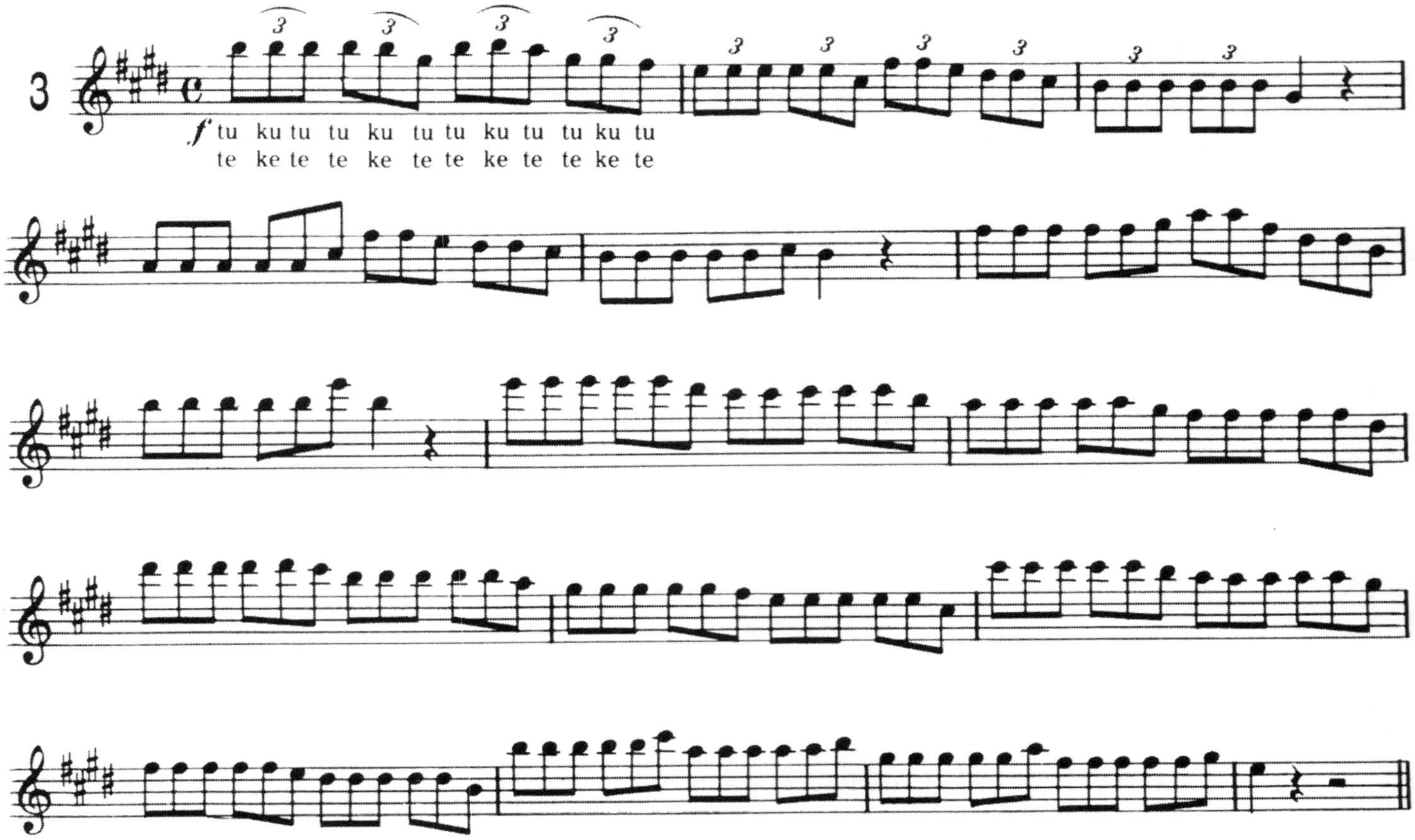

Allegro

4

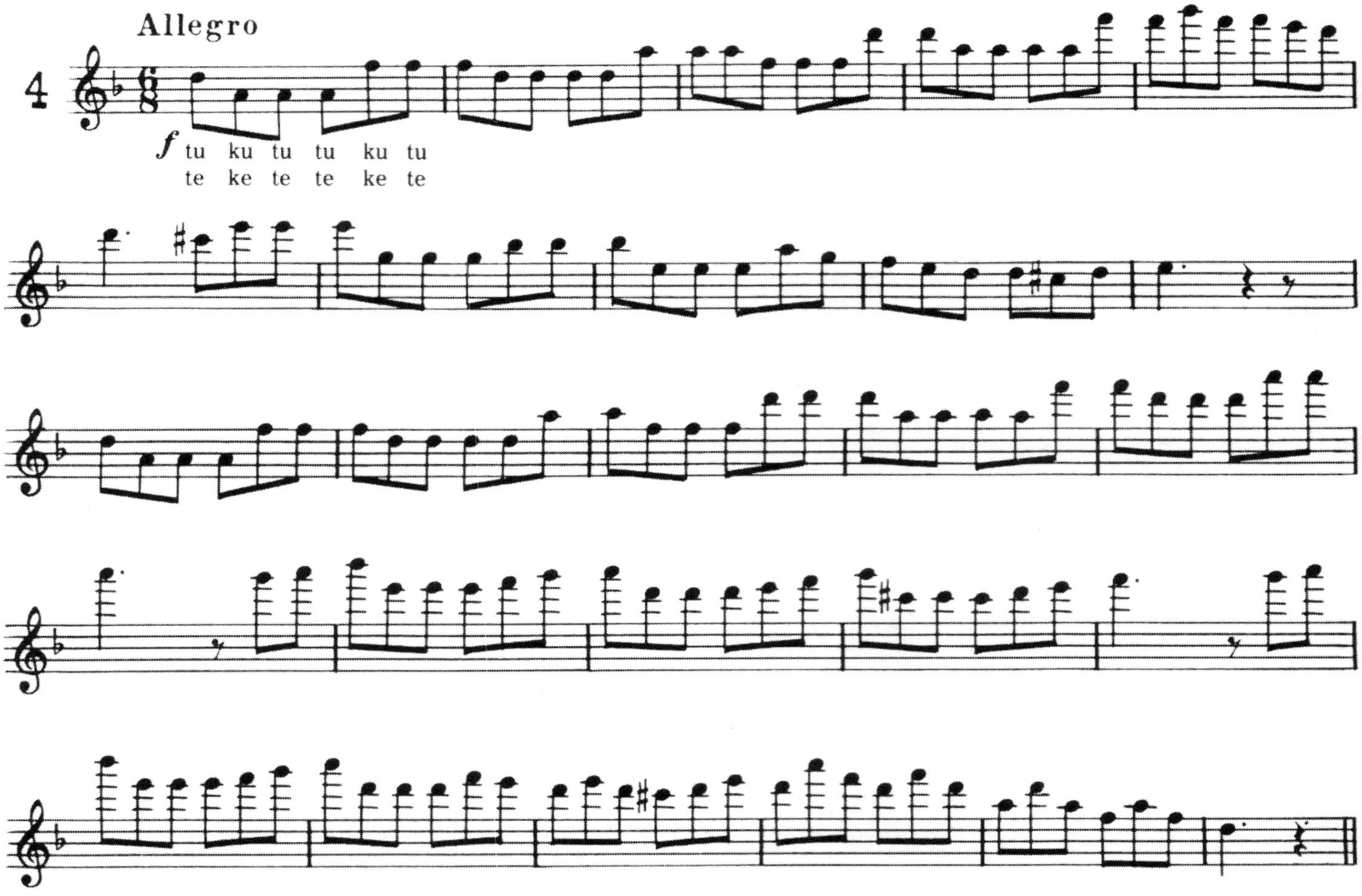

GUERRA-PEIXE

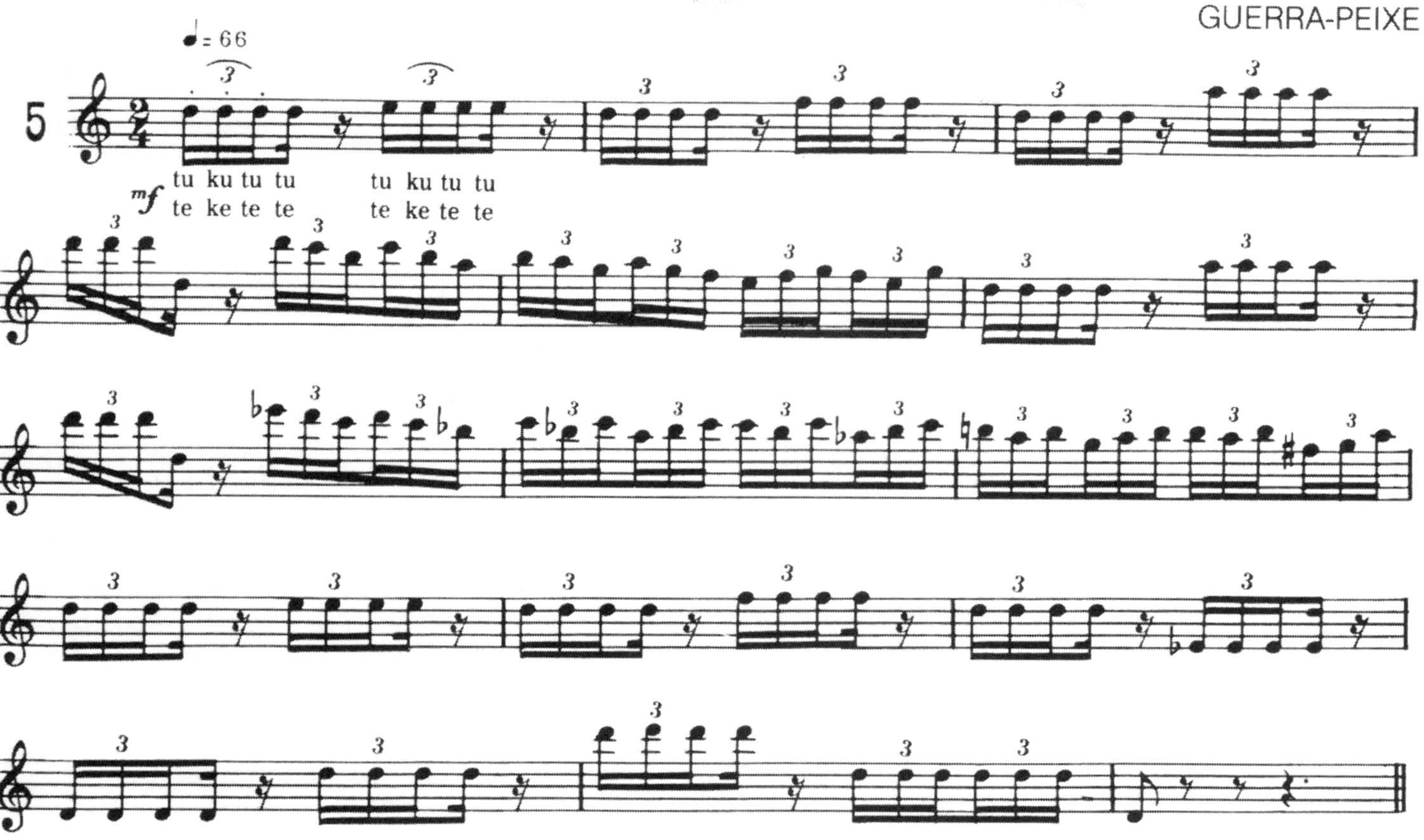

GUERRA-PEIXE

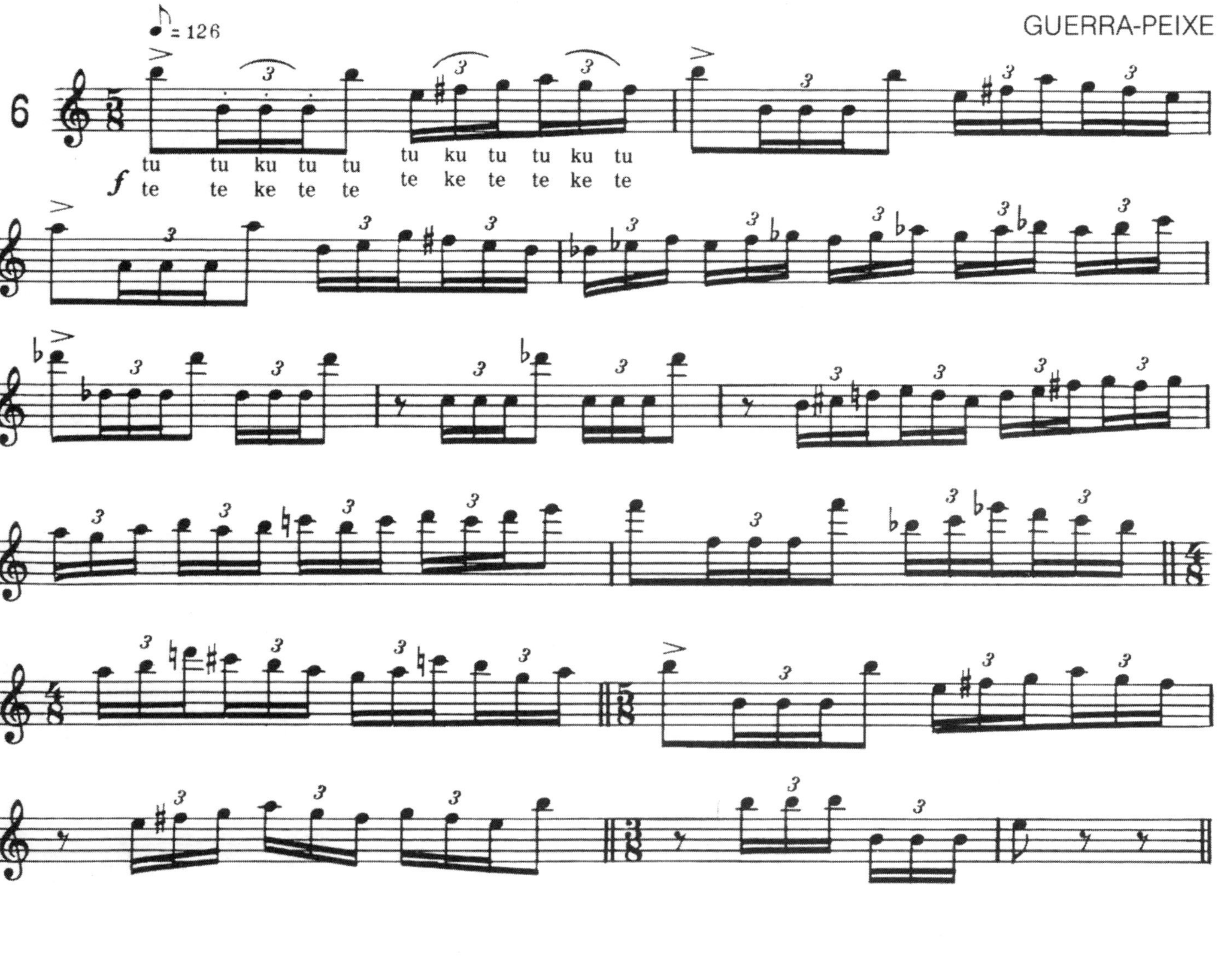

GUERRA-PEIXE

Alla Breve

7

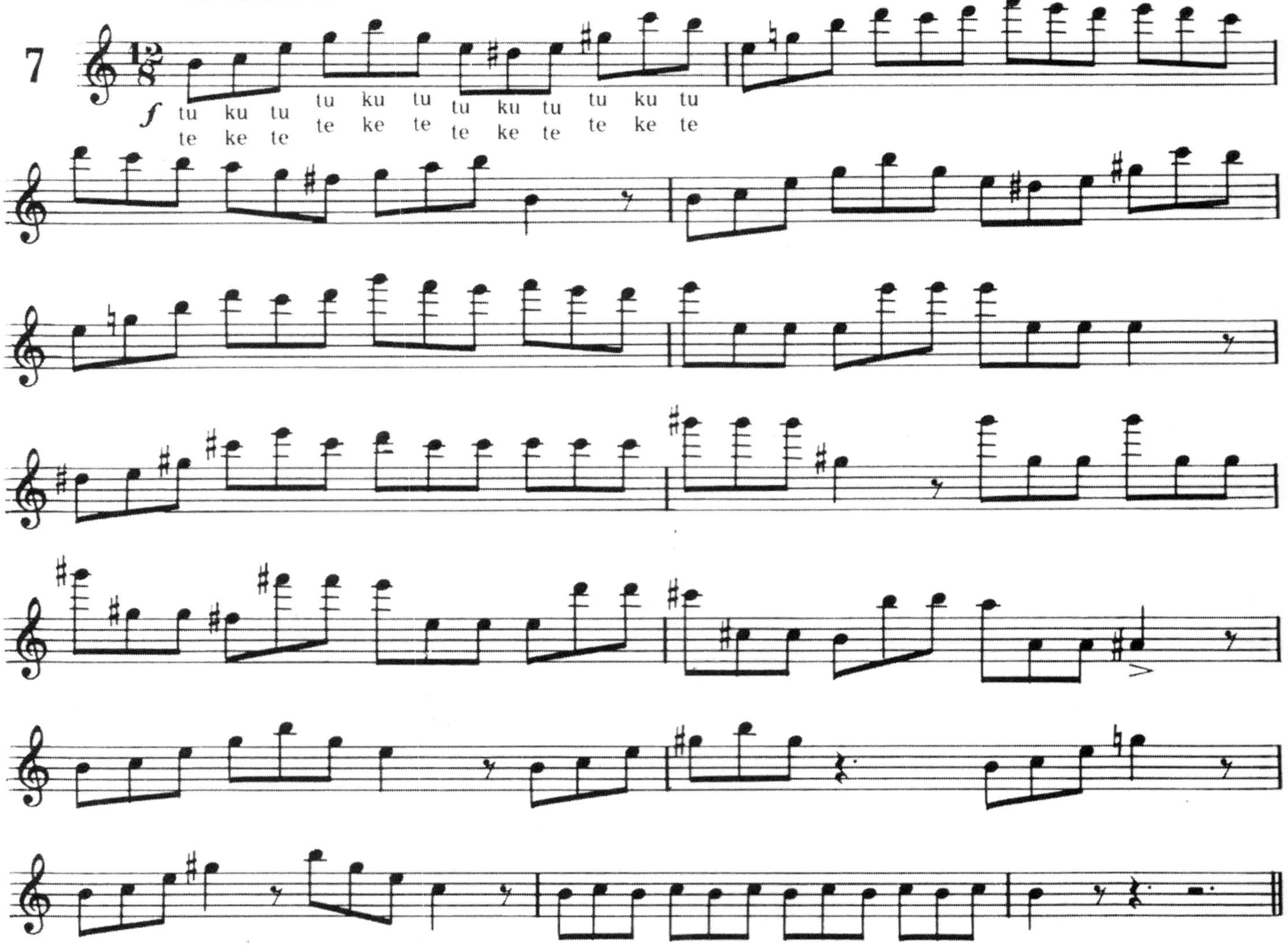

GUERRA-PEIXE

8

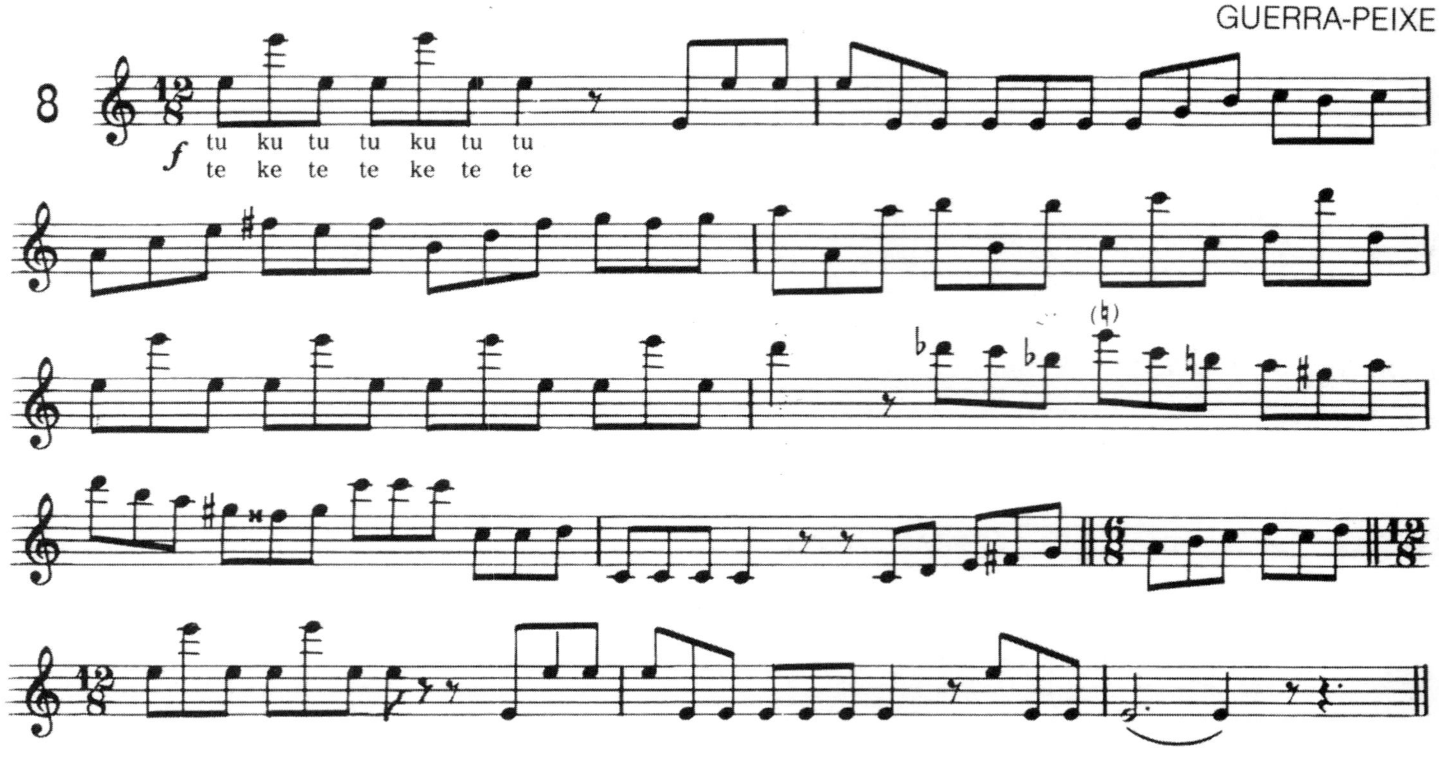

Estrela de Friburgo

JOAQUIM NAEGELE

Capítulo XXI
TRINADOS

Capítulo XXI
TRINOS

Chapitre XXI
DU TRILLE

Chapter XXI
TRILLS

Dedilhados — Exercícios preparatórios — Seis pequenos estudos.
Dedeos — Ejercicios preparatorios — Seis pequeños estudios.
Tablature des trilles — Exercices préparatoires — Six petites études.
Fingering — Preparatory exercices — Six short studies.

O sinal ∿ sobre o(s) número(s) em destaque indica o(s) dedo(s) a ser(em) empregado(s).
El signo ∿ sobre el(los) número(s) en destaque, indica el(los) dedo(s) a ser empleado(s).
Le signe ∿ sur le(s) numéro(s) détaché(s), indique le(s) doigt(s) à être utilisé(s).
The sign ∿ over the number(s) in relief indicate the finger(s) to be used.

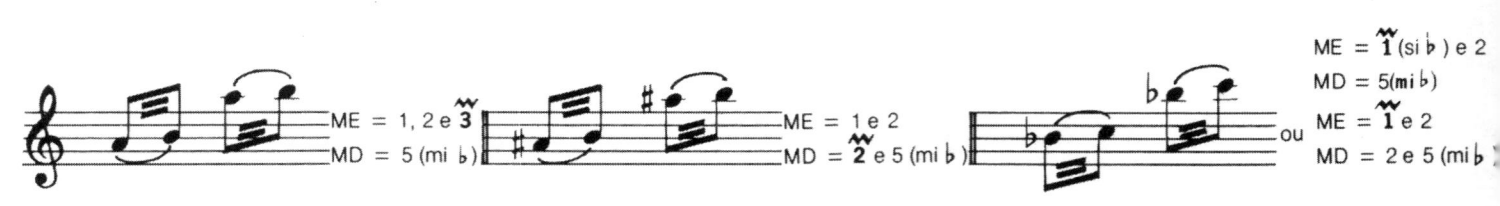

* Impraticável sem chave auxiliar.
Impracticable sin llave auxiliar.
Impossible de jouer sans la clef auxiliaire.
Impractical without use of auxiliary key.

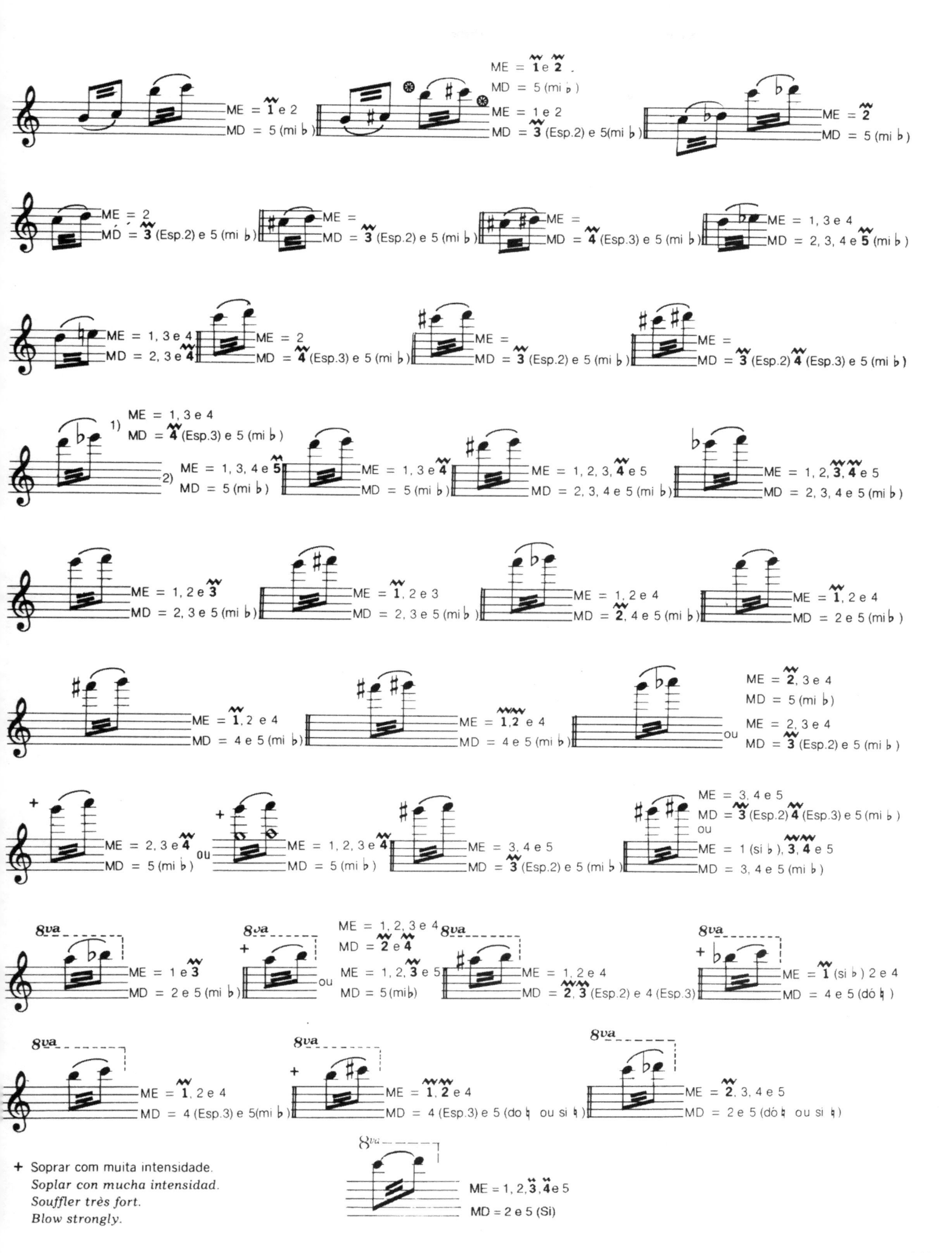

+ Soprar com muita intensidade.
Soplar con mucha intensidad.
Souffler très fort.
Blow strongly.

EXERCÍCIOS PREPARATÓRIOS PARA OS TRINADOS

Praticar os exercícios de acordo com o modelo apresentado. Nas duas primeiras oitavas, os trinados deverão ser executados a princípio lentamente, aumentando-se progressivamente sua velocidade.

A partir do Ré da terceira oitava, no entanto, deverão ser mais rápidos, uma vez que os dedilhados empregados baseiam-se em sons harmônicos, tornando impraticável sua execução, principalmente em pianíssimo. Dentre estes destacamos: Ré/Mi, Mi/Fá#, Sol/Lá, Lá/Si, Si♭/Dó e Si/Dó#.

Os trinados de Dó/Ré♭ e Dó#/Ré# da região grave só são praticáveis nas flautas providas de uma chave auxiliar.

EJERCICIOS PREPARATORIOS PARA LOS TRINOS

Practicar los ejercicios de acuerdo con el modelo presentado. En las dos primeras octavas, los trinos deberán ser practicados al principio lentamente, aumentando progresivamente su velocidad.

A partir del Re de la tercera octava, sin embargo, deberán ser más rápidos, yá que los dedeos empleados se basan en sonidos armónicos, portanto son impracticables, principalmente en pianissimo. Entre éstos destacamos: Re/Mi, Mi/Fa#, Sol/La, La/Si, Si♭/Do y Si/Do#.

Los trinos de Do/Re♭ y Do#/Re# de la región grave, son solamente practicables en las flautas provistas de una llave auxiliar.

EXERCICES PRÉPARATOIRES POUR LES TRILLES

Pratiquer les exercices selon le modèle présenté. Dans les deux premières octaves, les trilles devront être pratiqués d'abord lentement, en augmentant leur vitesse progressivement.

A partir du Ré de la troisième octave, pourtant, ils devront être plus rapides, puisque les doigtés employés ont comme base les sons harmoniques et ils deviennent impraticables, surtout en pianissimo. Parmi ceux-ci nous remarquons: Ré/Mi, Mi/Fa#, Sol/La, La/Si, Si♭/Do et Si/Do#.

Les trilles de Do/Ré♭ et Do#/Ré# de la région grave ne peuvent être pratiqués que dans les flûtes munies d'une clef auxiliaire.

PREPARATORY EXERCICES FOR THE TRILLS

Practise the exercices following the given example. In the first two octaves the trills should be practised slowly at first, gradually increasing speed.

In the third octave, however, the speed should be greater as the fingerings used are based on harmonics and they result very difficult to play pianissimo, specially the trills from D to E, E to F sharp, G to A, A to B, B flat to C and B to C sharp.

The trills from C to D flat and C sharp to D sharp in the bottom octave are only possible on flutes with a special key.

EXERCÍCIOS PREPARATÓRIOS PARA OS TRINADOS
EXERCICES PRÉPARATOIRES POUR LES TRILLES
EJERCICIOS PREPARATORIOS PARA LOS TRINOS
PREPARATORY EXERCISES FOR THE TRILLS

SEIS PEQUENOS ESTUDOS SOBRE TRINADOS / SEIS PEQUEÑOS ESTUDIOS SOBRE TRINOS
SIX PETITES ÉTUDES SUR LES TRILLES / SIX SHORT STUDIES FOR TRILLS

GUERRA-PEIXE

Atualmente, a outra nota do trinado é indicada em tipo pequeno, entre parênteses, ao lado da principal.
Actualmente, la otra nota del trino es indicada en tipo pequeño, entre paréntesis, al lado de la principal.
Actuellement, l'autre note du trille est marquée en petits caractères à côté de la principale.
For now the other note of the trill in shown in small print in brackets beside the main note.

GUERRA-PEIXE

5

GUERRA-PEIXE

6

Capítulo XXII

EXERCÍCIOS DIÁRIOS DE MECANISMO
Escalas maiores e arpejos com intervalos diversos

A prática diária dos exercícios de mecanismo permitirá ao aluno desenvolver uma técnica brilhante, uma vez que neles estão contidas praticamente todas as dificuldades da flauta.

É recomendável praticá-los inicialmente com o auxílio de um metrônomo, numa velocidade que permita uma respiração cômoda, sem alterar o ritmo.

A dinâmica inicial deverá ser mezzo-forte por ser a mais natural. Mais adiante, quando tiver a embocadura bem formada, o aluno deverá repeti-las na dinâmica forte.

Considerando-se a tendência natural de se decrescer à medida que a escala ascende, porque fechamos mais os lábios, recomendamos fazer um pequeno crescendo nesse movimento. Na escala descendente, devemos fazer o contrário, isto é, um pequeno decrescendo, para que as notas graves não resultem muito fortes. Esses procedimentos são necessários para que se obtenha uma homogeneidade em toda a escala.

É fundamental preocupar-se com a afinação, principalmente nas escalas com intervalos diversos. Nesse caso, deve se tocar lentamente para se ouvir bem a justeza de cada intervalo e só aumentar o andamento quando sentir que os intervalos estejam bem afinados.

Grande parte dos exercícios ocupa toda a extensão da flauta, atingindo algumas vezes o Dó e o Dó sustenido superagudos, o que torna mais difícil a execução dessas passagens. Para facilitar sua prática, os principiantes poderão suprimir os compassos em que essas notas aparecem, tornando a acrescentá-las assim que forem progredindo. As referidas passagens estão assinaladas por uma chave ou pontilhadas.

A progressão dos exercícios que se seguem foi cuidadosamente programada, por isso recomendamos ao aluno praticar as articulações na seqüência sugerida.

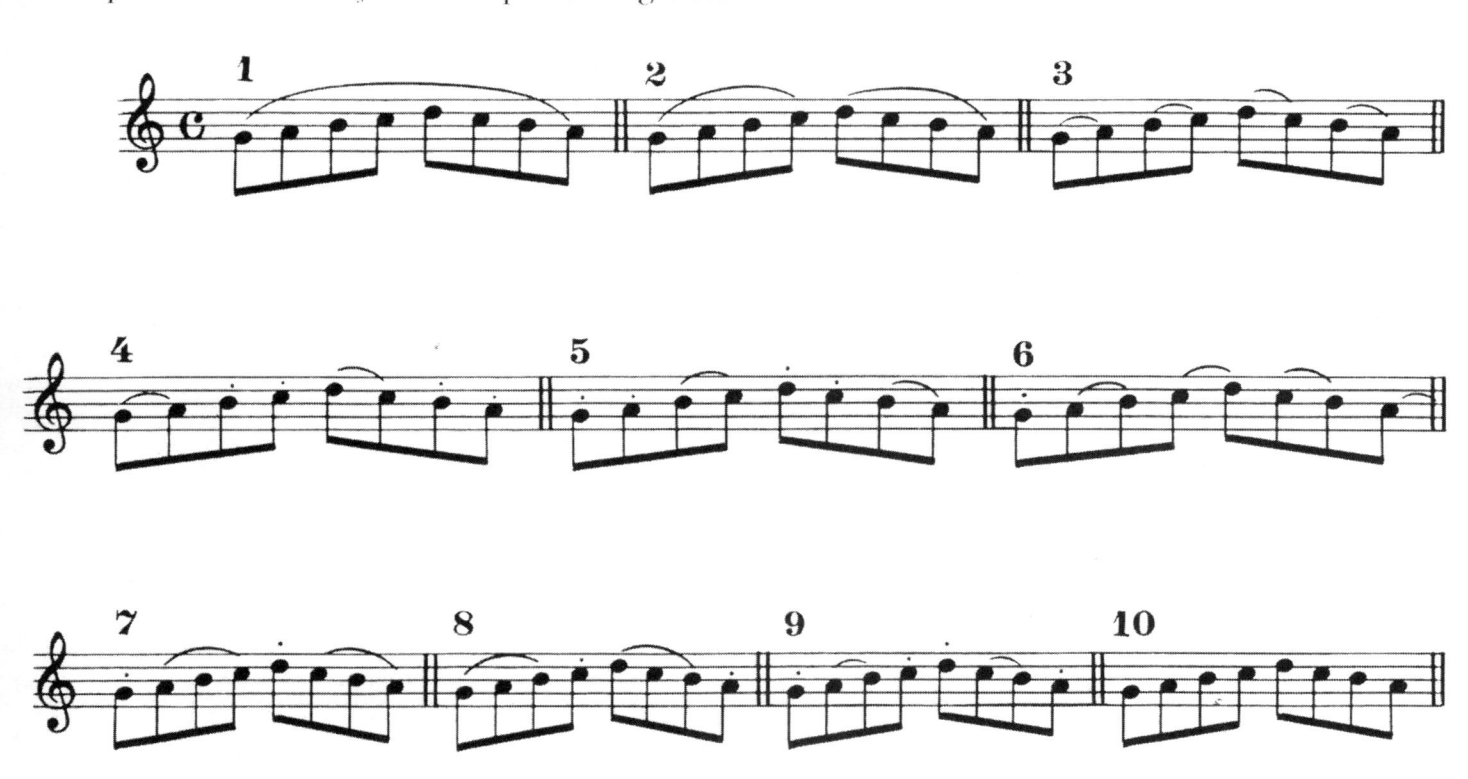

CAPÍTULO XXII

EJERCICIOS DIARIOS DE MECANISMO
Escalas mayores y arpegios con intervalos diversos

La práctica diaria de los ejercicios de mecanismo permitirá al alumno desarrollar una técnica brillante, una vez que en ellos están contenidas prácticamente todas las dificultades de la flauta.
Es recomendable practicarlos inicialmente con el auxilio de un metrónomo en una velocidad que permita una respiración cómoda, sin perjudicar el ritmo. Al principio la dinámica deberá ser "mezzo forte" pues es la más natural. Más adelante, cuando la embocadura esté mejor constituida practicar en la dinámica "forte".
Teniendo en cuenta la tendencia natural de se hacer un decreciendo a medida que la escala sube, porque cerramos más los labios, recomendamos hacer un pequeño creciendo en ese movimiento. En la escala descendiente debemos hacer lo contrario, o sea, un decreciendo para obtenerse una igualdad en toda la escala.
Es de fundamental importancia preocuparse con la afinación, sobre todo en las escalas con intervalos diversos. En ese caso se debe tocar lentamente para oír cada intervalo y solamente aumentar la velocidad cuando sentir que los intervalos estén bien afinados.
Gran parte de los ejercicios ocupa toda la extensión de la flauta, alcanzando algunas veces el Do y el Do# súper agudos, lo que torna difícil la ejecución de esos pasajes. Para facilitar su práctica, los principiantes podrán suprimir los compases en que esas notas aparezcan, agregándolas a medida que fueren haciendo progresos. Los referidos pasajes aparecen señalados por una llave.
La progresión de los ejercicios siguientes fue cuidadosamente programada, por eso recomendamos al alumno practicar las articulaciones en la secuencia sugerida.

CHAPITRE XXII

EXERCICES JOURNALIERS DE MÉCANISME
Gammes majeurs et arpèges avec des intervalles divers

La pratique journalière d'exercices de mécanisme permettra aux élèves développer une technique brillante, car toutes les difficultés de la flûte y sont contenues.
Il est recommandable les pratiquer au début à l'aide d'un métronome à une vitesse qui permette une respiration commode sans altérer le rythme.
La dynamique initiale devra être "mezzo forte", car elle est la plus naturelle. Des qu'il aura l'embouchure bien formée l'élève devra les répéter dans la dynamique "forte".
En considérant la tendance naturelle à opérer un "decrescendo" à mesure que la gamme monte, car on ferme les lèvres, nous recommandons de faire un petit "crescendo" dans ce mouvement. Dans la gamme descendente on doit faire le contraire, c'est-à-dire, un petit "decrescendo", afin d'obtenir de l'égalité dans toute la gamme.
Il est très important de faire de attention à l'intonation surtout dans les gammes avec des intervalles divers. Dans ce cas on doit jouer lentement pour bien écouter la justesse de chaque intervalle. Seulement augmenter la vitesse après sentir que les intervalles sont bien justes.
Une grande partie des exercices occupe toute l'extension de la flûte, en atteignant parfois le Do et le Do# suraigus, ce qui rend difficile l'exécution de ces passages. Pour faciliter leur pratique, les débutants pourront supprimer les mesures où ces notes apparaissent, les remettant à leur place après avoir fait les progrès nécessaires.
Ces passages sont signalés par une clé ou pointillés.
La progression des exercices suivants a été soigneusement programmée, ainsi nous recommandons à l'élève de pratiquer les articulations en respectant l'ordre sugérrée.

CHAPTER XXII

DAILY TECHNIQUE EXERCISES
Major scales and arpeggios in various intervals

Daily technique exercises will allow the student to develop a brilliant technique, since they contain practically all the difficulties found on the flute.

It is recommended to practice initially with the assistance of a metronome set at a tempo that permits comfortable breathing without altering the rhythm.

The initial dynamic level should be mezzo-forte in order to be the most natural. Later, when the embouchure is better developed, the student should repeat the exercise at a forte dynamic.

Considering the natural tendency to decrescendo as the scale ascends due to the lips closing, we recommend doing the opposite – playing with a small decrescendo, so that the low notes aren't very loud. These procedures are necessary to obtain a homogenous sonority in all the scale.

It is fundamentally important to pay attention to intonation, especially in the scales with varying intervals. In these instances, the exercises should be played carefully, listening closely to the precision of every interval. Increase the tempo once you can play the intervals in tune.

A large number of the exercises work the entire range of the flute, at times stretching to C and C# in the flute's fourth octave where the technique becomes more difficult. In order to facilitate practice, beginners can omit these measures where these notes appear, and later add them as the student's development progresses. A key or dot will designate these particular passages.

The progression of exercises was carefully programmed, and therefore we recommend that the student practice the articulations in the suggested sequence.

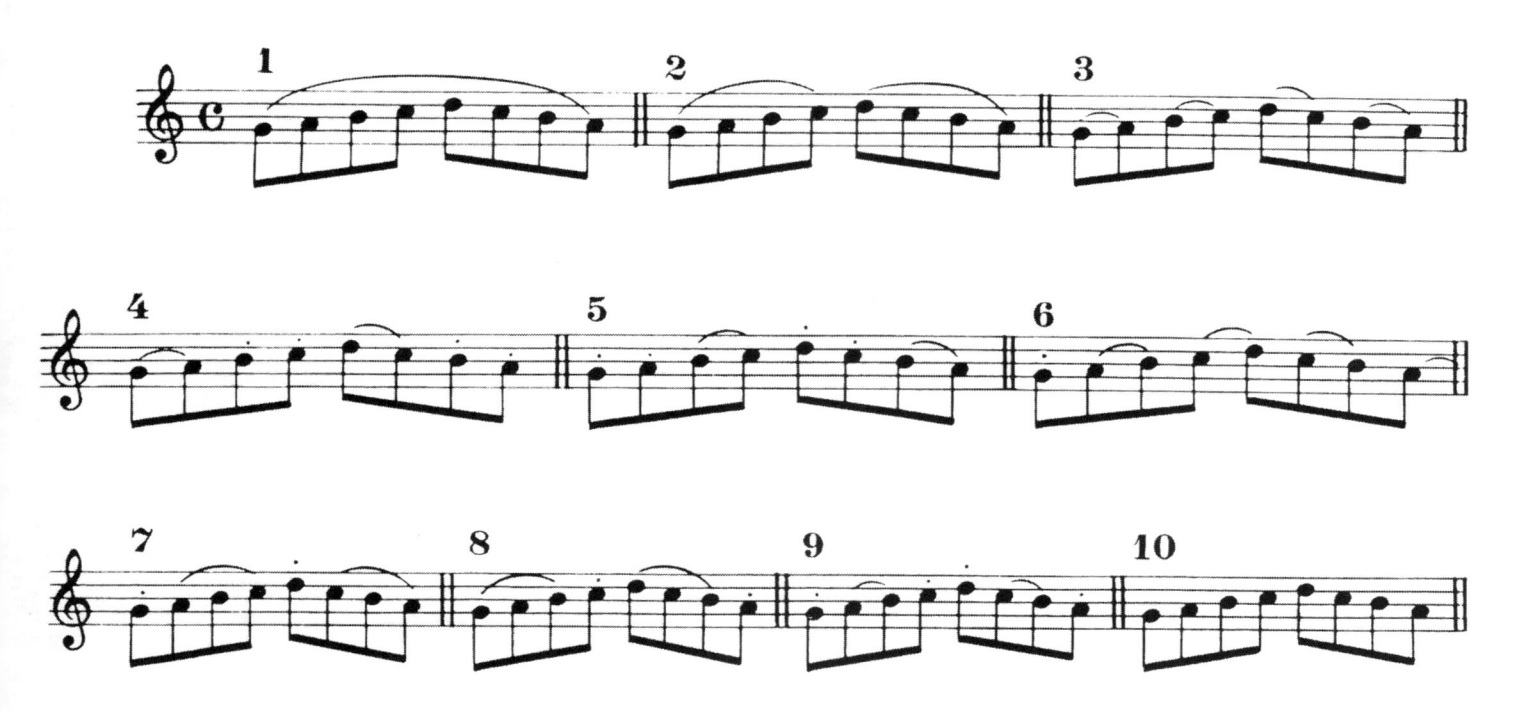

ESCALAS MAIORES - ESCALAS MAYORES - GAMMES MAJEURES - MAJOR SCALES
SOL MAIOR — SOL MAYOR — SOL MAJEUR — G MAJOR

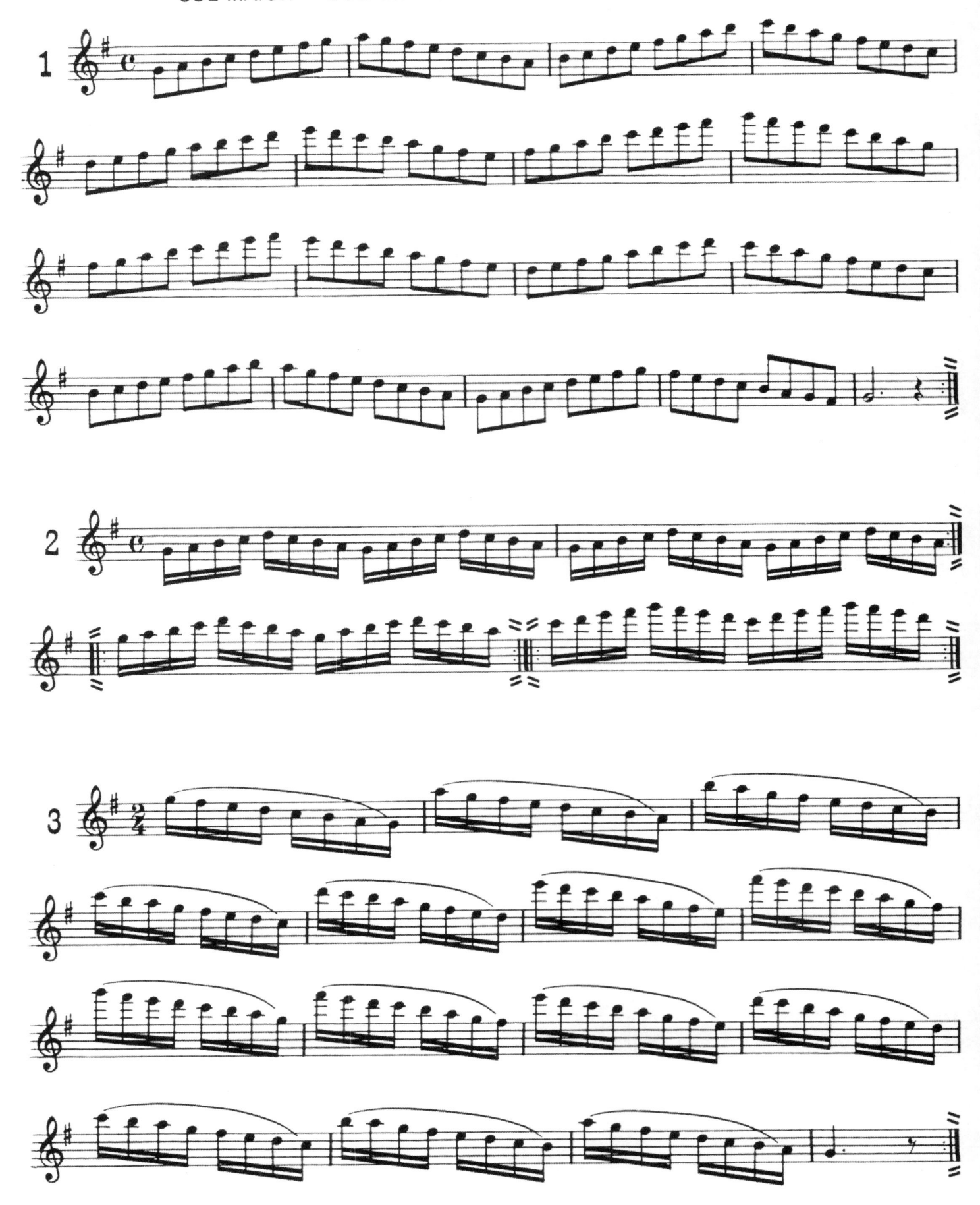

ESCALA CROMÁTICA - *ESCALA CROMÁTICA* - *GAMME CHROMATIQUE* - *CHROMATIC SCALE*

TERÇAS — *TERCERAS* — *TIERCES* — *THIRDS*

QUARTAS — *CUARTAS* — *QUARTES* — *FOURTHS*

QUINTAS — QUINTAS — QUINTES — FIFTHS

8

SEXTAS — SEXTAS — SIXTES — SIXTHS

9

SÉTIMAS — SÉPTIMAS — SEPTIÈMES — SEVENTHS

10

OITAVAS — OCTAVAS — OCTAVES — OCTAVES

11

OITAVAS — OCTAVAS — OCTAVES — OCTAVES

12

ARPEJOS — *ARPEGIOS* — *ARPÈGES* — *ARPEGGIOS*

RÉ MAIOR — *RE MAYOR* — *RÉ MAJEUR* — *D MAJOR*

ESCALA CROMÁTICA - *ESCALA CROMÁTICA* - *GAMME CHROMATIQUE* - CHROMATIC SCALE

TERÇAS — *TERCERAS* — *TIERCES* — THIRDS

QUARTAS — *CUARTAS* — *QUARTES* — FOURTHS

QUINTAS — *QUINTAS — QUINTES —* FIFTHS

8

SEXTAS — *SEXTAS — SIXTES —* SIXTHS

9

SÉTIMAS — *SÉPTIMAS — SEPTIÈMES —* SEVENTHS

10

OITAVAS — *OCTAVAS — OCTAVES —* OCTAVES

11

OITAVAS — *OCTAVAS — OCTAVES —* OCTAVES

12

ARPEJOS — ARPEGIOS — ARPÈGES — ARPEGGIOS

LÁ MAIOR — *LA MAYOR* — *LA MAJEUR* — *A MAJOR*

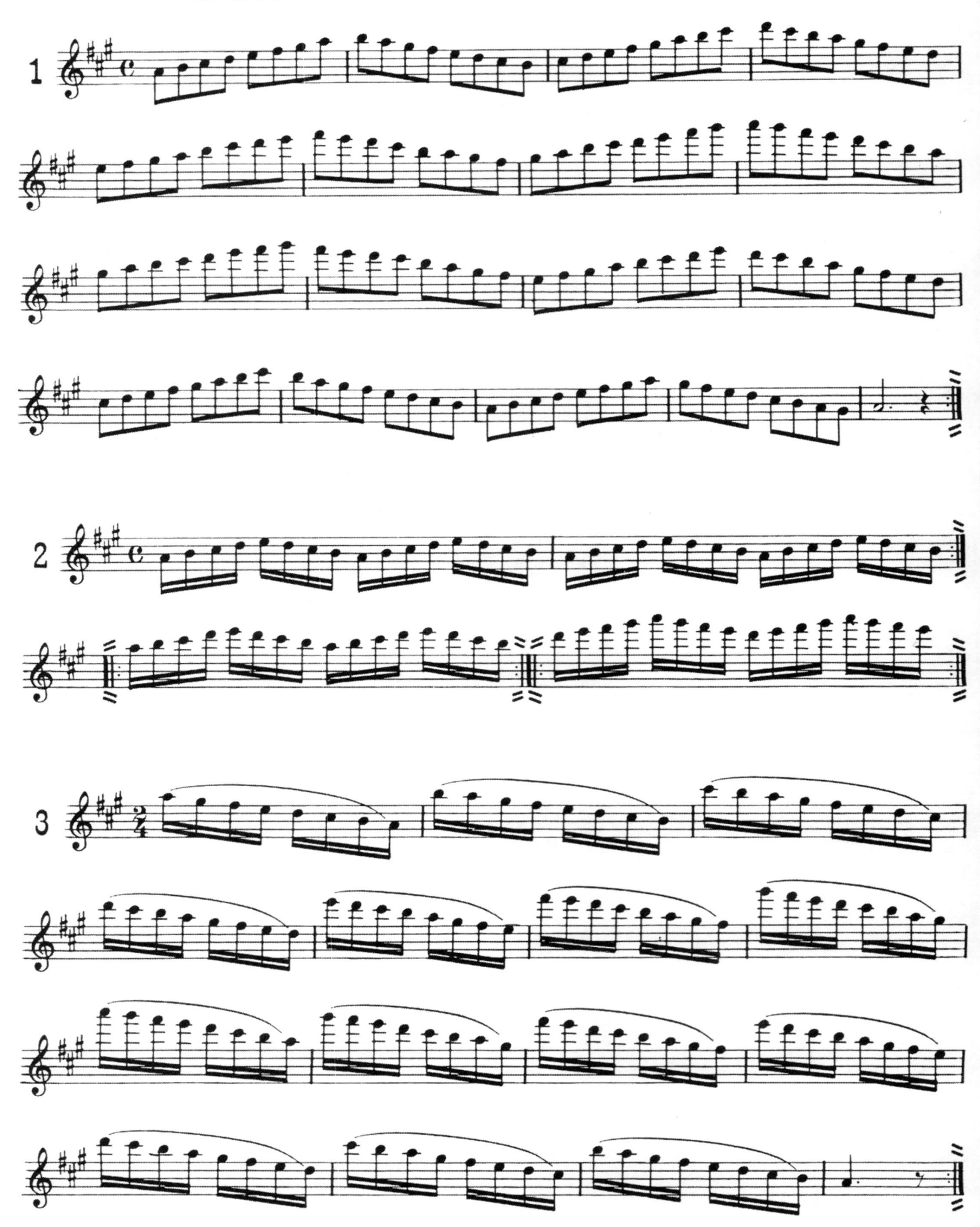

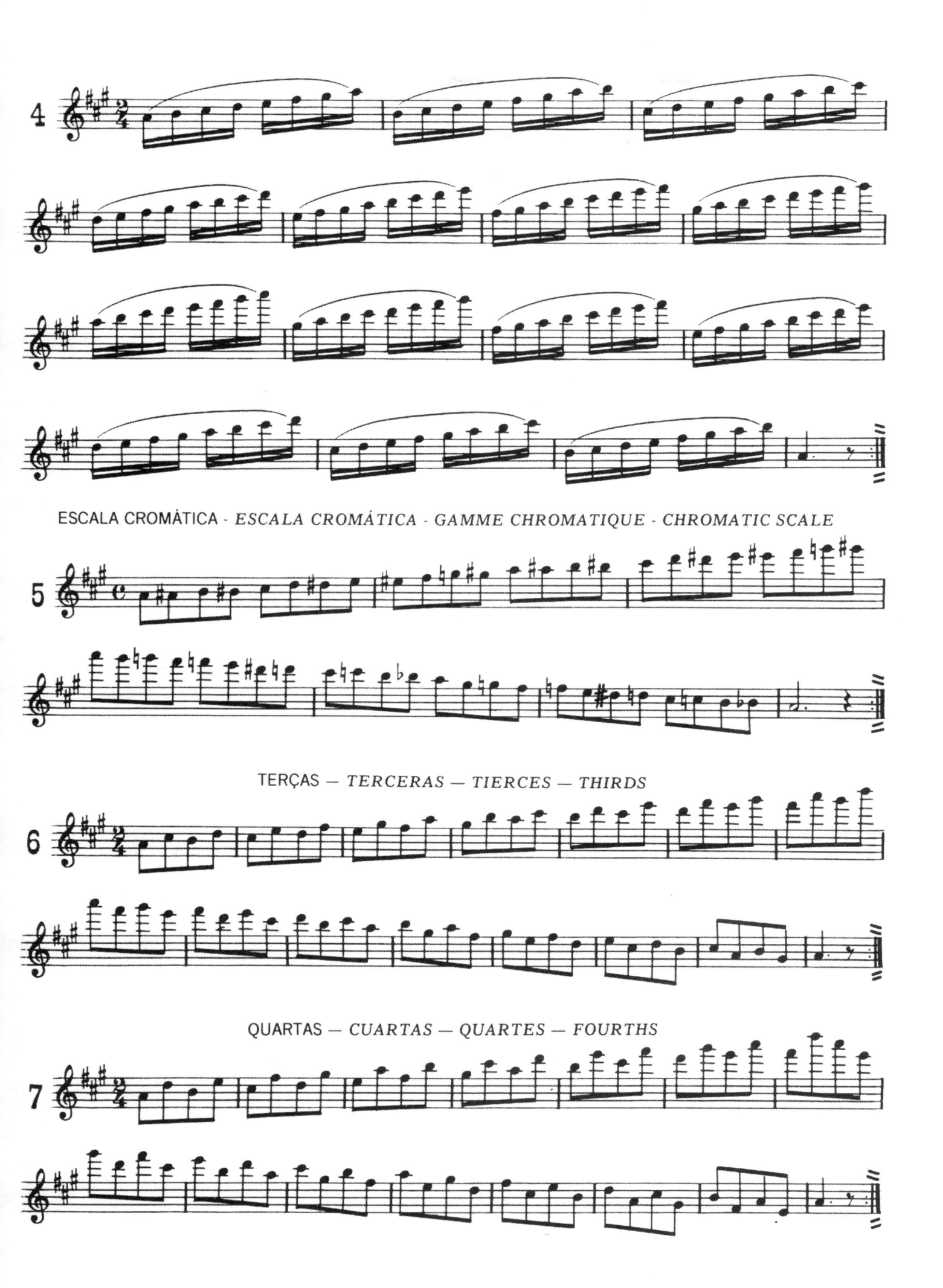

ESCALA CROMÁTICA - *ESCALA CROMÁTICA* - *GAMME CHROMATIQUE* - *CHROMATIC SCALE*

TERÇAS — *TERCERAS* — *TIERCES* — *THIRDS*

QUARTAS — *CUARTAS* — *QUARTES* — *FOURTHS*

QUINTAS — *QUINTAS — QUINTES — FIFTHS*

8

SEXTAS — *SEXTAS — SIXTES — SIXTHS*

9

SÉTIMAS — *SÉPTIMAS — SEPTIÈMES — SEVENTHS*

10

OITAVAS — *OCTAVAS — OCTAVES — OCTAVES*

11

OITAVAS — *OCTAVAS — OCTAVES — OCTAVES*

12

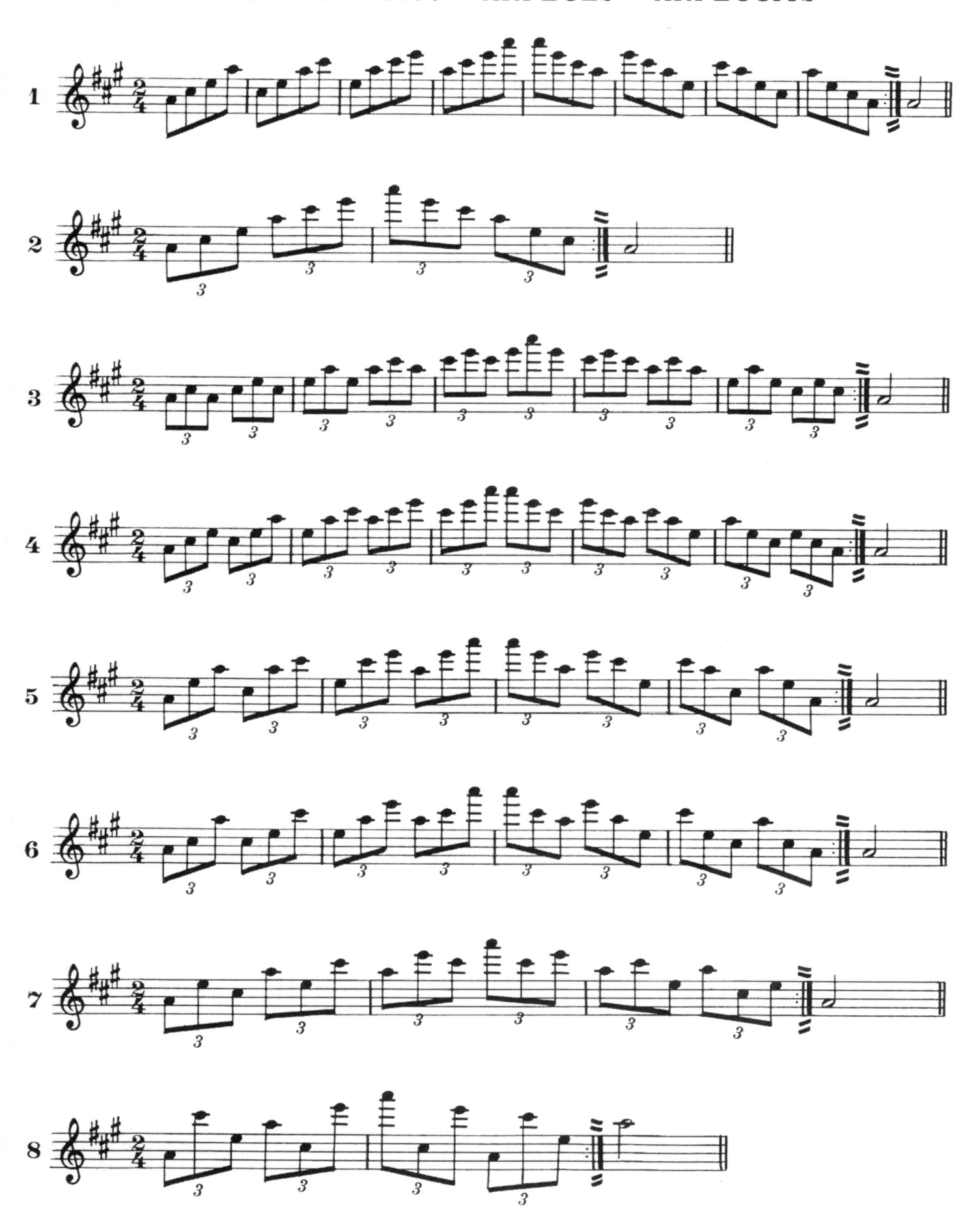

ARPEJOS — ARPEGIOS — ARPÈGES — ARPEGGIOS

MI MAIOR — *MI MAYOR* — *MI MAJEUR* — *E MAJOR*

ESCALA CROMÁTICA - *ESCALA CROMÁTICA* - *GAMME CHROMATIQUE* - *CHROMATIC SCALE*

TERÇAS — *TERCERAS* — *TIERCES* — *THIRDS*

QUARTAS — *CUARTAS* — *QUARTES* — *FOURTHS*

QUINTAS — *QUINTAS — QUINTES — FIFTHS*

8

SEXTAS — *SEXTAS — SIXTES — SIXTHS*

9

SÉTIMAS — *SÉPTIMAS — SEPTIÈMES — SEVENTHS*

10

OITAVAS — *OCTAVAS - OCTAVES — OCTAVES*

11

OITAVAS — *OCTAVAS — OCTAVES — OCTAVES*

12

ARPEJOS — *ARPEGIOS* — *ARPÈGES* — *ARPEGGIOS*

SI MAIOR — *SI MAYOR* — *SI MAJEUR* — *B MAJOR*

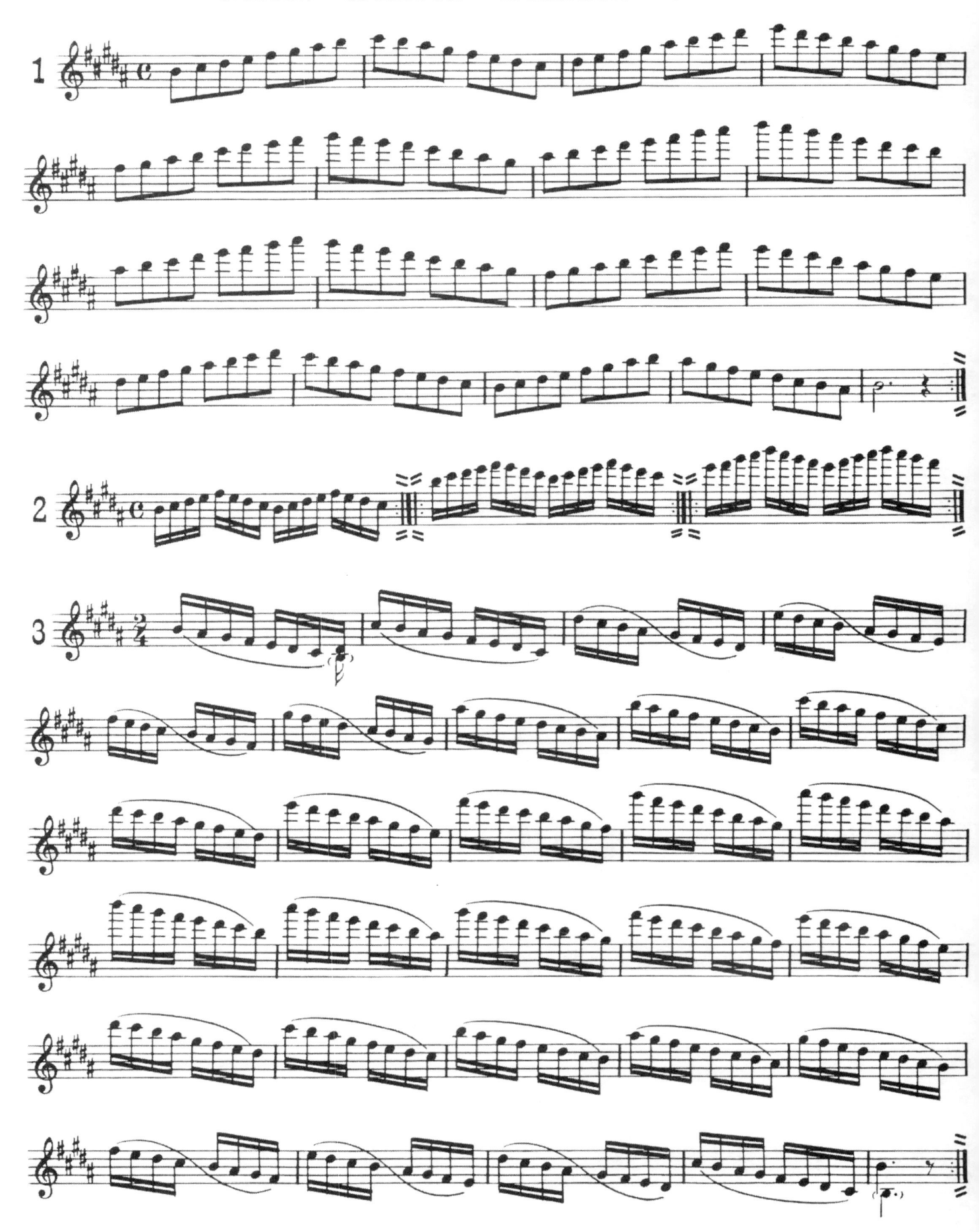

ESCALA CROMÁTICA - *ESCALA CROMÁTICA* - *GAMME CHROMATIQUE* - *CHROMATIC SCALE*

TERÇAS — *TERCERAS* — *TIERCES* — *THIRDS*

QUARTAS — CUARTAS — QUARTES — FOURTHS

7

QUINTAS — QUINTAS — QUINTES — FIFTHS

8

SEXTAS — SEXTAS — SIXTES — SIXTHS

9

SÉTIMAS — SÉPTIMAS — SEPTIÈMES — SEVENTHS

10

OITAVAS — OCTAVAS — OCTAVES — OCTAVES

11

OITAVAS — OCTAVAS — OCTAVES — OCTAVES

12

ARPEJOS — *ARPEGIOS — ARPÈGES — ARPEGGIOS*

DÓ MAIOR — *DO MAYOR* — *DO MAJEUR* — *C MAJOR*

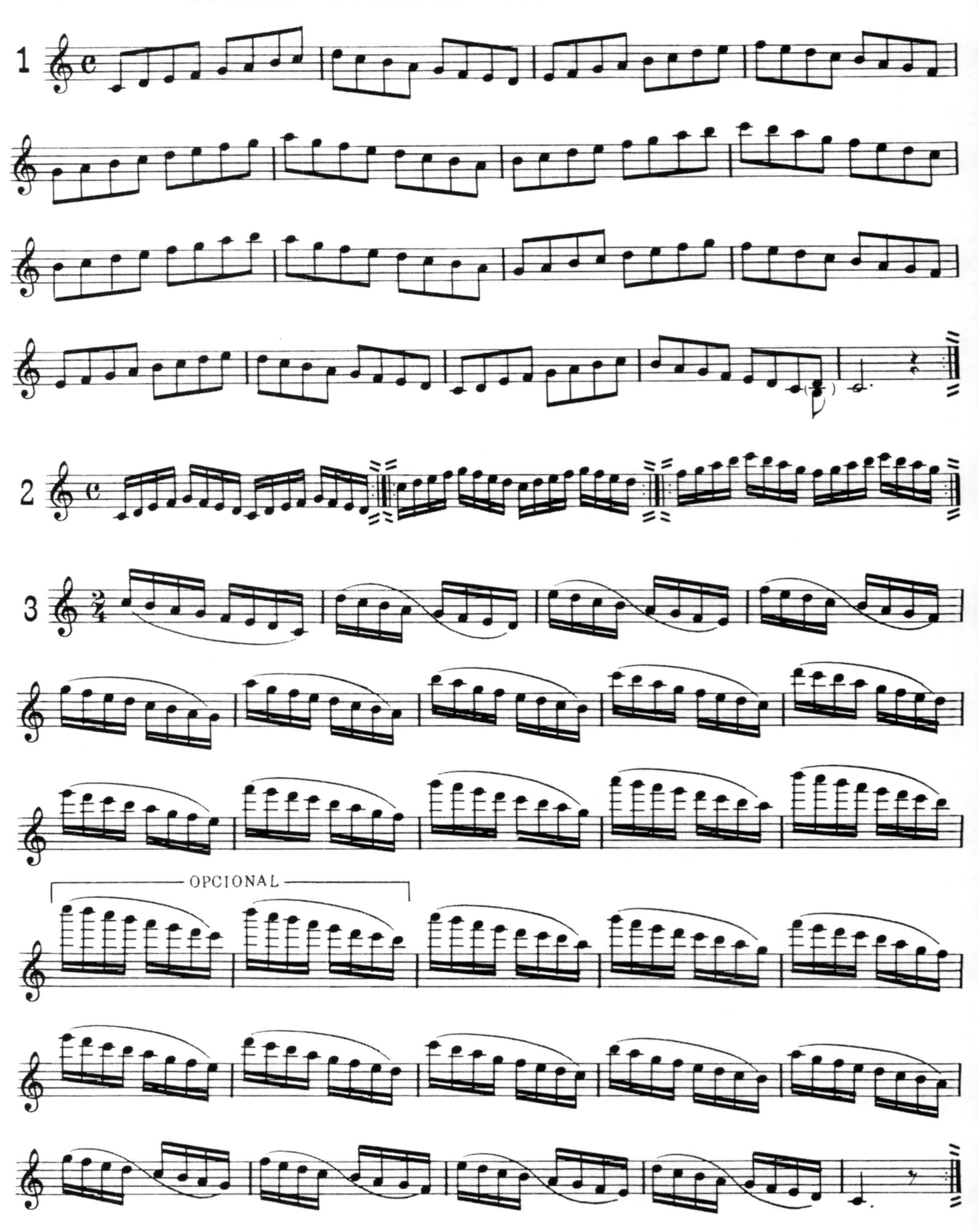

ESCALA CROMÁTICA - *ESCALA CROMÁTICA* - *GAMME CHROMATIQUE* - *CHROMATIC SCALE*

TERÇAS — *TERCERAS* — *TIERCES* — *THIRDS*

QUARTAS — CUARTAS — QUARTES — FOURTHS

7

QUINTAS — QUINTAS — QUINTES — FIFTHS

8

SEXTAS — SEXTAS — SIXTES — SIXTHS

9

SÉTIMAS — SÉPTIMAS — SEPTIÈMES — SEVENTHS

10

OITAVAS — OCTAVAS — OCTAVES — OCTAVES

11

OITAVAS — OCTAVAS — OCTAVES — OCTAVES

12

ARPEJOS — *ARPEGIOS — ARPÈGES — ARPEGGIOS*

FÁ MAIOR — *FA MAYOR* — *FA MAJEUR* — *F MAJOR*

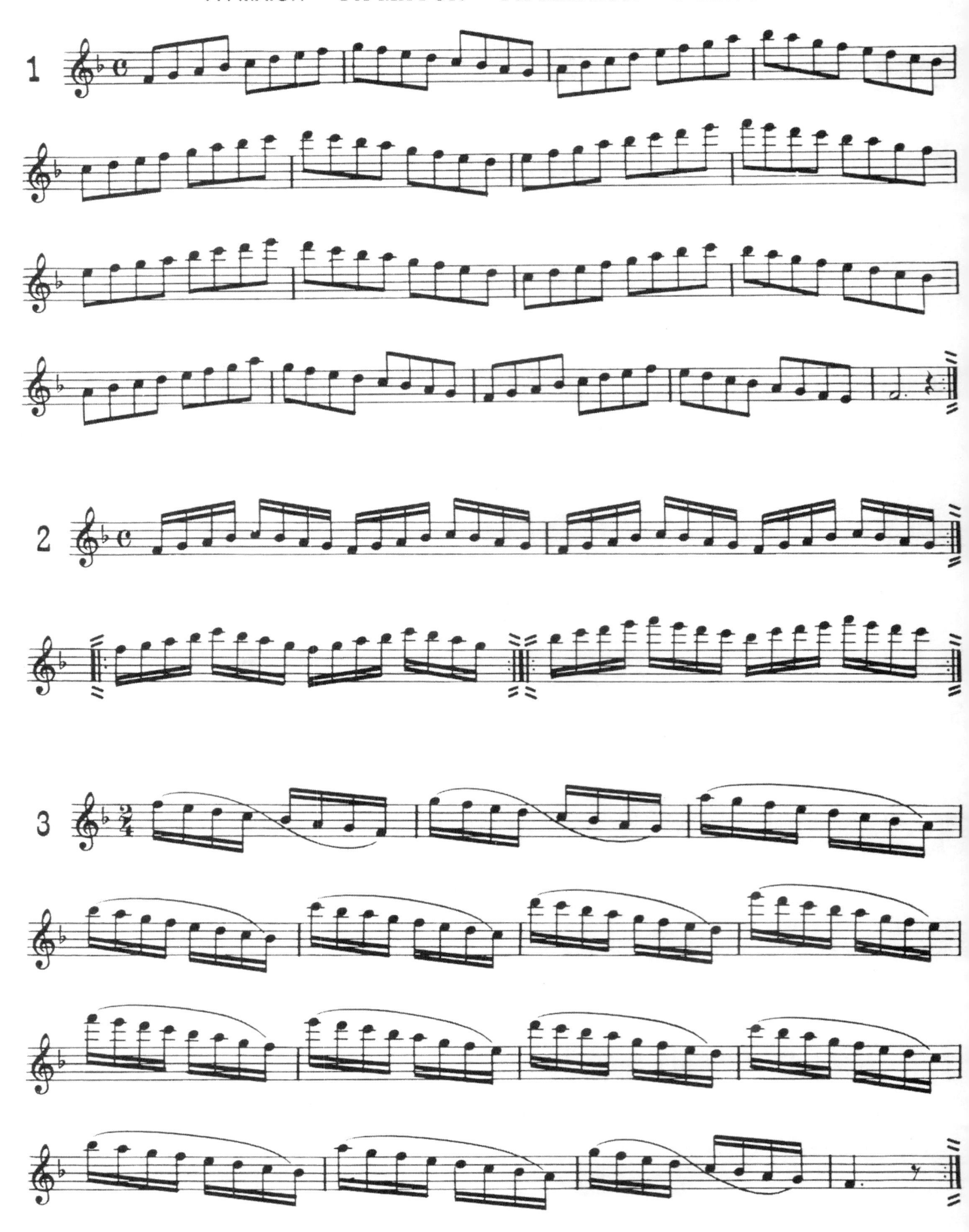

ESCALA CROMÁTICA - *ESCALA CROMÁTICA* - *GAMME CHROMATIQUE* - *CHROMATIC SCALE*

TERÇAS — *TERCERAS* — *TIERCES* — *THIRDS*

QUARTAS — *CUARTAS* — *QUARTES* — *FOURTHS*

QUINTAS — *QUINTAS — QUINTES — FIFTHS*

8

SEXTAS — *SEXTAS — SIXTES — SIXTHS*

9

SÉTIMAS — *SÉPTIMAS — SEPTIÈMES — SEVENTHS*

10

OITAVAS — *OCTAVAS — OCTAVES — OCTAVES*

11

OITAVAS — *OCTAVAS — OCTAVES — OCTAVES*

12

ARPEJOS — *ARPEGIOS* — *ARPÈGES* — *ARPEGGIOS*

SI♭ MAIOR — SI♭ MAYOR — SI♭ MAJEUR — B♭ MAJOR

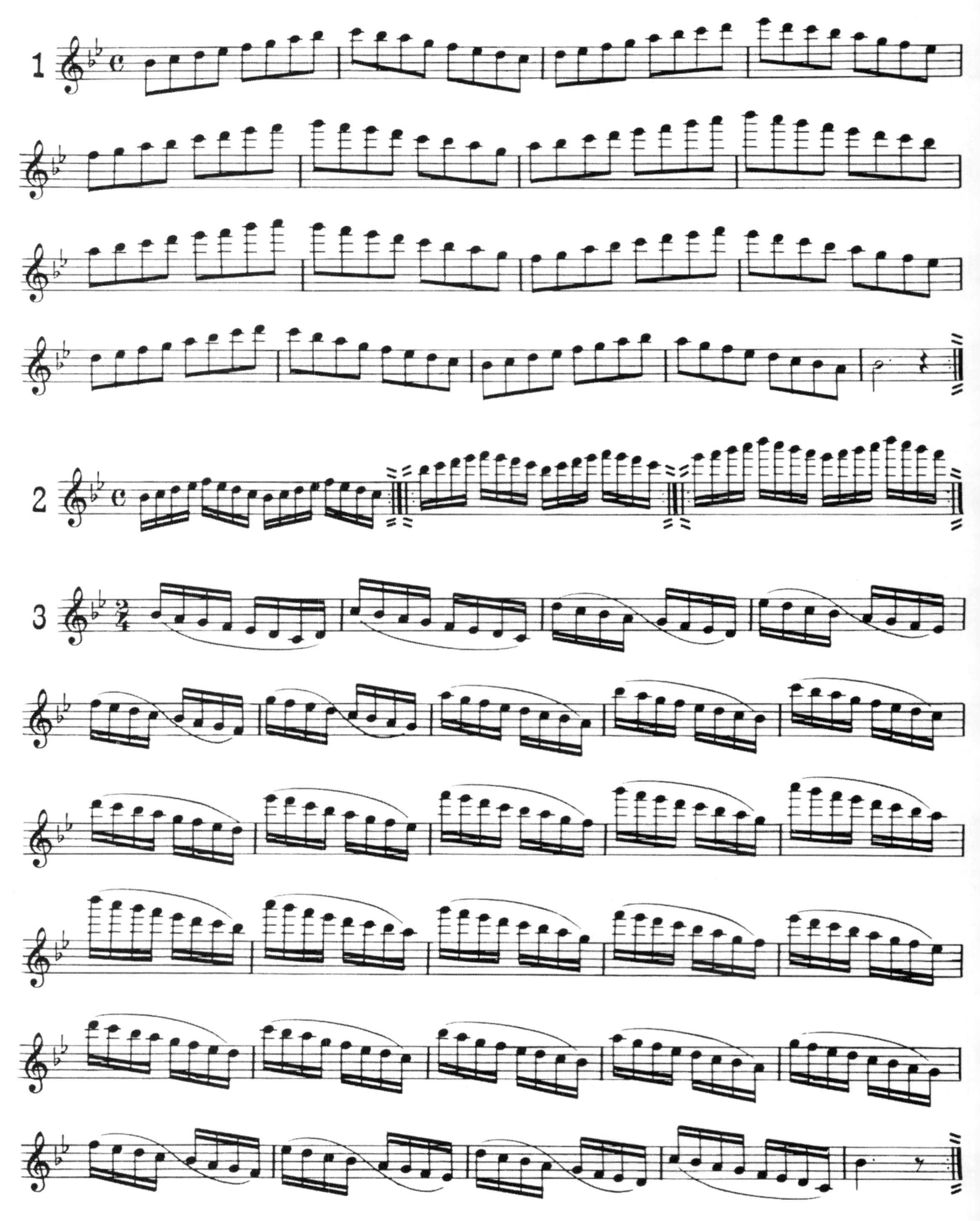

ESCALA CROMÁTICA - *ESCALA CROMÁTICA* - *GAMME CHROMATIQUE* - *CHROMATIC SCALE*

TERÇAS — *TERCERAS* — *TIERCES* — *THIRDS*

QUARTAS — CUARTAS — QUARTES — FOURTHS

7

QUINTAS — QUINTAS — QUINTES — FIFTHS

8

SEXTAS — SEXTAS — SIXTES — SIXTHS

9

SÉTIMAS — SÉPTIMAS — SEPTIÈMES — SEVENTHS

10

OITAVAS — OCTAVAS — OCTAVES — OCTAVES

11

OITAVAS — OCTAVAS — OCTAVES — OCTAVES

12

ARPEJOS — ARPEGIOS — ARPÈGES — ARPEGGIOS

MIb MAIOR — MIb MAYOR — MIb MAJEUR — Eb MAJOR

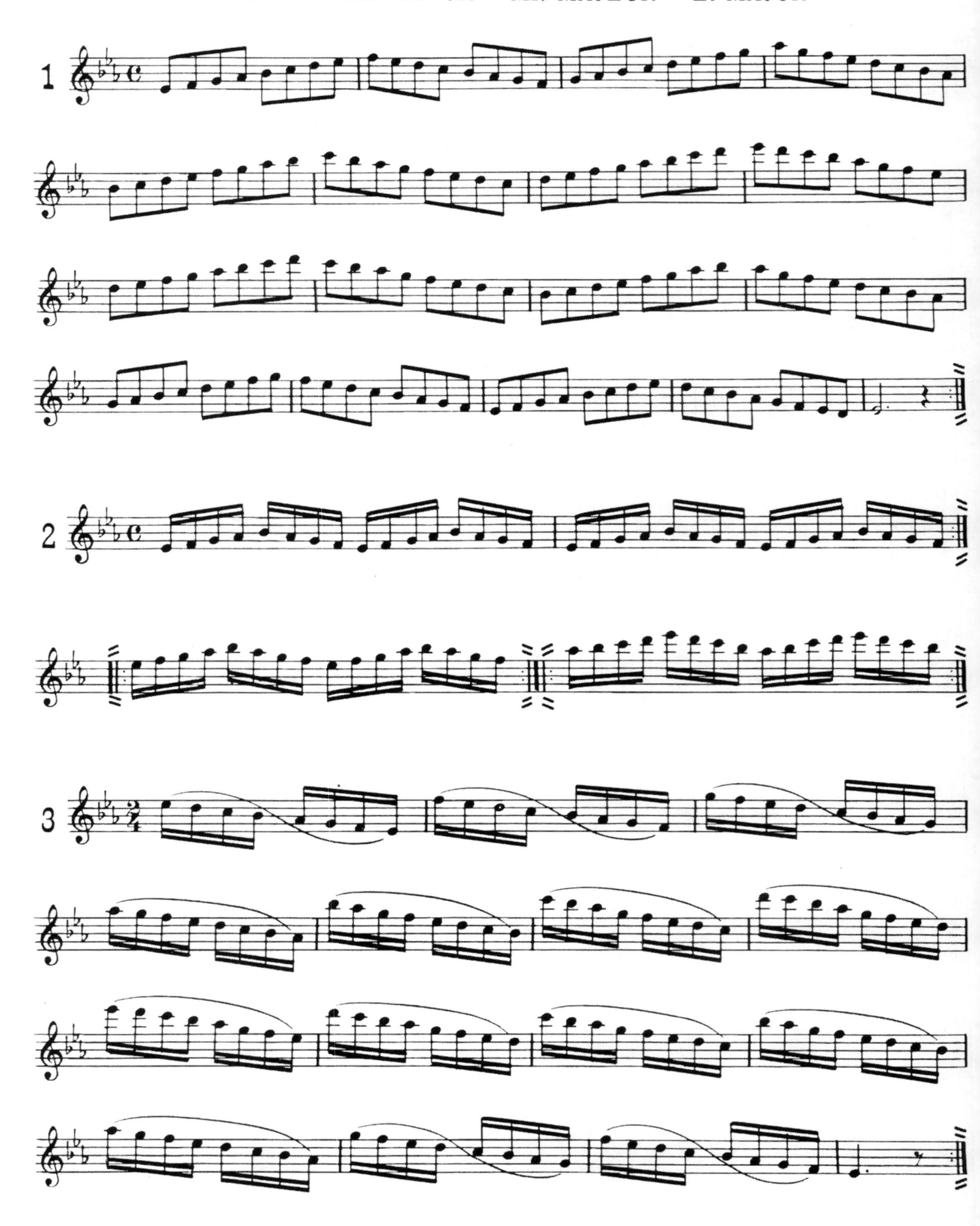

ESCALA CROMÁTICA - *ESCALA CROMÁTICA* - *GAMME CHROMATIQUE* - *CHROMATIC SCALE*

TERÇAS — *TERCERAS* — *TIERCES* — *THIRDS*

QUARTAS — *CUARTAS* — *QUARTES* — *FOURTHS*

QUINTAS — *QUINTAS — QUINTES — FIFTHS*

8

SEXTAS — *SEXTAS — SIXTES — SIXTHS*

9

SÉTIMAS — *SÉPTIMAS — SEPTIÈMES — SEVENTHS*

10

OITAVAS — *OCTAVAS — OCTAVES — OCTAVES*

11

OITAVAS — *OCTAVAS — OCTAVES — OCTAVES*

12

ARPEJOS — ARPEGIOS — ARPÈGES — ARPEGGIOS

LÁb MAIOR — LAb MAYOR — LAb MAJEUR — Ab MAJOR

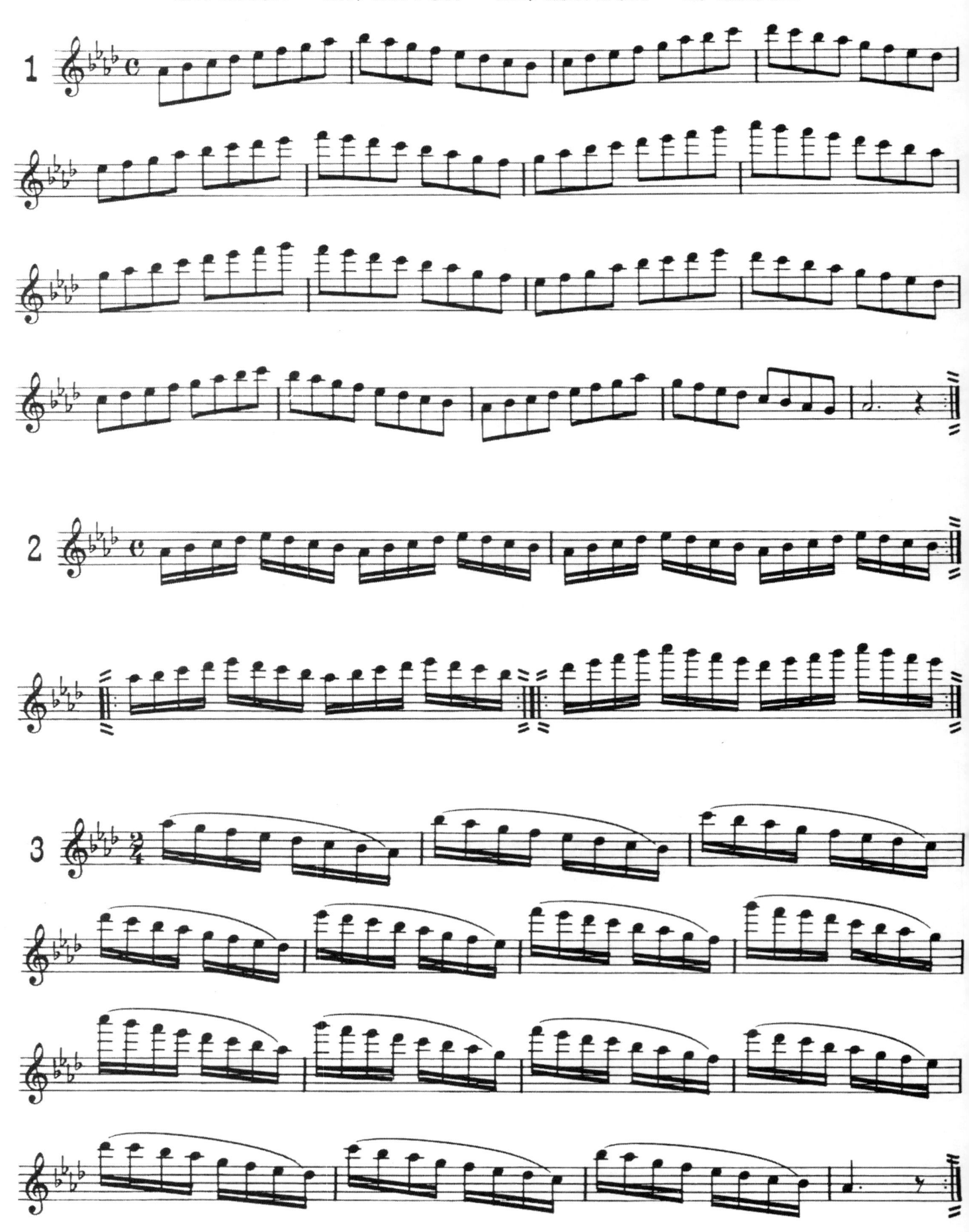

ESCALA CROMÁTICA - *ESCALA CROMÁTICA* - *GAMME CHROMATIQUE* - *CHROMATIC SCALE*

TERÇAS — *TERCERAS* — *TIERCES* — *THIRDS*

QUARTAS — *CUARTAS* — *QUARTES* — *FOURTHS*

QUINTAS — *QUINTAS* — *QUINTES* — *FIFTHS*

SEXTAS — *SEXTAS* — *SIXTES* — *SIXTHS*

SÉTIMAS — *SÉPTIMAS* — *SEPTIÈMES* — *SEVENTHS*

OITAVAS — *OCTAVAS* — *OCTAVES* — *OCTAVES*

OITAVAS — *OCTAVAS* — *OCTAVES* — *OCTAVES*

ARPEJOS — *ARPEGIOS — ARPÈGES — ARPEGGIOS*

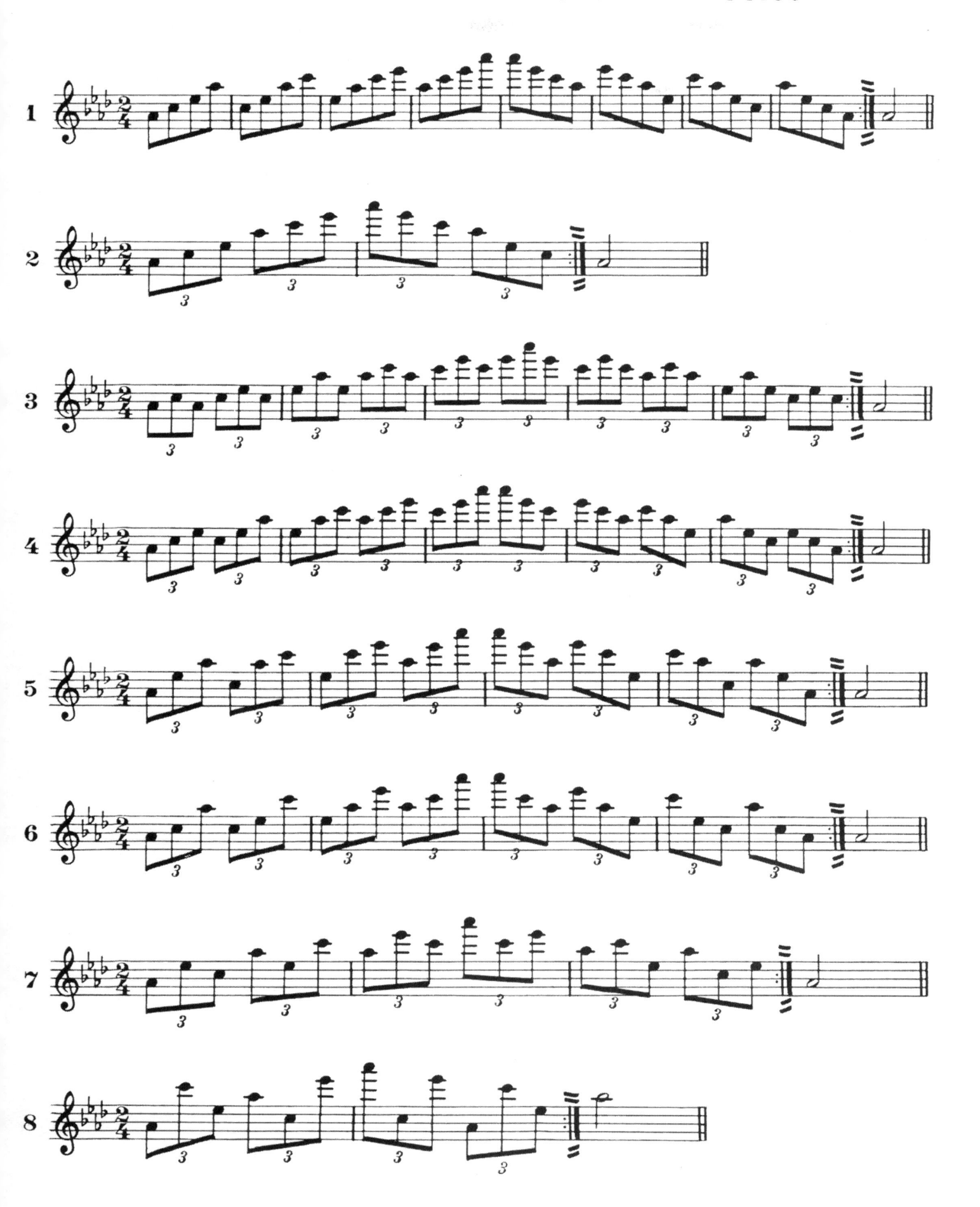

RÉ♭ MAIOR — RE♭ MAYOR — RÉ♭ MAJEUR — D♭ MAJOR

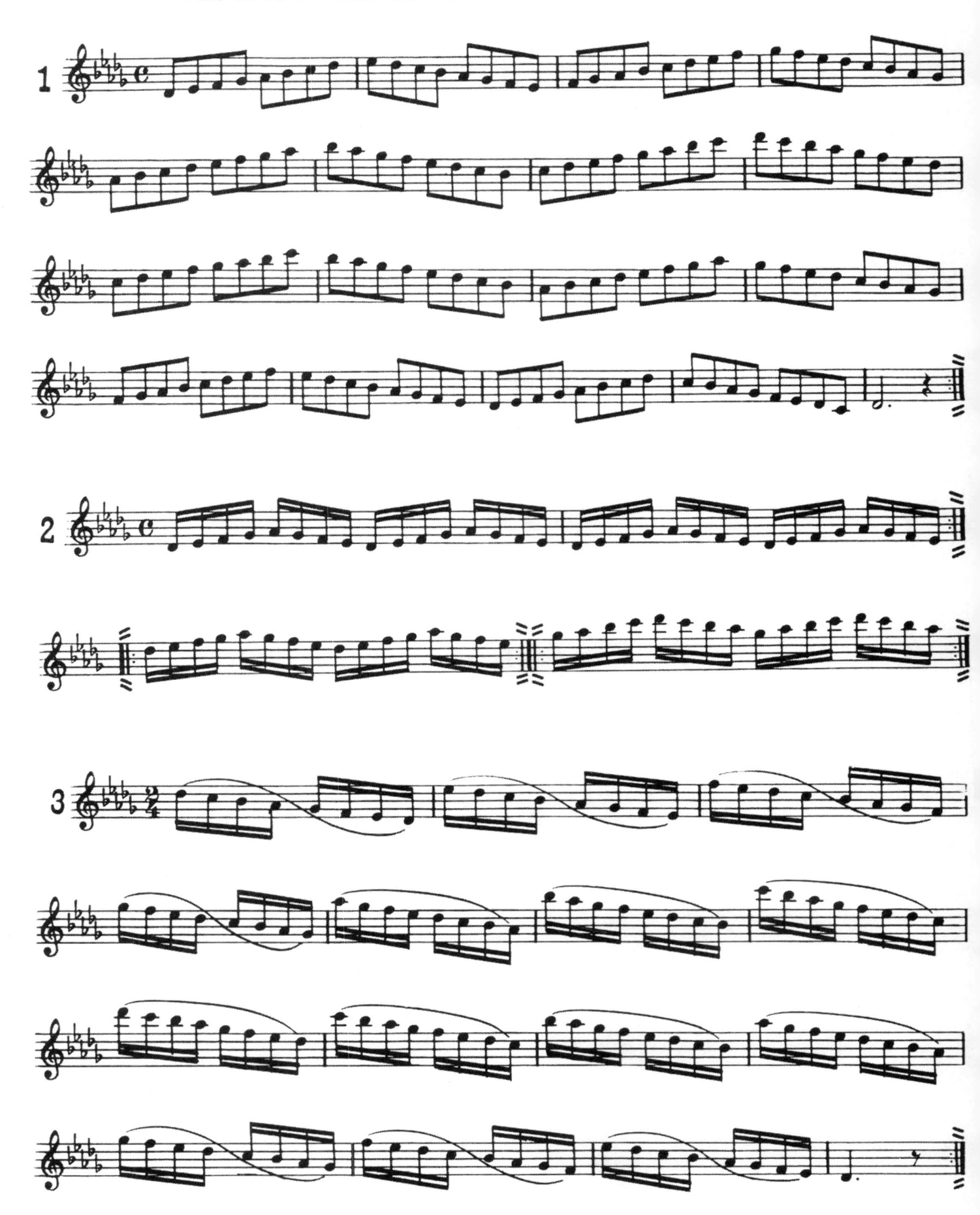

ESCALA CROMÁTICA - *ESCALA CROMÁTICA* - *GAMME CHROMATIQUE* - *CHROMATIC SCALE*

TERÇAS — *TERCERAS* -- *TIERCES* — *THIRDS*

QUARTAS — *CUARTAS* — *QUARTES* — *FOURTHS*

QUINTAS — *QUINTAS* — *QUINTES* — *FIFTHS*

8

SEXTAS — *SEXTAS* — *SIXTES* — *SIXTHS*

9

SÉTIMAS — *SÉPTIMAS* — *SEPTIÈMES* — *SEVENTHS*

10

OITAVAS — *OCTAVAS* — *OCTAVES* — *OCTAVES*

11

OITAVAS — *OCTAVAS* — *OCTAVES* — *OCTAVES*

12

ARPEJOS — *ARPEGIOS — ARPÈGES — ARPEGGIOS*

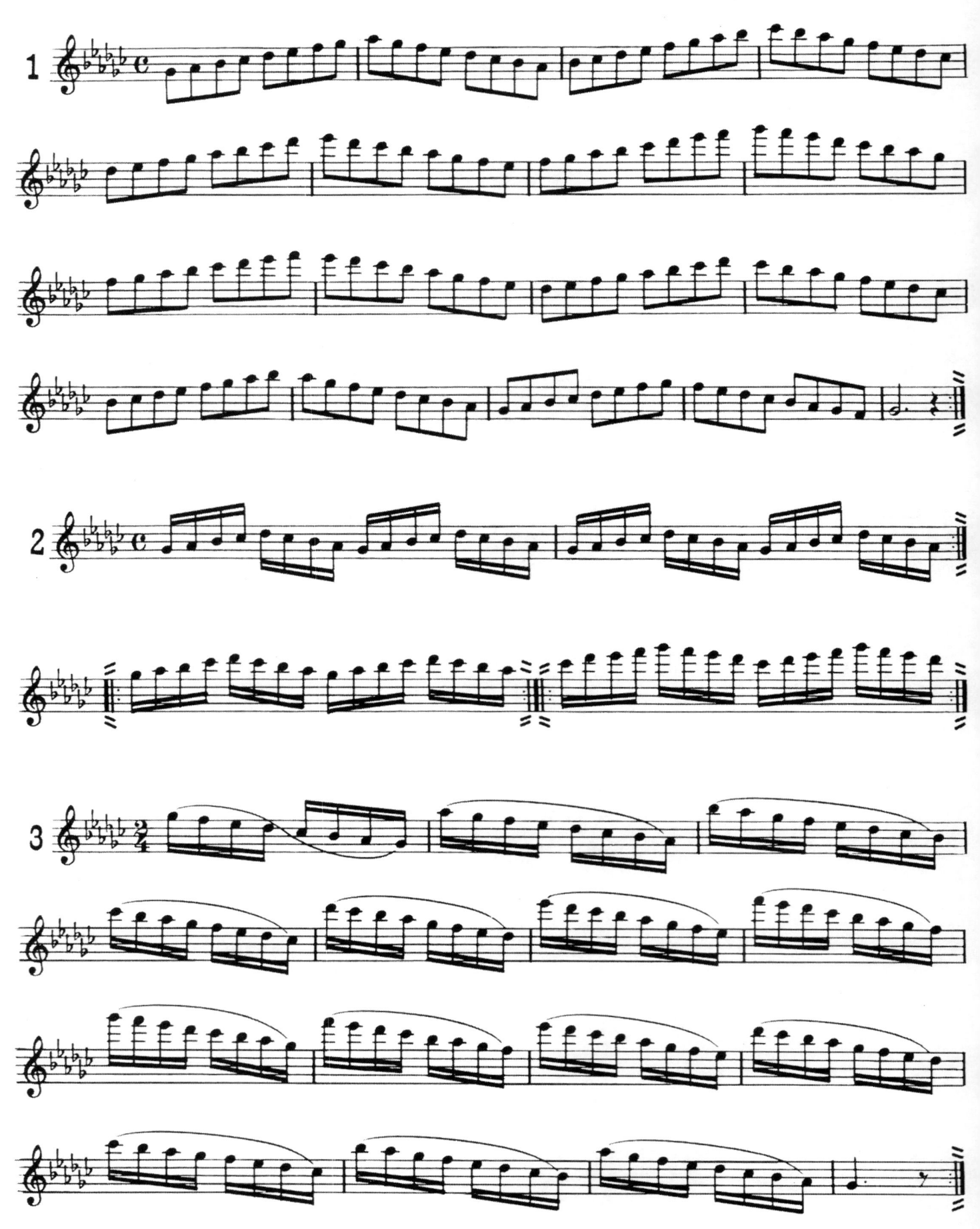

SOL♭ MAIOR — SOL♭ MAYOR — SOL♭ MAJEUR — G♭ MAJOR

ESCALA CROMÁTICA - *ESCALA CROMÁTICA* - *GAMME CHROMATIQUE* - *CHROMATIC SCALE*

TERÇAS — *TERCERAS* — *TIERCES* — *THIRDS*

QUARTAS — *CUARTAS* — *QUARTES* — *FOURTHS*

QUINTAS — *QUINTAS — QUINTES — FIFTHS*

8

SEXTAS — *SEXTAS — SIXTES — SIXTHS*

9

SÉTIMAS — *SÉPTIMAS — SEPTIÈMES — SEVENTHS*

10

OITAVAS — *OCTAVAS — OCTAVES — OCTAVES*

11

OITAVAS — *OCTAVAS — OCTAVES — OCTAVES*

12

ARPEJOS — ARPEGIOS — ARPÈGES — ARPEGGIOS

Capítulo XXIII
ENDEREÇOS DAS EDITORAS
Capítulo XXIII
DIRECCIONES DE LAS EDITORAS

Chapitre XXIII
ADRESSES DES ÉDITEURS
Chapter XXIII
PUBLISHER'S ADDRESSES

ABM - Academia Brasileira de Música - www.abmusica.org.br
Acari - www.acari.com.br
Alphonse Leduc - www.alphonseleduc.com
Alry Publications - www.alrypublications.com
Assunto Grave - www.assuntograve.com
Baerenreiter - www.baerenreiter.com
Belwin - www.mpa.org
BN - Biblioteca Nacional - www.bn.br
Billaudot - www.Billaudot.com
Broekmans - www.broekmans.com
Bruno Quaino - www.guiapel.com.br
Caliiendo - www.christophercaliendo.com
Carl Fischer - www.carlfischer.com
Casa Manon - www.casamanon.com.br
Costallat - www.jobert.fr
Doblinger - www.doblinger.at
Donemus - www.donemus.nl
Dover - www.fldstone.com
Durand - www.durand-salabert-eschig.com
ECA/USP - www.eca.usp.br
Lemoine - www.henry-lemoine.com
EMP - Escola de Música de Piracicaba - www.empem.org.br/
EM/UFBA - Escola de Música da Universidade Federal da Bahia - www.escolademusica.ufba.br
EM/UFRJ - Escola de Música da UFRJ - www.musica.ufrj.br
Faber and Faber - www.faber.co.uk
Falls House - www.fallshousepress.com
Flute World - www.fluteworld.com
FUNARTE - www.funarte.gov.br
Hall Leonard - www.halleonard.com
Heinrichsofen - www.heinrichshofen.de
IEB/USP - www.ieb.usp.br
International Music Company (IMC) - www.internationalmusic-co.com

Itchy Fingers - www.itchtfingers.com
Little Piper - www.little-piper.com
Max Eschig - www.durand-salabert-eschig.com/
Moeseler - www.moeseler-verlag.de
Multiple Breath - www.breathmusic.moosbreath.com
Musicians Publications - www.billholcombe.com
Musimed - www.livrariamusimed.com.br
Musik Verlag - www.edition.peters.de
NFA - National Flute Association - www.nfa.online.org
Novello - www.chesternovello.com
Oxford University Press - www.oup.co.uk
Papagena - www.papagenapress.com
Progress Press - www.progress-press.com
RBC Publications - www.rbcmusic.com
Ricordi Brasil - www.ricordi.com.br
Ricordi Italia - www.ricordi.it
Rubank Music Publishing - www.sheetmusicplus.com
Salabert - www.durand-salabert-eschig.com
Savart - www.hexagon-ensemble.com
Shawnee Press - www.shawneepress.com
Schirmer (Associated Music Publishers) - www.schirmer.com
Schott - www.schott-music.com
Southern Music - www.southernmusic.com
Theodore Front - www.tfront.com
Theodore Presser - www.theodorepresser.com
Transatlantiques - www.editions-transatlantiques.com
UE (Universal Edition) - www.universaledition.com
UNI-RIO - bpca@unirio.br
UFSM - Universidade Federal de Santa Maria, RS - www.ufsm.br
Vitale - www.vitale.com.br
Zalo Publications - www.jamespellerite.com
Zerboni - www.esz.it/
Zimmermann - www.zimmermann.com.de

Capítulo XXIV
REPARADORES DE FLAUTA NO BRASIL
Capitulo XXIV
REPARADORES DE FLAUTA EN BRASIL
Chapitre XXIV
RÉPARATEURS DE FLÛTE AU BRÉSIL
Chapter XXIV
FLUTE REPAIRMEN IN BRAZIL

Abner Medina – Jundiaí - SP – Tel. (11) 98131-2571- abnermedina.luthier@gmail.com
Abraão Araújo –Manaus –AM – Tel. (92) 99479-3056 –flautabrao@gmail.com
Alphonsos - João Pessoa, PB - Tel. (83) 9655-6037 - melosilveira@gmail.com
Bruno Cesar Luthier – Natal, RN – (84) 9151-6885 – bruno_flute@hotmail.com
Companhia do Sopro – Sávio Novaes - Niterói, RJ - Tel. (21) 98173-4500 – ciadosopro@yahoo.com.br
Cyntia Munck - Juiz de Fora, MG – Tel. (32) 99972-9727 – cmunck@ymail.com
Fabio Stone – Porto Alegre, RS – Tel. (51) 3022-1548; (51) 9 8270-0223 - stonesax@gmail.com
Franklin da Flauta - Rio de Janeiro, RJ – (21) 99807-7084 - franflau@terra.com.br
Irmãos Torres – Luthieria de Sopros- Fortaleza, CE – Tel. (85) 3281-6186; (85) 85034424 – musicaltorres@gmail.com
Liandro Sax – Niterói, RJ – Tel. (21) 99722-6551 – liandrogoes@hotmail.com
Marcos Kiehl – São Paulo, SP – Tel. (11) 99612-2837 – mkflauta@gmail.com
Mario Ricardo Granzotto – Curitiba, PR - Tel. (41) 998101108 - marioricardogranzotto@yahoo.com.br
Oficina de instrumentos Musicais Adevilson Cerqueira - Florianópolis, SC - Tel. (48) 8428-3738 adevilsoncer@hotmail.com
Rafael Perrota – Belo Horizonte –MG – Tel. (31) 9878-1610 – rafperrota@hotmail.com
Reparos Música – Fortaleza, CE – Tel. (85) 98630-0138, 98518-7035 – victor.marcio@hotmail.com
Riane Benedini - Ribeirão Preto, SP- Tel. (16) 3919-8489; (16) 98138-9138 - rianebenedini@gmail.com
Ricardo Pitondo – Santo André, SP – Tel. (11) 4476-4666 - ricardo.pitondo@gmail.com
Rogério Wolf – Campinas, SP –Tel. (11) 98352-4052 - rogeriowolf@gmail.com
Sergio Morais – Brasília, DF –Tel. (61) 99157-7689 - morais.sergio@gmail.com
Sidney Herszage – Rio de Janeiro – Tel. (21) 988686815 –sidneyher@gmail.com
SOSaxofones - Rio de Janeiro, RJ - Tel. (21) 99983-3532 sosaxofones@gmail.com
Zevang Flautas – Brasília, DF. Tel. (61) 99975-4568 – zevang@hotmail.com